NARRATIVES OF TRAVEL AND TOURISM

Jacqueline Tivers and Tijana Rakić

旅と語りを科学する

―観光におけるナラティブの活用可能性―

ジャックリーン・ティバース, ティヤナ・ラケッチ［編］

佐々木秀之・髙橋 結・石田 祐・藤澤由和［訳］

JN085038

創 成 社

謝　辞

　私ども編集者は，本書が提案される基となった 2010 年度のロンドンでの年次大会における「旅行と観光の話を語る」カンファレンス・セッションを主催された英国王立地理学会（RGS-IBG）に感謝の意を表すとともに同セッションを後援していただいたレジャーと観光の地理研究グループ（GLTRG）および歴史地理研究グループ（HGRG）にも感謝の意を申し上げます。また，いかなる形であれ本書と会議セッションの双方に貢献していただいたすべての人々に感謝を致します。

執筆者について

David Botterill（デイビッド・ボッテリル）：フリーランスの学術・高等教育コンサルタント。ウェストミンスター大学観光センターの客員研究員。英国ウェールズ大学カーディフ研究所ウェールズ観光研究センターの名誉教授。観光とレジャーの研究分野で幅広く著作を出版，発表している。

Paul Cleave（ポール・クリーブ）：フリーランスの研究家・講師。専門は，食品，社会史，観光，もてなしの教育。20世紀の食と観光の関係性の発展について調査を行っている。

Sylvie Guichard-Anguis（シルビー・ギィシャール＝アンギス）：フランス，パリ＝ソルボンヌ大学フランス科学研究センター（CNRS）の研究者。地理学者として日本研究に関心を持ち，日本の文化遺産，旅行，観光，茶文化についての学術研究を行っている。

Lénia Marques（レニア・マルケス）：ポルトガル，リスボンの CEMRI（アベルタ大学）の研究員。比較文学（旅行記と芸術）と文化観光に焦点を当てた学術研究を行っている。

Chaim Noy（チェイム・ノイ）：イスラエル，サピル・カレッジの上級講師。研究対象分野は，パフォーマンス研究，物語，談話と記号論であり，定性的及び実験的研究方法を取り入れている。

Emmanuelle Peraldo（エマニュエル・ペラルド）：フランス，ジャン・モネ大学における英文学の上級講師であり，18世紀を研究対象としている。CELEC（外国文学・比較文学研究センター）のメンバーであり，著書に『Defoe et l'écriturede l'histoire』がある。

Maria Sofia Pimentel Biscaia（マリア・ソフィア・ピメンテル・ビスカイア）：ポルトガル，アヴェイロ大学の研究員。代表的な研究に，ロスキレ大学と共同で行った「ポストコロニアル文学用語辞典」プロジェクトの取り組みがある。

Tijana Rakić（ティヤナ・ラケッチ）：英国，エディンバラ・ネピア大学における「観光とイベント」の講師および大学院観光プログラムの副リーダー。視覚研究方法論，民族誌学，視覚文化，世界遺産，観光，国民性などを研究対象としている。

Pamela Richardson（パメラ・リチャードソン）：英国，エクセター大学名誉フェロー。2007年に同大学より博士号を授与された。

Angharad Saunders（アンガラッド・サンダース）：英国，グラモーガン大学人文地理学の上級講師。研究対象は，主に1840年から1940年の英国文学における歴史的地理である。

Jacqueline Tivers（ジャックリーン・ティバース）：英国，ノッティンガム・トレント大学の元人間地理学の上級講師。現在はフリーランスの研究者。2005年から2009年まで RGSIBG のレジャーと観光の地理学研究グループの座長を務め，観光，ジェンダー，スポーツ，文化地理学の研究に貢献してきた。

Kathryn Wilkins（キャスリン・ウィルキンス）：英国ダラム大学で地理学の博士号を取得。同女史の寄稿は，大学院での研究に基づいたものである。

目　次

第1章

緒言「旅行記を読み解く」

Jacqueline Tivers and Tijana Rakić

　旅（travel）や旅行（tourism）の思い出話が生み出す「ストーリー（story）」は，あらゆる時代のあらゆる文化圏において，事実から作り話に至るまで，人から人へと語られ，そして記録されてきた。実際のところ，「物事や出来事を（ときに脚色して）語ることは人間に不可欠な本質の一部」なのである（McCabe and Foster 2006: 194）。そして「ナレーション（narration：ストーリーを語ること）」は，その形態こそさまざまであるが，旅や旅行においてまさに中核的な役割を持っているのかもしれない（Bendix 2002）。旅や旅行の「ナラティブ（narrative：ストーリーの記述・口述による描写）」は「驚くほど広範に及ぶ」ことから（Fabian 2001: 3），学者ごとに異なる専門の観点からアプローチがなされ，その主眼も多岐に及びがちであることも頷ける。これまで数多くの研究者が「旅行記（紀行）」について研究しており，「旅や旅行の出来事を記述した書物」に関して膨大な量の知見が得られている（Campbell 1988, Mills 1991, Holland and Huggan 2000, Smith 2001, Lisle 2006, Pratt 2008）。他には，「旅の途中のさまざまな特定のプロセスにおいて語られる旅や旅行の出来事の話」に焦点を当てたものや（Elsrud 2001, Bruner 2005, Tucker 2005, McCabe and Foster 2006, Noy 2007），旅先案内のガイドブックや，インターネットで公開している個人投稿の旅行動画，あるいはオペラなど，それらに含まれている「それぞれの地域や文化，出来事についての描写」が研究

対象となっているものもある（Beck 2006, Tussyadiah and Fesenmaier 2009, Botterill 本書第7章）。

　これまでの研究が示唆しているのは，旅や旅行におけるナラティブ（物事や出来事の描写）が，パーソナル・アイデンティティ（旅先で出会った人々に対する認識の共有）やコレクティブ・アイデンティティ（地域住民や特定集団に対する認識の共有），プレイス・アイデンティティ（その土地や地域に対する認識の共有）の形成に不可欠な要素であるだけでなく，それが事実であれ作り話であれ，旅や旅行の経験について思い返して記憶し，それを周りに拡散するプロセスにおいても重要な働きを持っているということである。これまでのナラティブに関する研究の多くは，残存する文章もしくは伝え聞いた事柄に焦点を当てているが，RGS-IBG が主催する学会の 2010 年の国際会議における "Narrating the Stories of Travel and Tourism" をテーマにしたセッションで発表された論文が（Tivers and Rakic 2010 を参照），せっかく遠くまで来たからには旅や旅行で経験したストーリーを記録し，記憶に残し，書きとめ，他人に伝え，そしてときにそれを広く拡散する上で，記念品の収集や情景の記録（デッサンや絵画，写真など）も重要な役割を持ちうると言及している点は興味深い（それら論文の内容はこの書の中のいくつかの章で詳しく述べられている）。

　しかしながら，本章に限らず，本書は，旅（travel）および旅行（tourism）のナラティブに関する古今東西の学際的な研究を包括的に概論しようとするものではない。むしろ旅や旅行のナラティブを巡る学際的な議論の一助となることによって（Robertson et al. 1994; Meethan et al. 2006），あるいは旅行記に関する興味深いテーマを含む論文を提示することによって，または多様な「レンズ」を通してこの主題を照らすことによって，この分野の研究の基礎固めをすることを目的としている。本書は第Ⅰ部と第Ⅱ部に分かれているが，セクション間で扱う内容に重複がある点は否めない。第Ⅰ部のおもな焦点は，「旅人／旅行者」と彼らが残した「ナラティブ」にあり，旅先は多様である。一方で，第Ⅱ部の各章が焦点を当てているのは「訪れた地」であり，それらがナラティブの中でどのように表現されているかについて議論している。それぞれのセクション中

の各章の並びは，テーマの関連性を考慮した上で，年代順になるよう配慮している。したがって，全編を通して読むこともできるし，あるいは興味のある部分だけを選択的に読むこともできる。

　第 I 部は Kathryn Wilkins が書き下ろした章から始まる。この章では，ナラティブが綴られた未出版の文書を通じて「ロンドン・シーズン（London Season）」を紹介している。社交の場として数々のイベントを催し，イギリスのエリート層の若者がふさわしい結婚相手と出会うための機会でもあったロンドン・シーズンは，ビクトリア朝時代に最盛期を迎えた。シーズンにおいて「旅」がどれほどその活動に組み込まれ，必須のイベントとなっていたのかについて，首都ロンドンへの旅行という観点と，ロンドン市内での日常的な旅のされ方とその位置付けという観点で説明がなされている。ルイーザ・スマイスという 1 人の女性の日記をおもな題材とし，他の残存する資料も参照しながら，ルイーザのその後の人生と社会的立場に大きな影響をもたらすことになる「彼女の異性との交際と結婚，そして旅」に焦点を当てている。

　続く 3 つの章では，ビクトリア朝時代の終期から 20 世紀後半までに綴られたいくつもの未出版の旅の手記を扱っている。第 3 章では，1895 年から 1945 年の期間にフォックス家の人々が訪れた旅の記録を Pamela Richardson が紹介しており，ナラティブの「家族的な」側面に注目することによって，新たな研究の切り口を示唆している。フォックス家は裕福な「クエーカー（キリスト友会）」であると同時に，熱心な旅行家の一家でもあったため，訪れた場所や旅先で出会った人々，利用した交通手段などについて，驚くほど詳細に旅の出来事や経験したことを記録していた。Richardson はこの旅行記に豊富に含まれるナラティブを分析して，背後に見え隠れする旅の目的や，異なる時代背景と目的地における交通手段の選択理由を導き出している。また，旅のナラティブを補完するために，挿絵や記念品が使われている点についても考察している。

　続く章では，Paul Cleave が 1936 年から 1943 年の間に記された 4 編の好対照な旅の日誌から得られた所見を報告している。Richardson が分析したナラティブと同様に，それら 4 つの旅の日誌もイギリス人による未発表のものであ

るが，こちらは一つの家族によって書かれたものではない。それらの日誌は，第二次世界大戦開戦前の時代に書かれたアジアや北アメリカへのグランドツアー（卒業旅行）から，戦時中にイギリス南西部のデボンに住む友人を訪れた際の手記まで，さまざまな旅と旅行の経験を幅広く網羅している。Cleave は，それぞれの時代の社会構造や世界の情勢が，日誌の筆者によってどのように映し出されているかを論証している。彼はまた，「旅の形態」，「出会った人々」，「食事」，「世界の出来事」，そして「その土地の体験と活動」の5つの項目に着目している。Richardson と同様に，その土地や出会った人々の記憶を呼び起こすためのツールとして，写真や思い出の品が重要な役割を持つことを指摘している。それらを踏まえ，旅行史における特定の時代を理解する上では，個人によって書かれたナラティブの分析が非常に役立つと彼は結論付けている。

　Jacqueline Tivers による第5章においても，未発表の個人の旅の記録を題材にした分析がなされている。その日誌は，1937年から1996年までの60年以上もの間，1人の男性（著者の父親）によって記された全59冊にも及ぶ「ごく普通のイギリスの一家」の休暇の記録である。冒頭で Tivers は，日誌に織り交ぜられている言葉と画像の融合，余暇における旅行の重要性，歴史的な場所への思い入れ，独自に決める旅程や活動へのこだわり，旅の仲間との関係性，そして旅の経験を記録するために用いられた方法など，この日誌の内容を詳細に説明している。また，これらのナラティブが記された頃の時代背景，その時々の家族の状況，そして旅行事情について考察している。最後に，1人の男性が生涯に渡りその旅行経験を緻密に書きとめた記録の裏側にある動機の探索を試みている。

　未発表のナラティブ分析はここまでとして，第6章では Lenia Marques と Maria Sofia Pimental Biscaia が，旅と旅行の間にある関係性を，20世紀後半に旅を題材にした作家および写真家として活躍したスイスのニコラ・ブーヴィエの思考を支えている「感情に基づくフレームワーク」から考察している。1953年の旅を記録した「The Way of the World」や「Nomad」が代表作として知られるブーヴィエは，旅行作家として，調和，記録，観察，そして写真を

ナラティブの土台とした。Marques と Biscaia はブーヴィエの作品を旅行記としてだけでなく，旅行（Tourism）と旅（Travel）の違いと関連性を明確にするための資料としても捉えている。彼女らは，ブーヴィエを「旅人」として捉えるのと同時に，カルチュラル・ニッチ・ツーリズム（ニッチな文化を楽しむ旅行）が 20 世紀後半に興隆していくのを支え，著書を通じて人々を旅や旅行に誘った人物として紹介している。

　第Ⅰ部の締めくくりとして David Botterill は，20 世紀のオペラに描かれる旅行に関する考察を試みるという一風変わったテーマを提示している。38 のオペラ作品を分析対象として選び，旅行の研究に見られる「探検」，「放浪」，「豪華絢爛」，「壮観」で表されるドミナントナラティブが含まれている比喩表現を特定している。また，旅行に対する支配的な視点に一石を投じる「逸脱」，「反転」，「脆弱性」のようなカウンターナラティブも見出している。旅行研究は，オペラのナラティブに含まれる旅行者や旅人の感情の変化や，旅にうごめく欺瞞や混沌にも注目すべきであると主張している。

　第Ⅱ部では，特定の旅先の地を描写したナラティブについて考察する。まず第 8 章では，Emmanuelle Peraldo が，ダニエル・デフォーの著書「Tour thro' the whole island of Great Britain」（1724-26）におけるイギリスの描写について考察している。この作品は，地図や表，図，リスト，そして文章を含む 13 の文書で綴られている。Peraldo は，デフォーがどのように彼の持つ文才と地理に関する理解を融合させて空間を再構築し，18 世紀初頭の国内各地について創造力に富んだナラティブをつくり上げたのかを示している。また，当時の国内の地域ごとの特性や地域間のパワーバランスがどのように描かれているのかについて，そしてイギリスという国のポジティブなイメージをつくり出すことによって貿易や商業を活発にしようという隠された動機についても言及している。

　時代は 19 世紀へと移り，アイリッシュ海を渡った先のアイルランドが舞台となる。第 9 章では，小説家であり旅人でもあったアントニー・トロロープが描写したアイルランドについて，Angharad Saunders が考察している。トロ

ロープは 1840 年代から 1850 年代にかけて英国系アイルランド人としてアイル
ランドで暮らした。トロロープの抱えていた真実をそのままナラティブとして
描くのか，イギリスの読者に受け入れられるような虚偽の作り話をするのかと
いうジレンマについて説明している。小説が旅行記の範疇と認識されることは
あまりないだろうが，それは長期にわたるアイルランドを巡る旅によって得ら
れた情報をトロロープがどれだけ正確に描写しているかによると指摘されてい
る。

　第 10 章では，西側諸国の旅のストーリーから遠く離れ，Sylvie Guichard-
Anguis が日本の熊野へと案内してくれる。ここには紀伊山地の懐に古くから
伝わる熊野古道をはじめとする参詣道と霊場がある。この章で彼女は，千年以
上も前から現在に至るまでの間に書き記された参詣道に関する記述を紹介し，
この間の自然環境の変化や，この参詣道を歩いた人々，そして旅における人々
の行動についての知見を提供している。10 世紀以降に書かれたいくつかの歴
史的な書物と 21 世紀に書かれた 3 冊の書物を紐解き，それらのナラティブを
比較している。これらのナラティブの考察を通して，日本の旅行文化において
はどのように記憶がつくられ，そして残されていくのかを明らかにしようとし
ている。

　日本の巡礼路の考察に続くこの章では，Chaim Noy が別の巡礼地を紹介し
てくれる。エルサレムの郊外に位置するエン・カレム（Ein Karem）は，かつて
パレスチナ人の村であったが，現在はイスラエル人の住民に占有されている。
Noy が研究対象としたのは，マリアの泉（Mary's Spring）への一般的な観光ツアー
ではなく，実践を通じて活動する芸術家グループが開催した 2009 年のイベン
トにおける 2 つのツアーである。一方のツアーは以前この村に住んでいたパレ
スチナ人の男性が案内し，もう一方はユダヤ人の環境保護活動家が案内するツ
アーとなっている。ナレーターの立場の違いが，同じ場所に対するナラティブ
をどれだけ異なるものにするかを示しており，観光地のナラティブがイデオロ
ギー的にも，教育的な観点でも強大な力を持つことを示唆している。

　終章となる第 12 章では，Tijana Rakic が比較的最近発行された数種類のガ

イドブックを対象に，UNESCO の世界遺産の象徴であり，ギリシアを象徴する遺跡でもあるアテネのアクロポリスのナラティブを検証している。Rakic は「国家」対「世界」という構図を提示して，文章および画像の記号論的分析によりガイドブックのナラティブの表現を調べている。「世界遺産」という言葉は，何冊かのガイドブックにしか使われておらず，アクロポリスの帰属において強い緊張関係があるという指摘がなされている。これらのガイドブックに関していえば，アクロポリスは「世界ではなくギリシアに帰属し，ギリシアを代表する世界的な観光地」という表現が大部分を占めていると結論付けられている。

第 I 部

Travellers and their Narratives

第2章

ビクトリア朝時代の富裕層が
記した旅のナラティブ：
ロンドン・シーズン

Kathryn Wilkins

序　文

　1827年5月，49歳で未亡人のウォルター・スマイスは，ブライトンの自宅を旅立ちロンドンに到着した。2人の娘，16歳のルイーザと12歳のジョージーナも一緒だった。グレート・カンバーランド・プレイス通りに着くと，3か月契約で借りたタウンハウスはすぐ目の前にあった。空気のきれいなハイド・パークにほど近く，また，賃貸物件を利用することで，徐々に目減りしていた資産からの出費を抑えることができた。5月13日，ルイーザは母に連れられて，名家ソールズベリーの侯爵夫人が主催する舞踏会へと出かけ，カドリール（Quadrille：4組の男女で踊るスクエアダンス）を初めて踊った。ルイーザは，そのときはまだ社交界の正式なメンバーではなかったが，以後3か月間，当時のウエスト・エンドを象徴する数々の社交会に参加した。豪華に仕立てたドレスで着飾り，音楽会や晩餐会に参加しては，大勢の人でにぎわうダンスホールで富裕層の男性たちをパートナーにダンスを踊った。日中は，キング・ジョージ4

世の内縁の妻であり（Irvine 2005），ルイーザの伯母であるマリア・フィッツハーバートが所有する馬車に乗ってハイド・パークのロットン通りへと出かけ，夕方には社交界の友人たちと次のパーティに参加するお目当ての男性について情報交換をしていた。

　ルイーザのロンドンでの生活は，「ロンドン・シーズン」の一幕である社交界デビューを果たした数多くの若者やその家族の当時の状況を映し出している。本章では，「旅」を観点に当時の「ロンドン・シーズン」を探求したい。このテーマにおいて，旅の重要性について論じられている研究はこれまでほとんどなく，それら研究とは一線を画することになる。本章の中では特に，旅がどれほどシーズンの活動の一部として欠かすことのできないものであったかを論じたい。シーズンの最盛期に記されたナラティブを検証することで，当時「ふさわしい」とされた交通手段を特定し，さらにはエリート[1]たちが「旅」を「富と地位を誇示するための手段」として用いた可能性についても探ってみたい。また，シーズンのイベントに参加する動機についても，ルイーザ・スマイスのナラティブを深く検証しながら読み解いていきたい。それらを通して，シーズンの暗黙のルールや，あまり知られていない活動を把握し，シーズンに関する当時の詳細な状況を理解できると考える。

ロンドン・シーズン

　シーズンは毎年繰り返され，「エリート」に属する貴族や大富豪の一族は，5月から7月頃[2]にかけて目まぐるしくおこなわれる社会活動やイベントに参加するために，ロンドンのウエスト・エンドへと移動する。シーズンの歴史はさらに前までさかのぼるが，活況となったのは18世紀になってからであり，ビクトリア女王（1837-1901）の時代に最盛期を迎える。規模が拡大していった理由はおもに2つある。1つは，厳格だったシーズンへの入会基準が緩和され，19世紀の後半には資産を持つ実業家の参加も許されるようになったことだ。2つ目は，医療の進歩とともにシーズンのメンバーである貴族たちの寿命が延

びたことである（Davidoff 1973, Beckett 1986）。

　シーズンはその多面性から一口に表すことは難しいが，Thompson（1963: 104）の書に有用な表現がある。

　それ（シーズン）は政治と社交の世界であり，昼は議会に出席し，夜にはクラブで遊興した。賭け金がやり取りされ，競走馬のレースの組み合わせが話し合われる場でもあった。また，ファッションや芸術の流行発信地となっていた。そして，謁見（えっけん）式，きらびやかなショー，晩餐会，舞踏会，オペラ鑑賞などのイベントが日々繰り返される世界である。

　舞踏会や謁見式（社交界デビュー），音楽会，晩餐会，そして芸術や文化の舞台鑑賞などのイベントは，社交や集会の場の提供を意図して実施されていた。そしてピラミッドの上層部にいる人々にとって，結婚はとりわけ社会的地位を塗り替えるチャンスである。名声や資産，所有する領地を天秤にかけて比較し，新たな家族として迎え入れる相手を選択するための「結婚市場」となっていたシーズンは，エリートたちにとって有用なツールだったのである。有利な条件の相手と結婚することがどれほど重要だったのかを示す上では，アメリカ人のウィリアム・バンダービルトの逸話が好例だろう。彼は，娘のコンスエロとマールバラ公（公爵）との結婚を確実にするために1千万ドルの私財を投入したとされている（Abbott 1993）。シーズンに参加する人々が望む生活水準は高く，羽振りの良さを示すことは縁組に欠かせないと考えられていた。フィッツウィリアム伯爵は，シーズンの客をもてなすために1810年だけで3千ポンドを使ったが，上には上がおり，1840年にはノーサンバーランド公が2万ポンドを使ったとされている（Sheppard 1971）。

　シーズンに参加する家族の多くは，その時期になるとロンドンのウエスト・エンドに別邸（タウン・ハウスなど）を借りる。それら住居は，オックスフォード通りを北側の境として，南はウエストミンスター，西はケンシントン，そして東はピカデリーまでと，比較的狭い地域に密集している（Evans and Evans

1976, Picard 2005)。シーズンの参加者たちはこの期間，郊外でおこなわれるイベントに参加するとき以外はほとんどウエスト・エンドから出ることはなく，このエリア内で社交イベントへの参加やショッピングを楽しんでいた。

シーズンにおける旅の考察

　シーズンに関する書籍や研究論文の多くは，新聞や雑誌，謁見式の人名録，所有不動産の記録簿，国勢調査のデータなどを情報源として用い，当時おこなわれていたイベントの概要を説明している (Sproule 1978, Margetson 1980)。それらを情報源とするデータはシーズンの長期的な変遷を捉える上では有用であるが，その他の情報ソースを取り入れることによって当時をより深く理解することができる。シーズンがおこなわれるロンドンへの旅の重要性に触れているレビューはほとんどないが，交通手段を持たない場合にはそもそもロンドンへと移動することすらできない。同様に，頻繁に開催されるシーズンのイベントに参加するためには，会場間を素早く移動する手段が不可欠である。本章では，上述のような情報の不均衡を是正するために，そして「歴史地理学研究に個人が残した記録を活用すべき」という要請に応えるために (Graham and Nash 2000)，シーズンに関するナラティブを取り上げていく。この領域の研究で「個」中心 (agency-centred) の研究がおこなわれるようになり，定性的なデータを使用する研究事例が増え，それによって検証の手法も大きく変化してきた。当時の人々の考えや経験の記録が重要視されるようになり，歴史上の周辺的な側面も明らかにすることができるようになった。特に，インドのラクナウ（現在は廃墟となっている当時イギリス領の住宅地）でのインド人の反乱を地元市民側の目線から検証した Blunt (2000) の研究や，戦時中のヨーロッパの実情をラトビアの一般市民の女性の体験から紐解いた McDowell (2004) の研究では，個人の記した記録を参照することで，より詳細に歴史的事実を明らかにできることが示唆されている。

　シーズンにおける旅の重要性を紐解いていく上で，本章では，Blunt (2000)

や Ogborn（2002）らが提唱するナラティブ分析手法を採用する。王族の御者（使用人）であった Frederick John Gorst が記した回想録から，マリア・フィッツハーバートの姪であり社交界デビューを迎えるルイーザ・スマイスの日記まで，詳細に記録された情報に基づいていくつかのナラティブを選択している。いずれの資料についても，シーズンに参加する人々にとっての「旅の重要性」という観点で分析するために情報を抽出した。

シーズンにおける旅の頻度

前述したようにシーズンに関するこれまでの研究成果の多くは，シーズンのイベントに参加することが持つ意味とその重要性について考察しているが，移動手段についての記述にはほとんど注目していない。当時の「旅の事情」について明らかにする必要があるだろう。イギリス帝国が勢力を拡大するにつれて国境をまたいで移動する人も徐々に増えていったが（Magee and Thompson 2010 を参照），19 世紀初頭の庶民にとって，旅といえば国内の近隣地域に限定されていた。当時のロンドン市内での移動手段はおもに「徒歩」であり，ロンドン市民にとって旅がより身近になるのは，1870 年に公共交通機関として馬車鉄道が登場してからである（Pooley and Turnbull 1997, Jackson 2004）。このような不便な交通環境において，シーズン参加者の旅はあまりに大規模で，一般社会の常識とは大きくかけ離れている。だが，このエリート集団にとってはそれが常識であることがナラティブの記述から読み取れる。

シーズンの期間における最初で最長の旅となるのが，4 月から 5 月頃，大勢の人々が国内各地にある自宅を一時的に離れ，シーズンに参加するためにロンドンへと移動する旅であろう。中には海外からの参加者もいたとされている（Sproule 1978, Margetson 1980, Horn 1992）。バース侯爵夫人は，「シーズンに参加するためにバークレー・スクエアの別邸に移動するときはいつも，客車を引く 11 頭の馬と 17 人の召使が必要だった」と記している（Thynne 1951）。これだけの規模の移動を円滑におこなうには，事前に信頼できる使用人との十分な打ち

合わせや準備が必要であっただろう。Davidoff（1973）は自著の中で，「多くの場合，使用人の責任者は事前に現地入りして手配を済ませ，馬車の整備をおこなう職人を呼び寄せていた」と説明している。「使用人たちを先に鉄道でロンドンへ向かわせ，私たちは後でゆっくりと出発した」（1878 年 5 月 11 日）という，キャリントン男爵夫人が残した日記もこれを裏付けており，苦労したことの記述は一切なく，むしろ快適な旅であったことがうかがえる。家族全員と使用人を別の場所へと移動させることは一大作業に違いないだろうが，ナラティブに描かれた当人たちの平穏な様子からは，ロンドンへの旅に関して何の不安もなかったようである。

　ロンドンでのシーズンのイベントに参加するための旅（移動）の状況は，ナラティブの中でもっと詳細に描写されている。よって，旅の状況について十分なエビデンスを得ることができる。日々のイベントの様子を詳細に綴っていたメアリー・グラッドストーンの日記を検証することによって（Masterman 1930），シーズン期間中の旅の頻度と移動距離を明らかにすることができる。1883 年 3 月 14 日[3]だけで，メアリーは 16 箇所を訪れている。そのうちのいくつかは，自宅のあるダウニング街（ちなみに，メアリーの父はウィリアム・グラッドストーン首相）とパーラメント・スクエア間の短距離の移動や，近隣のグレート・ジョージ・ストリートやカールトン・ハウス・テラスに住む家族を訪ねたものであったが，それ以外の移動は非常に広範囲にわたっている。彼女は約 2.5 キロメートル離れたグロブナー・スクエアに立ち寄り，約 1.8 キロメートル離れたポルトガル・ストリートに住む友人を訪ね，約 4.4 キロメートル離れたロイヤル・アルバート・ホールで演劇を鑑賞している。合算すると，この 1 日だけでウエスト・エンド地区のエリア内を約 21 キロメートル移動したことになる。メアリー・グラッドストーンの日記に記されたような移動は，シーズンに関する記述でよく見かけるものであり，珍しくはない。このようなナラティブが示唆するのは，シーズンの時期は，参加者らが頻繁に移動していたということだ。ナラティブを分析することによって，シーズンに参加している人々の日々の生活の中でどれほど旅が重要であったかが明確になる。19 世紀のこの社交界に属する人々は，

頻繁に移動する手段を必要としており，旅は，重要で欠くことのできないシーズンの一部分であったことがわかる。

ふさわしい旅の重要性

　シーズン参加者の広範囲な移動については，これから取り上げるナラティブの記述にも垣間見ることができる。社交界のルールとして，シーズン期間中の参加者の乗り物に指定されていたのは，個人所有の「馬車」であった（1871年出版の「Modern Etiquette in Public and Private」のようなエチケット・ブックの中でもそれが推奨されている）。技術の進歩とともに，馬車鉄道や地下鉄，乗合馬車といった公共交通が整備されつつある状況下であっても，シーズンの参加者たちは個人所有の馬車を利用していた（Taylor 2001）。Wildeblood は服装に関する論文の中で，「レディが出掛ける際のドレスと言えば，すなわち馬車用ドレスのことを指していたのであり，歩くことを喜んで受け入れるようなレディはいない」と断言している（1965：172）。プライベートな空間でいつでも自由に移動できることは富と地位の証であった。マリオン・サンボーンの日記を研究した Nicholson によれば，「当時の社会において，馬車を所有することは明確なステップアップであり，彼女（マリオン）が高級ドレス店に行くときはいつも馬車で出かけた」と説明している（1988: 73-4）。コンスタンス・バターシーの日記にも同様の記述があり，家族が所有する高級馬車で謁見式のセレモニーに向かう様子を詳細に描写している（Battersea 1922 108-9）。馬車の所有はその地位を象徴するものとされ，小説「Vanity Fair」の中にある，主人公ジョージ・オズボーンの「僕の父は紳士だ。馬車も持っている」というセリフにも表れている（Thackeray 1848: 25）。シーズンの参加者たちは，単なる「頻繁に旅する人々」ではなく，「特別な手段で」頻繁に旅する人々なのである。これらナラティブは，上流階級に「ふさわしい旅の手段」を説明しており，当時の社会的背景をより深く探ることができる。

　シーズンの移動（旅）で「馬車を使うことへのこだわり」が最も特徴的に描

かれているのが，当時の「交通渋滞」の様子である。19 世紀のウエスト・エンドの道路ネットワークは，何千台もの馬車が頻繁に往来するシーズンの開催期間に合わせてつくられているわけではなかった。当時の様子は Thomas Rowlandson の風刺画（図 2.1）に描かれている。

　交通渋滞が日常的な出来事だったことは，個人が残した記録からも読み取れる。ルコンフィールド男爵夫人は，タイムズ紙のインタビューで「当時の交通がスムーズだったなんて思わないでください。いまでも交通問題についての新聞記事を読むと，当時，ハイド・パークの交差点を迂回するのに 30 分かかったことを思い出します」と答えている（1930 年 10 月 25 日付）。しかしながら，交通渋滞に関するナラティブの記述で最も驚くべきことは，馬車の乗客の誰一人として歩こうとしないことである。たとえ目的地まで数メートルの距離だとしても，上流階級にふさわしい交通手段で到着したいという意識から，何時間でも馬車の中で待ち続ける。馬車を操縦する御者であったウィリアム・テイラーは，ひどく混雑していたある夜（1837 年 5 月 24 日）のことを回想し，「大勢の女性が乗っていた。大きな叫び声を上げ，中には警察に掛け合っている女性や，失神してしまった女性までいた。いままで見たこともないような大騒動だった。午後 9 時に出発して 2 時間後の 11 時になっても半マイル（800 メートル）も進んでいなかった」と記している（Wise 1998）。これらの記述が意味するのは，シーズンにおける旅が広範囲に及んでいたことだけでなく，地位を誇示するためにスタイルを貫き通す必要があったということである。

魅せることが目的の旅

　ナラティブの記述から，シーズンにおける旅には，また別の特別な目的があったことがわかる。それは「魅せる」ことだ。この期間に使われる馬車は，その所有者ごとに特別な装飾が施されていた。多くの馬車は，その一族を象徴する羽飾りで派手に装飾され，動く広告塔の役割を持っていた（Sidney 1873）。車両

図 2.1　Thomas Rowlandson が描いたロンドンの悲惨な道路事情
（ロンドン市公文書館の所蔵品を市の許可を得て複写したもの）

を引く馬も市民の注目を集めた。Huggett（1979）によると，髪色がグレーで，服装もグレーのものを好む女性が，彼女の髪と同じ色合いのグレーの馬を調達するよう命じたという。そうすることで，色の統一感を演出するだけでなく，風にたなびく馬のたてがみが彼女の髪色と調和し，彼女が乗っていることを気付かせない効果があったとしている。所有者家族が乗る馬車を操る御者でさえも「魅せる」ための装飾の対象とされたことがナラティブの記述からうかがえる。皇族のハワード夫人に仕えた Frederick John Gorst は，使用人としての経験をまとめた書の中で以下のように描写している。

　次の日，私は生まれて初めて自分の髪にパウダーで色を付ける方法を教えられた。始めにシャンプーをするが，その泡は洗い流さず，頭皮に泡の感触を感じたまま髪を丁寧に横に分けた。トローブリッジが大量の紫色のパウダーを持って来て，私の頭髪全体にそれを塗り付けた。髪が乾いてから鏡で見ると，まるで白髪のかつらをかぶっているようだった。自分の姿を見て多少動揺し，ほんの10分でなんて年を取ってしまったのだろうと驚いた。頭

髪にこのような造作を加えるのはもちろん，すべての御者の容姿をできるだけ同じに見えるようにして，全体の見栄えに統一感を持たせるためである。
(Gorst and Andrews 1956: 88)

　これらの記述は，馬車や使用人をイメージ通りに装飾して，通りを優雅に駆け抜けたいという所有者家族の意識を表したものであり，特にハイド・パークのロットン通りを走る際にはその欲求が最高潮に高まる。シーズン期間中は毎日３つの時間帯で，この通りが上流階級の社交の場となっていた。その時間帯にはおびただしい数の馬車が通りを埋め尽くす光景が広がり，有力者との新たなつながりを期待する気持ちに加えて，エリートたちが活動に参加する姿を人々に見てもらいたい（魅せたい）という欲求が交錯していた。「馬車」という本来は移動するための技術は，ロットン通りに集う人々にとって，まるで馬車による「社交ダンス」をするかのごとく，あるいは新たなつながりを求める人々による「演出された旅」のために用いられていたのである。旅における「魅せる」機能については，19世紀後半に社会問題の論評家として活動していたパーシー・コルソンが次のように述べている。

　午後になると，公園（ハイド・パーク）のナイツブリッジ側の通りを走るという決め事があった。通りはビクトリア馬車やバルーシュ型馬車，ランドー馬車で埋め尽くされ，まるで軍隊が陣形をつくっているようにも見える。どの馬車も御者と使用人を従えており，その多くはパウダーで（白く）装飾している。馬車には，ドレスに身を包み，髪を美しく整えた女性とその娘たちが乗っている。「les jeunes filles á marier.（若い娘が結婚していく）」。順路に沿って進む車内から友人たちにお辞儀をし，あたかも自分たちが楽しんでいるかのように笑顔を浮かべている。適齢期を過ぎてしまった女性たちも，それを悟られないよう振舞っている。高貴な人物が気さくな会釈でもくれようものならば，天にも昇る気持ちである（Colson 1945: 22）。

　一種の社交イベントとして，そしてまた，理想の結婚相手や有力者に家族を紹介するための機会として，この特別な場所を訪れることに重要な意味があったことがこの回想から読み取れる。これはシーズンの重要な一面であると考えられる。19世紀のシーズンにおいてはハイド・パークがその活動の中心であり，シーズンにおいて旅が欠かせないものであったことも改めて明確になったと考えられる。

ルイーザ・スマイスが記した旅のナラティブ

　シーズンの旅に関する個人のナラティブを検証することによって，より深い理解が得られるはずである。この期間にどのくらいの頻度でどのような旅がされていたのかが明確になるのと同時に，それぞれの旅の背景にある事情を把握することができる。個別の体験を分析および比較することで，旅の「喜び」や「動機」の違いが見えてくる。誰にとっても同じような経験だったのではなく，それぞれに複雑な事情や背景があったはずである。旅の目的は人によって異なり，そこでの経験も千差万別であったに違いない。

　それぞれの時代における出来事をミクロの視点で検証する上で，旅のナラティブが有効であり，それが過去の研究で不足していた詳細な情報を提供してくれる（Davidoff 1973, Horn 1992）。ここでは，シーズンの多面性を説明するために１つの「ストーリー」を取り上げる。本章の冒頭で紹介した社交界デビューを控えているルイーザ・スマイスの経験を綴ったストーリーである。ルイーザの家族は決して裕福ではなく，父親の死後さらに生活は不安定になった。一家はシーズンの時期以外はブライトンの自宅で暮らし，近所には伯母のマリア・フィッツハーバートの自宅もあった。彼女はキング・ジョージ４世の内縁の妻だった。貴族ファミリーの人気スポットであったブライトンの町で，マリアは大変な有名人であり，ブライトン・アルマック（上流階級の社交場）の女性主人として強い力を持っていたが（Irvine 2005），ロンドンでの彼女の評判はあまり

図 2.2　James Holmes が描いたルイーザ・スマイスの肖像画
（1958 年に Buckle が自著の中で掲載したものを，許可を得て複写
したもの）

芳しくなかった。彼女とキング・ジョージ 4 世との不倫関係は 10 年以上続い
ていた。彼の地位を傷つけないために 2 人の関係は秘密にされてはいたが[4]，
彼女のことを疑いの目で見て，面白く思わない者も多かった（Irvine 2005）。シー
ズンの参加者にとって世間の評判は極めて重要であり，社交界に受け入れられ
るためには，この世界のエチケットやモラルに倣うことが必須である。そのよ
うな良くない評判が立ちながらも，アント・フィッツ（スマイス家ではこう呼ばれ
ていた）には金銭的な余裕があった。彼女はキングから年に 1 万ポンドを受け
取り（Buckle 1958），その一部を姪たちがシーズンに参加するために出資してい
た。この恵まれた関係をうまく調整してくれたのが，いとこのミニーであった。
マリアとキング・ジョージ 4 世の共通の友人であったミニーの母親が他界した
ときに，マリアは彼女を養子として迎え入れた。幼少期から上流階級の人々と
接していたおかげで，シーズンの中でも最も威厳のあるイベントの招待状も届

いていた。ミニーは社交界の人気者であり，ルイーザたちの付添人となるなど，スマイス家の娘たちの生活に大きな影響を与えている。スマイス家の姉妹の日記にはっきりと書かれているように，彼女らの母親（ウォルター）は世間から「厚かましい」とみられていた上に，酒浸りで，2人は母親のウォルターをあまり信頼していなかった。したがって，マリアやミニーとの関係はこの姉妹にとって非常に有用であった（Buckle 1958）。

　シーズンへの参加当初にルイーザが書き記した日記を見ると，階級による格差があったことがわかる。Worsley Gough（1952）が描いたように，高名な一族や強いコネクションを持つ家族には正式な招待状が届くが，社交界で底辺に位置する家族はイベントに参加するのも一苦労であった。ルイーザの日記にも華やかな宴に赴いている記述はほとんど見当たらず，イベントへの招待を受けるために四苦八苦していたことは明らかである（「私たちは，大勢の人で混雑して暑苦しく，不愉快なダンスパーティに参加するために馬車を走らせていた。知り合いは3人いた」：1827年5月11日）。そして，彼女が望んでいたようなネットワークから招待を受けると，その喜びを書き連ねている（「ロンドンデリー侯爵夫人からお誘いを受けたときはとてもうれしかった」：1827年5月28日）。シーズンにおける自身の評判と立場を高めるためには有力者とのつながりが必要であるとルイーザは明確に理解していた。努力が実を結び，シーズンの最初の年が終わる頃には7人の男性から誘いの連絡を受けるようになったが，真剣に交際を申し込んできた男性はいなかった。この状況をルイーザの母，ウォルターは快く思っておらず，ルイーザに対して「心が冷たい」と叱りつけている（1827年8月14日）。ウォルターは，ルイーザがもっと自分の気持ちを率直に表していれば，男性の誰かがプロポーズしてくれたかもしれないと感じていたことがうかがえる。重要なのは，ルイーザが良縁に恵まれるチャンスを逃さないことだと，母の嘆きから読み取れる。

　ルイーザの結婚相手として最初の有力な候補者となったのは，貴族家系の次男として生まれ，ヨークシャー地方ヘドンの議員であった当時27歳のトーマ

ス・ハイド・ヴィラーズである。シーズンの期間中に彼がルイーザに会いに頻繁に訪れていたことが日記に記されており，シーズンが終了後にも何度もブライトンの自宅に会いに行っていることから，彼女との関係を真剣に考えていたことがうかがえる。また，ルイーザの母もそれを喜ばしく思っていたようである（Courtney 2004）。しかしこの2人の関係は，ルイーザの伯母であるマリア・フィッツハーバートの存在とその後の介入によって破綻を迎えることになる。マリアはその関係の危うさをルイーザに警告したとされている（「もしも彼と本気で付き合う意思がないのであれば，彼に対して特別な好意を一切見せないよう警告してくれた」：1828年2月2日）。このことから伯母のマリアは，ルイーザの交際の仕方について母親のウォルターと異なる考え方を持っており，もっとふさわしい男性が現れるのを待つべきだと考えていたことがわかる。

　それは20歳のフレデリック・ハーヴィー・バサーストの登場で現実となる。彼はグレナディアガーズ（近衛歩兵連隊）の一員であり，ウィルトシャー地区に領地を保有する準男爵の地位を持っていた（Buckle 1958）。1828年のシーズンで出会ったフレデリックとルイーザは頻繁に会ってダンスをし，彼女は日記に彼との結婚の意思を書き残している（「知り合いや親しい友人の中でも，即座に申し出を受け入れられるのは彼だけしかいない」：1828年7月12日）。しかしその1か月後，フレデリック準男爵がブライトンの自宅に結婚の許しを得るために訪問したいと彼女に連絡したとき，ルイーザの母は賛成していたのにもかかわらず，その申し出を断ったのはルイーザ自身であった。彼女の日記によれば，このときは単に「怖気づいてしまった」としているが，Buckle（1958）はここにも伯母のマリア・フィッツハーバートの介入があったと指摘している。マリアは，彼の無礼な態度への嫌悪感をあらわにし，この結婚に反対したとされる。

　ルイーザがようやく結婚の意思を固める相手と出会うのは1830年のシーズンであった。オスルトン・タンカービルは，タンカービル家の第5代伯爵の息子で，伯爵位の後継者であり，ルイーザにとってはこの上ない相手である。2人はダンスを踊り，互いに訪問しあった。ルイーザはこの関係を大切にするあまり，頻繁に彼のもとを訪れていたとされている（Cass et al. 2005）。2人の交

際は順調に進み，彼はノーサンバーランドのチリンガムにあるタンカービル家の邸宅に，冬の間ルイーザ家族を招待する。しかしこの期間に2人の関係は終わりを迎えることになる。オスルトンの母親が，ルイーザの母ウォルターのことを嫌ったことがおもな理由である。タンカービル家の人々はルイーザのことを息子にふさわしい理想的な人物であると考えていたが，ルイーザの母親を受け入れることができなかった。それが原因となり2人の結婚の可能性はなくなってしまったのである（「タンカービル夫人は，私をチリンガムの自宅に残して，母にエジンバラへ行ってはどうかと提案した。私はそれに強く賛同したが，母は断ってしまった」：1830年10月1日）。

　このようにパートナー探しで四苦八苦する中，伯母のマリア・フィッツハーバートがまたも登場する。内縁の夫であったキング・ジョージ4世の死後，社交界の一部との確執も薄れ，亡き夫の後継者からイベントへの招待を受けていたマリアは，夫の喪が明けると，再び社交界へと舞い戻り，頻繁にイベントへと参加するようになっていた（Irvine 2005）。そしてルイーザはといえば，失意のときから1か月もたたないうちに，再びフレデリック・ハーヴィー・バサーストのことを愛することを決意する。これはもちろん彼の人格を見直した伯母のマリアからの説得があってのことである（「やはり私はフレッド・バサーストのことが好きなのかもしれない」：1830年12月）。ルイーザとフレデリックの関係を再開させることができたのは，本人以外の両家の家族をそれぞれの自宅に招いたことがきっかけとなったようである。ルイーザがようやくフレデリック本人と再会したのは，彼女が彼との結婚を決意してから4か月後の1831年3月28日のことである。幸いなことに再会した2人はその後も順調に愛を育み，1831年秋には彼のプロポーズを受けたのであった。以前は拒絶した全く同じ人物との関係に対するルイーザと伯母マリアの心境の変化は，ルイーザの立場が変わったことを示唆している。21歳になり，いくつもの機会を逃してきた彼女の状況を考えれば，結婚相手を確保することが最優先と判断したのかもしれない。良家の子息であるフレデリック・ハーヴィー・バサースト自身も彼女と同じような立場であったことも幸いしたと考えられる。

　シーズンでの経験を綴ったルイーザのストーリーは，これまでにおこなわれた幅広い分野の研究に関連する「詳細な情報を提供する」という点で重要であると考える。この1人の女性にとってのシーズンは明らかに不安に満ちており，Worsley Gough（1952）が描いている幸福に満ちた社交的なイメージとは相反している。ルイーザが関係を築くためにとった策略的なアプローチは，「家族の意見や選択」がすべての結果に影響し，結婚のパートナーの選択にも多大な影響を与えるということを映し出していると考えられる。詳細な説明を提供するという観点では，個人が記したあらゆる記述が有用ではあるが，上述したように，シーズンにおける旅の背景を説明するものとしてそれら記述は特に有用なのである。シーズンの策略的な性質から，旅にはつねに目的があり，特別なつながりを大切にしてそれを維持することを意図していた。シーズンのこのような策略的な意図は，旅に関する記述を分析することによって明らかにすることができる。同様に，旅の記述からその心情を斟酌することも可能である。たとえばルイーザは母の不人気ぶりについて直接触れてはいないかもしれないが，母がチリンガムからエジンバラに旅することを勧められた記述があることから，それが推論できる。ルイーザとフレデリックの結婚に関していえば，ナラティブに記されているのは互いの家族への頻繁な訪問に関してだが，それはマリア・フィッツハーバートによって段取りされたものであり，実際に誰がこの結婚の立役者だったかがわかる。これら2つの例は，シーズンにおける家族の役割の重要性を示唆しており，Davidoff（1973）やSproule（1978），Margetson（1980）の研究を裏付けている。

結　論

　ロンドン・シーズンが活況だったこの時代の重要な4つの側面を浮かび上がらせるために，本章ではシーズンにおける旅のナラティブを用いた。1つ目は，シーズンにおいて旅は不可欠であるということだ。一般庶民にとって交通手段の乏しいこの時代に不釣り合いなほど，頻繁な旅（移動）を促進したと言える

だろう。2つ目は，旅にふさわしいスタイル，すなわち馬車を移動手段として使用しなければならないことである。これにより，さほど裕福ではない人々とエリートとの間の線をはっきりと際立たせることができる。3つ目は，魅せるための旅の重要性を明確に示すことである。この時代のハイド・パークは貴族の馬車によるファッショナブルな遊歩道として認識されていたことが，日記の記述から読み取れる。最後に，シーズンにおける個人の生活を浮き彫りにする上で，旅のナラティブが有用であることを示すことである。社交界デビューから結婚までのさまざまな旅や出会いに関する記述が残されたルイーザ・スマイスのストーリーを通じて，旅のナラティブの重要性を考察している。

　旅のナラティブを用いることで，シーズンのさまざまなプロセスを深く掘り下げ，そこに参加する人々にとっての旅の重要性を照らし出すことが可能になる。またナラティブは，単なる旅の記録ということだけでなく，その時代のあまり知られていないルールを解き明かすツールとしても活用できる。旅を考察することによって，シーズンがおこなわれていた状況や背景を理解し，そこに関わる人々のさまざまな経験を照らし出すことができるのである。

【注】

1）この章で「エリート」とは，シーズンに参加していたすべての人々を包括して使われている。しかしながら，それらの人々の間にも資産や地位，家族が所有する領地の広さに差があったことは認識しておく必要があるだろう。このことは，シーズンについて記されたナラティブの内容の多様さからも見て取れる。エリートは3つのグループに分けられ，1つ目のグループは貴族家系の一族であり，2つ目は，実業家として成功して一大財産を築きエリートの輪に受け入れられるようになった人々のグループ，そして3つ目は，貴族ではないが小規模地主であり，将来有望な職業についているジェントリと呼ばれる人々のグループである。

2）シーズンの期間は厳密に決まっているわけではなく，その年におこなわれるイベントの開催時期によって前後する。参加者の数と開催イベント数がピークを迎えるのが5月から7月にかけての期間である。

3）シーズンの規模の拡大により，1883年には開催期間も長期化していた。同年3

月 14 日にはすでにシーズンのイベントがおこなわれている。

4）ウェールズ王子（後のキング・ジョージ 4 世）とマリア・フィッツハーバート
　の結婚は，マリアがいくつかの問題を抱えていため，生涯にわたり秘密とされた。
　彼女が貴族としての地位を持たず，カトリックの家系であったことが，より問
　題を深刻にした。したがって 2 人の結婚を公表すると，憲法上の議論が起こる
　可能性があった（Irvine 2005）。

第3章

旅好きの一家

Pamela Richardson

序　文

　本章では, 富裕層のクエーカー (キリスト友会) 一家であるフォックス家の人々が1895年から1945年の間に繰り広げた旅に焦点を当てる。この一家は, チャールズ (1848-1929) とグリエルマ (1848-1931) 夫妻と6人の子で構成される8人家族である。写真 (図3.1) の上段左から順に, 父親のチャールズ, 長男のレジナルド (レックス) (1877-1962), 次男のハロルド (1884-1961), 次女のグラディス (1888-1950), 下段左から, 母親のグリエルマ, 長女のモード (1882-1976), 三男のボンヴィル (ボニー) (1886-1961) である。6番目の子で三女のヴァイオレット (ヴィー) はこの写真に写っていない。チャールズとグリエルマは1874年に結婚し, 一家はサウス・デヴォンに住んでいた。フォックス家は, リベラル派の政党を支持し, 王への強い忠誠心を持っており, いわば当時の典型的な家族である。夫妻は近親婚で, クエーカーとの強力なつながりから幅広い人脈を持っており, それが彼らの旅においても大いに役立った。一家のこの特徴は, 17世紀の著名なイギリスの旅行家であるセリア・ファインズ (Celia Fiennes) と重なる。セリア・ファインズがイギリス中を旅した際にもやはり, 彼女の家族や友人の存在が非常に役に立っている (Fiennes 1888)。彼女の旅のきっかけは健

康上の理由であり，旅行記も当初は身内に見せることが目的であったことなど，彼女の旅とフォックス家の旅は，類似点がある。旅人を送り出し，そして出迎えてくれる家族や友人の助けが不可欠であったことは，旅につねに危険がつきものであった時代背景を反映している。

　フォックス家では２つの贅沢が許されていた。最新のテクノロジー，中でも新たに導入された乗り物を利用することへの渇望と，旅への情熱である。この理念は，フォックス家の親族に広く共有され，互いの記した旅行記を見せ合うこともあった。フォックス家が残した膨大な文章と画像による旅のナラティブは，家族共有の旅行記に記されることもあれば，個人のプライベートな手記に残されることもあった。これらは出版されてはいないが，プロの旅行家が残した旅行記と比べて遜色ないレベルである。一家のナラティブには，セリア・ファインズ（1888）やトバイアス・スモレット（Tobias Smollett 1721）が描いていたような地形図の描画や，ダニエル・デフォー（Daniel Defoe 1724-26）を思わせるような軽いタッチの経済批評が含まれており，それらの書物がフォックス家の旅行記のスタイルに影響を与えたことに，疑いの余地はないだろう。また，興味深い場所に対する感想や，文化や宗教の比較，歴史的背景の考察を共有して楽しんでいたこともその記述からうかがえる。

　本章では，フォックス家の旅のナラティブに含まれる３つの主要なテーマを分析する。１つ目は，「それぞれの旅の目的，そして特定の場所を訪れた理由」，２つ目は，「輸送技術が旅に与えた影響」，そして３つ目は，「旅先の空間や場所，そして出会った人の印象をより鮮明に伝えるために，文章とともに，あるいはその代わりに使われている写真やイラストなどの画像や記念品について」である。これら３つのテーマに加えて，性別や年齢，家族内での立場の違いによる，視点の相違がもたらす影響についても明らかにしていく。

旅の目的

　フォックス家では，皆で家族旅行をする際，目的地は両親が決定していたが，

図3.1　1905年頃に撮影されたフォックス家の人々（一家のアルバムより）

一人旅のときには自分で行き先を決めることができた。たとえばハロルドは1907年に6週間を南アメリカで過ごしており，1908年には，レックスがテネリフェ島とモロッコのタンジェを，そしてボニーはスコットランドを旅している。イギリス国内の旅行に加え，1911年から1914年の間だけで一家は，スイス，ポルトガル，ノルウェー，マデイラ諸島，イタリアを訪れている。1914年の春には，デヴォンの自宅の電気開通工事期間に，一家は5週間イタリアを旅行している（ボニーは1913年にもここを訪れている）。これらの旅はすべて記録に残っており，いくつかは写真アルバムとともに保存されている。旅の目的が何であれ，フォックス家の旅は比較的長期間ゆっくりとした旅程が組まれ，一家は旅自体を，そして旅先の地を楽しんでいる。一方で，単に余暇を楽しむためだけでなく，重要な目的を持った旅もあったことがナラティブから読み取れる。

教育の一環としての旅

　この時代には，女の子は，家庭でおもに母親によって教育され，中流家庭の女の子は一般的に歌唱や絵画のような社会的たしなみを身に着けることが重要視されていた。1845 年にエリザベス・イーストレイクは次のように力説している。

　　反論もあるだろうが，女性への教育に不備があり，それが大きな壁になっていることはおそらく間違いない。しかし，教養あるイギリス女性の教育が，一様に男性よりも劣っているかどうかの議論がやまないのであれば，旅に関してその両者間の違いを見た場合には，女性に勝ち目があると考えざるを得ないだろう（Robinson 1994: xiii）。

　フォックス家の娘たちにとって，自宅から遠く離れ，旅することは教育の延長線上であった。学校の壁に貼られた世界地図に描かれた場所を実際に目にして，経験を広げ，言語力や観察力，そして伝える力を身に着け，スケッチや絵画の描き方やカメラの使い方を学ぶための機会だったのである。彼女たちは旅行記に，さまざまなタイプの乗り物，場所や建物，そして人々の様子の詳細を記している。また，衣服や文化に関することは特に熱心に記述され，創作に富んだ言葉遊びをするなど，旅を大いに楽しんでいることが伝わってくる。

　特にグラディスの成長ぶりが好例であり，彼女のナラティブの構成の仕方，あるいは文法や語彙，描画の能力は，旅を経て徐々に高まっている。他国の地や文化に触れ，旅に親しむことで自信をつけたフォックス家の若い娘たちは，既存の女性像にとらわれなくなっていった。週刊誌「Punch」に掲載されている（女性の旅を皮肉った）風刺を引用した Robinson（1994：1）の論文にもあるように，世論の反発もあったものの，女性が自由を手に入れることができるようになってきた歴史上の重要な時期でもあった。おそらく，（19 世紀の女性の旅に

ついて研究している）Foster（1990：173）も，知らない場所へと旅する女性たちの
熱意や，概観だけでなく細かな点に興味を示す女性ならではの視点を研究題材
に取り上げるならば，フォックス家の娘たちの旅を扱ったかもしれない。それ
に対してフォックス家の息子たちは，全寮制の学校に入り，家から離れて生活
することに慣れていたため，旅を通じて学ぶことにそれほど重きを置いていな
かったようである。ハロルドは友人と冒険の旅を模索していたし，ボニーは結
婚前の妹たちを旅に連れていくことに幸せを感じていたようだ。いずれも，旅
の費用や手続きの煩雑さ，あるいは同行者との関係など，実際的な面を重視し
ていた。

健康上の目的の旅

　健康上の問題がときに旅の目的となり，あるいはそれを建前に旅をすること
もあった。たとえば1907年にヴァイオレットは，大きな手術を経て体調を回
復させるために南フランスへと連れ出立たれた。看護師が1人同行し，現地の
医師もつねに連絡をとれるよう手配されていた。グラディスが記したこの旅の
ナラティブには，絵葉書や写真，そして記念品を集めたアルバムも同時に綴ら
れている。その記述には，旅への出発の様子や，病人のために持参すべき荷物
について鮮明に描写されている。

　そしていま，カンヌへのフライトに引けを取らない大仕事の準備中である。
冬の寒さを乗り越え，病気からの回復が足踏み状態のヴァイオレットの体調
を良くするための旅だ。さあ，出発しよう。＜中略＞　8千トンを超えるオ
リエント社の客船「Omrah」の旅だ…＜中略＞　レイノルドおじさんとファ
ニーおばさん，そしてジェーンおじさんとケイトおばさんが会いに来てくれ
たミルベイ駅での昼食を終えて…＜中略＞　レックスが新しい車にヴァイオ
レットを乗せてやってきて…＜中略＞　そして私たち全員は，はしけ船に乗
り…＜中略＞　はしけ船は防波堤を抜け，汽船「Omrah」の乗船場に到着

した。私たちは，たった大小 22 個程度の荷物を無事に積み終えた（海の藻屑と消えたのか傘が入ったケースは見当たらなかった…）。私たちはこの汽船に乗ってはるばるマルセイユまで行くのだが，あまりに窮屈で座ることすらできなかった。父と母，ヴァイオレット，ボニー，私（グラディス），看護師のスティーブンソンさんの 6 人とそれぞれの荷物，それに加えて，（ヴァイオレットのための）折りたたみ椅子，ソファベッドのクッションと枕，などなど…

書き込みはまだ続くが，病人（ヴァイオレット）の健康状態に関する記述は少なくなり，家族で楽しんでいる様子の描写が多くなる。以下は，上述の旅行記の後半部分を抜き出したものだ。

　ある日，私たちは一緒にモンテカルロへ行った。なんと美しく野蛮な場所なのだろう！…＜中略＞　カジノがある。22 歳未満は入れないと聞いて，危うく入り損ねるところだった[1]。入り口にいる従業員の男たちはとても気難しそうだし…＜中略＞　でも，彼らが他の女の子たちとイチャイチャしていた隙に，他の大人たちに紛れ込んで中へ入った。大きなテーブルの周りには，賭けにのめりこむ大勢の人々がいた。…＜中略＞　私たちはモナコにやってきたのだ。…＜中略＞　紅茶を飲もうとモンテカルロの高級店に入った。とても高かったけれど，その頃にはあまり値段は気にならなくなっていた（多分この場所がそうさせるのだ）。まさしく一見の価値あり!!!!　マントンでは，フランシー・テューク[2] の墓を訪れた。中心街を見渡せる高台に位置し，どこまでも高くそびえる丘がその場所を見下ろしている。…＜中略＞[3]　ローヌ渓谷に沿って北上し…＜中略＞　特別客車の客室はとても快適だった。…＜中略＞　ボニーも私もパリは初めてだったので，すべてがとても新鮮で興味深かった。…＜中略＞　なんて暑い日だろう。でも私たちはパリの観光を大いに楽しんだ。…＜中略＞　しかし，喉の渇きで足取りも重かった（つま先も痛み始め，などなど）。…＜中略＞　次の日，パリを出発した。…＜中略＞ひどい霧がかかっていた。…＜中略＞　無事に家に到着して一安心。古代の

詩人の一節にもあるけれど，「やはり我が家が一番！」(There was no place like home.)。

1908 年 10 月，両親とヴァイオレット，そしてグラディスは，難聴に悩まされていたハロルドを専門医に診てもらうためにスイスへ向かった。プリマスからシェルブールまでの行程は客船「Amerika」に乗り，そこからパリまでは鉄道を利用した。グラディスのナラティブによれば，この行程は「長くてうんざりするような旅」だったようだ。ローザンヌに到着し，治療のスケジュールが延期になったことを知ると，湖畔の町ブベー近くのザ・グランデ・ホテルで，ファニーおばさんとレイノルドおじさんと落ち合うことにした。旅行記には，そのホテルのたたずまいや夕暮れの景色，周辺の風景が描写されている。

　　かつてはパリの王族が住んでいただけあって，さすがに素敵な場所だ。湖まで庭園が続き，湖にはボートが浮かび，ホテルの船着き場も見える。汽船の往来もあり，ジュネーブ湖（レマン湖）を渡るには非常に便利だ。…＜中略＞　夕暮れの空が広がる美しい景色だった。まるで真珠のような色合いの湖面に，夕暮れに染まったポプラが映し出されている。正面には山（ジュラ山脈）がそびえ立ち，炎のように真紅のサルビアの小さな花弁が絨毯のように咲き誇り，芝生には赤いゼラニウムがアクセントをつけている。

この旅行中，彼らは近くの小さな村アヴァンにも 4 日間滞在している。ここで一家は，スイスでも少し気の早い「雪」を経験し，それが刺激となってグラディスの表現はさらに多彩になっている。ローザンヌに戻り，両親は自宅に帰ったが，ヴァイオレットとグラディスは，ハロルドの治療のため 6 週間その地にとどまった。ホテル生活，観光やショッピングを満喫した様子がうかがえ，宿泊客を面白おかしく表現して楽しんでいたようである。たとえばグラディスは「彼のことをスパイダー（蜘蛛男）と呼んでいる。いて欲しくないときに必ず近くにいる」と記述している。

1909 年, ヴァイオレットと看護師は, グラディスとボニーを引き連れて, ティルベリーを出発し地中海とアゾレス諸島をめぐる 3 週間のクルーズ旅行に出かけている。この旅行も, ヴァイオレットの体調を回復させることが目的なのは明らかだが, グラディスはこの冒険を書きとめることに夢中になっていたようで, 写真も撮影し家族のアルバムに残している。シントラに立ち寄り, 続いて訪れたリスボンで過ごした 3 日間を「なんて素敵な場所だろう。リスボン大聖堂, 最も素晴らしい彫刻だ。孤児院では青いエプロンをかけた 800 人の子どもたちが英語の勉強をしていた」と表現している。マデイラ諸島のフンシャルでは, 牛車で移動し, リーズ・ホテルで紅茶を楽しんでいる。アゾレス諸島のポンタ・デルガーダに到着すると雨が降っており, イタリア風の街並みだが退屈に感じたようだ。フード付きの長いマントを着た女性たちを「かなり変な格好」と記述している。船旅の帰路は, 船上でのイベントを大いに楽しんだようで, その様子が事細かに描写されている。プリマスの港にはハロルドが迎えに来て, プリマス港のことを「とてもきれい」, そして「他の港と比べても遜色ないと思った」と記している。

ビジネス目的の旅

1895 年に父親のチャールズは, 仕事でアメリカを訪れ, 5 週間滞在している。1906 年の出張旅行にはレックスも同行している。レックスにとっては, 父の持つ人脈と旅行経験を自らのビジネスに役立てることと, 自身の慰労が目的だった。1910 年, ハロルドは仕事を探すためにカナダへの船旅に出ている。父親とボニーは偶然にも同年に仕事でハンブルグとベルリンを訪れており, グリエルマとヴァイオレットも同行した。グリエルマが記した人や場所についての描写には, 「お父さん（夫）の仕事仲間はとても親切で, ある夜にはローエングリン（オペラ）観劇に連れて行ってくれた」とある。一家は街並みと都会の文化を楽しんだようである。旅行記の記述から当時のドイツの様子を学ぶ面白さがある。1912 年には, ボニーは父親のアメリカ出張旅行に同行している。

なお後年，彼は仕事でベルギーやオランダ，ドイツを訪れている。

実家を離れて暮らす

実家を離れて生活する様を記したナラティブは，他の旅のそれとはずいぶん違いがある。グラディスは 1910 年，ローザンヌで出会った友人とアイルランドで 1 か月間生活している。友人の自宅はベルファスト近くのワリングスタウンにあった。グラディスはその様子を普段の旅行とは異なる経験として記録していた。ただし，そこでも親戚に会う時間を捻出しようとするなど，他の旅と似通っている部分もあった。グラディスの記述スタイルは母親とそっくりだが，ややくだけた文章である。彼女がアイルランドでの生活を楽しんでいたことは，記述内容に表れている。ポロ競技用の馬や御者を抱える裕福なホスト・ファミリーとその友人について，あるいはコテージで麻を織る職人や，泥炭地でピート（燃料用の草炭）を切り分ける作業風景に至るまで，軽妙に描写している。

第一次世界大戦中 (1914-19)，ハロルドとボニーは彼らの旅（赴任先）の記述を定期的に実家へと送っていた。軍兵だったハロルドは中東の様子を書き記し，クエーカーの消防団「Friends Ambulance Unit」に所属していたボニーは，活動地のベルギーやフランスから状況を伝えていた。平和だった頃の休暇やビジネスの旅についての記述と比較すると，その違いが見えて興味深い。第二次世界大戦が始まると，51 歳になったグラディスは初めて単身で海外への旅に出る。フォックス家の娘の中で最も多く旅をしていた彼女だが，エジプトのアレクサンドリアに駐留していたイギリス海軍に所属する夫の元へと向かうために，あえて航空機は使わず，戦時中のフランスや地中海を渡っている。それは，これまで親しんできたすべてのものを取り上げられるがごとき悪夢のような旅であった。マルセイユで彼女は「とても孤独だ。家族の誰も私がどこにいるのかを知らず，マルセイユには私のことを気に掛けてくれる人など 1 人もいない」と書き記している。ようやく夫と再会できたとき，彼女は落ち着きを取り戻したようである。4 人の子どもたちのために 3 年間に及んだエジプトでの生活の

様子を書き残している。文章は鮮明かつユーモラスで，スケッチや写真，絵葉
書，地域の人や出来事を伝える新聞記事の切り抜きなども添えられている。彼
女は日々の試行錯誤を書きとめ，アラビア語の習得や慈善活動，海軍の社会で
の付き合い，夫婦 2 人で行った砂漠の旅なども描かれた。1895 年に彼女の母
がアメリカに旅行したときのように（本章の後半で詳述），彼女も綿農家の人々や
出荷前の梱包した綿花（この場合はエジプト式梱包）を観察し，作業する職人に関
心を寄せていた。彼女はアレクサンドリアに来て，生まれて初めてズボンを身
に着けた。乗船の際に便利であることや，夜間の空襲の際にすぐに飛び起きて
着用できたからである。彼女は，異国の地への旅路とそこでの生活を実に興味
深く，そして詳細に書き記した。それは，1895 年に記された彼女の母親のア
メリカ旅行記と同様，スケッチや写真がちりばめているが，やはり余暇やレ
ジャーの旅行のナラティブとは全く性質が違うものであると考えられる。

旅にまつわる技術の発展

　フォックス家の人々は日頃から歩くことに親しんでいた。どこに居を移して
も，新たに広がる風景の中を散策してはスケッチし，情景を書きとめていた。
娘たちは帽子とヴィクトリア風のロングドレスに身を包み，1 日に 12 マイル
（約 20 キロメートル）歩くことも珍しくなかった。そのスタミナのおかげで，海
外旅行先でも訪れていない観光地はほとんどなかった。両親はよく乗馬を楽し
み，遠方まで馬に乗って移動していた。妻のグリエルマは片鞍に横乗りという
スタイルだった。家族での移動には 2 頭立ての馬車を使用し，またグリエルマ
はロバが引く荷車に乗って近所を移動することもあった。自転車が普及し始め
ると，子どもたちにはすぐにそれが買い与えられた。特にサイクリングの恩恵
を受けたのはグラディスで，自転車に乗るときだけはドレス以外の服装が許さ
れた（このテーマについては Robinson 1994 に紹介されている Davidson 1889 を参照）。鉄
道で度々，旅行はしていたが，グラディスが初めて 1 人で汽車に乗ったのは
21 歳のときだった。他にも，汽船（客船）で頻繁に旅していたことが，旅行記

からうかがえる。

　1905年には，レックスが家族内で初めて自家用車を手に入れ，家族とドライブに出かけている。道路状況に加え，車やタイヤの修理歴，ガソリンスタンドの場所や燃費，走行距離，便利な施設が掲載されたマップなど，彼は生涯にわたって詳細に記録している。1907年に初めて家族用の自家用車として高級車「Humber Landaulette」を購入し，馬丁（馬の世話人）を運転手として再教育した。活動範囲は広がったものの，初期の自動車の信頼性はあまり高くなかった。20世紀初頭にグリエルマの兄弟の1人が「Of Motors and Oss'es」というタイトルの詩を書いている。その一節には「風景は一変した。馬や馬車はあまりにも遅く目に映る。自動車の他に満足させられるものはあるだろうか」とあり，詩の締めくくりは「ホールに近づき皆が悲痛な面持ちでシートに腰かけている。そして車にどんな欠陥があったとしても見捨てるまいと誓う。…＜中略＞ここから先の道はきっと安全で，ひどく鼻につくグリースの異臭すらも心の妨げにはならないだろう」と結ばれている（Kirkland and Roberts 2005: 30-31）。度重なる不運がこの詩的なドライバーに降りかかるのだが，似たような出来事はフォックス家の旅行記にも記載がある。それでもなお，「良い車のおかげで素晴らしく快適だ」と記されているように，彼らはドライブを楽しみ，自由を感じていたようである。

　輸送技術の進歩とともに数多くの団体がつくられ，旅はさらに促進される。自転車愛好家らによる Cycle Touring Club（CTC）が1878年に設立され，自家用車を保有する人々による団体では Royal Automobile Club（RAC）が1897年に，続いて1905年には Automobile Association（AA）がつくられている。レックスは AA のデヴォン・コーンウォール支部の開設メンバーの1人だった。これらの団体は，道路標識や安全運転指針を導入する上で先駆者的に働き，団体が作成した会員向けのマニュアルには，おすすめのドライブルートやホテル，簡易宿泊所が紹介されている。特に CTC は，若い女性が自転車に乗って自由を満喫し，安全に食事や宿泊を楽しめるような場所を増やすために尽力している（CTC 2011も参照）。おすすめのスポットを紹介したり，会員に優待料金を設

定したりするなど，これら団体が旅行を促進する一助となったのは疑う余地が
ないだろう。

　旅行記の記述から，フォックス家の人々は，あらゆる移動手段をフルに活用
し，輸送技術が進歩するにつれて活動範囲を広げていったことがわかる。ただ
し，前述したように，夫に会うためにエジプトに向かう際に航空機を使うこと
を拒んだグラディスは例外と言える。時代とともに移り変わる移動手段を比較
してみるのも興味深い。たとえば，一昔前には馬や馬車，手漕ぎのボートが使
われていたが，フォックス一家が1895年にアメリカへ旅行した際に現地で使
われたのは鉄道や汽船である。グラディスとボニーが1910年に敢行した自転
車の旅では，自転車と汽船，鉄道を組み合わせている。旅の途中で2人の友人
女性が合流し，4人でフランスのサン・マロに向かう汽船に乗り込んだ。ボニー
が旅費を抑えようと，モン・サン・ミシェルまで自転車で向かうために，汽車
の中に自転車を持ち込んだ。そこから4人は自転車で1日に30マイル（約48
キロメートル）を走り抜け，ポントルソンに到着するとボニーは次のように書き
残している。

　　プラール・エメ・ホテルの受付の女性は，すぐにでも（いろいろな意味で）
　　部屋に案内しようとした。彼女が提示した金額は，私が考えていた予算より
　　も3フラン高かった。グラディスと私は片言のフランス語と身振り手振りを
　　駆使して，ようやく彼女に理解してもらい，とても格安な金額で宿泊できた。

　また，その旅程で彼女らは，同じように自転車で旅していたファニーおばさ
んの親戚3人組とも出会っており，この時代の自転車ブームには年齢の壁はな
かったようである。

視覚的なナラティブ

前述した1910年の自転車の旅の記録を見ると，フォックス家の旅行記には

画像を使ったナラティブが多用されていることがわかる。ボニーとグラディスはこの旅の様子を詳しく記述するのと併せて、旅行のルートを表す「地図」や、旅先の風景や建造物、民族衣装を着た人物などが描かれた「絵葉書」などを綴ったアルバムも作成しており、それが文章をさらに引き立てている。

　最初に視覚的なナラティブが使われているのは、1895年のアメリカへの5週間にわたる旅の際で、チャールズとグリエルマ夫妻、そしてグリエルマの妹のプリシラ・リチャードソンが同行している。夫のチャールズがフロリダで仕事をしている間、女性2人はアメリカ東海岸を旅している。写真などの画像に短い説明が添えられているだけの旅行記が2人の旅の様子を物語っている。このようなスタイルの記録は、文章にありがちな偏見や決め付けを回避できることから、旅のナラティブとして「理想的」な形式の1つであると考える学者もいる (Robertson et al. 1994)。彼女らが綴っている写真やスケッチには、富と貧困、生活苦といったアメリカ南部地方の貧富の格差が鮮明に捉えられている。カラフルな装飾に身を包んだ誇らしげなアメリカン・インディアンと、貧しい服装の綿農夫は対照的に目に映る。壮大な風景や建造物の写真、膨大な移動距離の記録は、彼女らが感じた「空間」と「違い」を物語っている。彼女たちが経験したのは「他者」であり (Robertson et al. 1994)、小さな西洋の島国イギリスでの恵まれた環境とかけ離れた生活の様子であった。この整理された視覚的なナラティブを見るだけで、彼女らの信仰心やカトリック教徒としての興味の対象、歴史や文学への関心、あるいは花や景色、人、文化に対する大いなる愛と尊敬の念など、彼女らの人物像を把握することができる。

　客船「RMS Lucania」での大西洋横断の様子を詳細に伝えるために、旅行記は、地図や広告、スケッチ、写真によって構成されている。船自体のことだけでなく、船長や乗組員、乗船客の様子も描かれている。郵便物の荷下ろしと乗客の乗降のために立ち寄ったアイルランドのクイーンズタウンでの様子がスケッチに描かれている。また、ニューヨーク到着時に、自由の女神像を色彩豊かに描いたスケッチも残っている。マンハッタン5番街のホテルの位置を確認するために、1895年発売のニューヨーク道路地図が使われている。ニューヨー

クを訪れた記録として，広々としたセントラル・パークなどの絵葉書が使われ
ている。イースター（復活祭）の日曜日にはブロードウェイを散策し，テンプル・
エマニュエルの建立 5 周年式典の礼拝に参列し，そこで配られたリーフレット
を記念に綴っている。

　ニューヨークを出発すると，女性 2 人はジョージア州サバンナへと南下した。
移動に使われた汽車の特別客車の思い出は，1 枚のスケッチと旅の行程を表す
地図で残している。道中では，アレゲーニー山脈の朝焼けの景色や，花が咲き
誇る桃の木，黒人女性と子どもがニワトリに餌をやる様子が絵画で描かれ，短
い説明が記されている。写真は，牛車，サトウキビにかぶりつく少年，綿農夫，
出荷前の梱包した綿花，じめじめした湿地帯の風景，田舎の風景を映し出して
いる。

　ジョージア州デ・ソトのホテルでは，夫のチャールズからすべて順調である
ことを知らせる電報を受け取り，それも旅行記に綴られている。彼女らは，ボ
ナベンチャーにいるハル婦人を訪ね，その思い出に押し花を保存している。ハ
ル婦人は 2 人を観光地に案内し，フランス植民地時代に建てられたマカルパイ
ン邸にも立ち寄っている。そこで撮影した写真とともに，ここでも花をモチー
フにした絵や押し花が添えられている。その写真は，直前に立ち寄ったプラン
テーションの奴隷労働者の古い小屋を描いたスケッチと好対照である。フロリ
ダやスワニー川にも足を延ばし，ニュー・フロリダ・ショートライン（短距離
鉄道）の路線マップや時刻表を用いてこの旅路を記録している。道中に出会っ
た人々の記録として，あるいはそれらの人々の親切を記憶しておくために，名
刺も保管されている。2 人はさらに北上してアーリントンへと向かい，ガー
フィールド記念館，ワシントン，フィラデルフィア，チェサピーク湾，ボルチ
モアを訪れている。デッサンや絵画，新聞の切り抜きなどによる視覚的ナラティ
ブが，それを見る者に旅の様子や色彩までも伝える。フィラデルフィアにある
クエーカーの礼拝堂では，ウィリアム・ペンの生誕を祝う行事に参加し，
「Women's Foreign Missionary Society（女性海外宣教者協会）」の設立 25 周年を
祝う集会にも参加している。

　ナイアガラ・フォール・ショートライン（短距離鉄道）に乗ってナイアガラの滝を訪れ，多彩な観光ルートを紹介するリーフレットも記念に保管した。彼女らは，滝のアメリカ側に位置するプロスペクトハウス・ホテルに宿泊し，その素晴らしい景観を堪能している。大きな音を立て流れ落ちる滝を前に，舞い上がる水しぶきを体に感じ，滝にかかる虹に目がくらんでしまう[4]。コウライウグイスやハチドリを絵に描き，水辺に咲いていたハイパティカス（Hypaticas）は押し花にして旅行記に綴じている。そしてボストンへ向けて，ハドソン・リバー鉄道で美しい川沿いをバッファローまで下り，ロチェスター，アセンズ，ローム，アッティカの街を眺めながら東へと進んだ。旅行記では，ボストンのケンブリッジにあるハーバード大学が 1653 年に創設されたことに触れ，ボストン茶会事件に関する詩の一節を引用している。ここでも，パンフレットの切り抜きやスケッチが旅行記に彩りを与えている。アメリカの詩人や作家が暮らした土地も訪れている。詩人のヘンリー・ロングフェロー（1807-82）の自宅や，医師で作家のオリバー・ウェンデル・ホームズ（1809-94），詩人で外交官のジェイムズ・ラッセル・ローウェル（1819-91）の生家を訪れ，その感銘を写真や押し花を用いて書き綴った。

　コンコード近郊では，小説家のナサニエル・ホーソーン（1804-64）が暮らした家を訪れ，やはり同様に写真と押し花でそれを記録している。コンコードではさらに，バンカーヒルのオールド・ノース・ブリッジも訪れている。この地は，1775 年 4 月 19 日にアメリカ独立戦争の火蓋が切られた場所である。その戦いは 1 時間足らずで終了したが，コンコードの住民でもあったラルフ・ワルド・エマーソン（1803-82）の詩の一節「銃声が世界中に響き渡ったその場所だ」が旅行記に記されている。また，2 人のイギリス人戦没者の慰霊碑に刻まれた言葉を旅行記に書きとめている。平和を愛するクエーカーである彼女らにとっては心が揺さぶられる地であったに違いない。

　コンコードから客船「Priscilla」に乗り，2 人はニューヨークへと戻った。客船のことを「全長 275 フィート高さ 21 フィートで，最高級の木材が使われた地上 6 階 300 室を備える海に浮かぶ宮殿」と表現している。彼女らは，レス

トランのメニュー表や客船のスケッチなどを記念に残している。メイフラワー号が 1620 年に最初の入植者を乗せて寄港したことで知られるボストン近郊のプリマス港は，旅行記の 1 ページを埋めるに値するだろう。イギリスの「Valkyrie」がアメリカの「Defender」に敗れたヨットレース「1895 アメリカズカップ」の様子を描いた絵が，写真と並べて旅行記に残されている。客船「Priscilla」でニューヨークへと戻る途中，ブルックリン橋の下をくぐるあたりの風景はスケッチで描かれ，シャット・イン（引きこもり）の人々が外の世界に触れる機会を増やそうとする慈善活動を詳細に伝える新聞記事も挟まれている。いつでも好きな場所へ旅することができる境遇の 2 人にとって，この記事には心に響く何かがあったのだろうと推測される。彼らが客船「Campania」でアメリカを発ったのは 1895 年 5 月 4 日で，旅行記には，遠ざかる海岸線のスケッチや乗客名簿，ディナーのメニュー表，眼前に迫る氷山を描いた絵が残されている。

　1899 年 9 月 3 日，夫妻とヴァイオレット，モード，ハロルド，ボニー，グラディスは，夫妻の銀婚式を祝う旅に出た。この旅行記も視覚的ナラティブが多用されているが，併せて詳細な記述も残されている。この旅行の記録はグラディスによってまとめられており，「The Silver Wedding Trip」というタイトルがつけられている。夫妻と 4 人の子どもたちを乗せた馬車は，夫チャールズの生まれ故郷キングスブリッジへと向かった。ハロルドは馬車の後を自転車で追いかけた。キングスブリッジからは汽船に乗り換えてサルクームまで足を延ばしている。汽船で見かけた黒い修道服姿の尼僧のスケッチが旅行記に残されている。父親の旧友と会って昔話を聞くなど，グラディスにとってこの旅が思い出深い楽しい旅だったことがうかがえる。旅の道中，浜辺で砂の城をつくったり，テニスンの短詩「Crossing the Bar」を朗読したり，スケッチや写真撮影をしたり，ボルト・ヘッドまで散策に出たりしている。夜はマリーン・ホテルに宿泊し，ゲーターを脚に付けフロックコートをまとったイギリスの司教を，グラディスは生まれて初めて目にしている。キングスブリッジからの帰路には，コテージャーズ・ガーデンで紅茶を楽しんだ。ティールームが現れる前までは

これもごく一般的な風習だった。この旅は楽しく気楽なものだったことが，グラディスがまとめた旅行記の記述やイラストに表れている。写真撮影は，親よりも最新技術に慣れ親しんでいる子どもたちが担当した。完成した旅行記はおそらく両親にプレゼントされ，また仕事の都合で同行できなかったレックスにも旅の思い出を共有するために披露したと推測される。その 6 年後のある土曜日の午後，レックスは購入したばかりの新車に両親を乗せて，そのときと全く同じルートを辿るドライブをしたところ，その日のディナーの時間よりも前に帰宅できたことに母親は驚いていた。

　1905 年，家族一行は，客船「S.Y. Vectis」で 19 日間の地中海クルーズの旅に出る。視覚的ナラティブという点ではこのときの旅行記も 1895 年のアメリカ旅行のものと似ている。旅行記は航海のルートを示した地図から始まる。ロンドンを出発して，リスボン，タンジェ，アルジェ，パルマ，バルセロナ，マラガ，ジブラルタルを周遊している。それぞれの寄港地ごとに，絵葉書や写真，風景や人々を描いた精巧な絵が残されている。熱心な王政主義者であったことから，旅行記に海外の王族に関する記録も残している。旅行記のリスボンのページには，その旅の途中に家族で散策したコメルシオ広場で後に発生したポルトガル国王夫妻の暗殺を伝える 1908 年 2 月 1 日の新聞記事の切り抜きが加えられている。また，ファッションに関心があったことも旅行記からうかがえる。タンジェの路上清掃員の制服から，雪のように白いローブとカラフルなターバンを身に着けたビジネスマンまで，さまざまな人々の服装が取り上げられている。ほとんどの人は徒歩で移動し，交通手段といえば，馬に，もしくは馬と牛に引かせた荷車であることが記述されている。立ち並ぶヤシの木に映える印象的な建造物や植物園，マラガの闘牛場などを撮影した写真や，船上で撮影した写真など数多くの写真が旅行記に含まれている。また，船上コンサートのプログラムも保管され，ピアノやバンジョーの演奏や歌などの明るく軽快な音楽を楽しんだ様子も伝わってくる。家族の姿が描かれたスケッチが 1 枚しかなかった 1895 年のアメリカ旅行の視覚的ナラティブと違い，1905 年の旅行のナラティブには家族の写真も収められているが，興味深いことに，カメラに向かってポー

ズをとることはなく，むしろ家族の視線の先にあるものが強調されている。

結　論

　19 世紀の終わりから 20 世紀中ごろの旅は，概ね富裕層だけの特権であったと考えられ，異なる地を訪れて楽しむためには，資金的にも時間的にも十分な余裕が必要であった。旅は，男女を問わず若者に自信を与え，当時は働くことが一般的ではなかった女性たちの社会進出を後押しした。フォックス家の旅行記は，50 年以上（1895-1945）にわたる家族の旅行の貴重な記録である。一家はその時代ごとの異国の文化を受け止めて，その度に，人生に新たな価値観を加えていった。彼らの旅のナラティブには，旅程表や経路図，走行距離や燃費などの詳細な記録，地理情報の記録などが含まれており，それら視覚的ナラティブと記述によるナラティブが，訪れた地の空間や場所，人々を映し出す万華鏡になっている。ナラティブの形式と表現スタイルが，性別や年代，家族内における立場によって異なり，また年々洗練されていくのがはっきりと見て取れる。そして，ストーリーを語るために，情景の記述と描画を見事に組み合わせている点は羨望に値する。フォックス家の旅行記におけるこの分析は，視覚的な記録には（文章のような）偏見や決め付けがないという見解を支持するものであり（Robertson et al. 1994 を参照），見る者に解釈の余地を与えると考えられる。実際のところ，このようなスタイルの旅行記は，親族や親しい友人の枠を超えて旅への好奇心を広げるだけでなく，歴史的な記録そのものとして，そしてその場所や建造物，人，ファッション，交通手段の画像による記録，および旅の詳細な記述の記録としての価値を持つのではないかと考える。旅を鮮明に記録したこのような記述によるナラティブと視覚的ナラティブが持つ多様性は，黎明期の旅の記録に，これまでとは異なる側面を，そして家族という新たな側面を提供してくれる。

【注】

1）このときグラディスは 19 歳だった。

2）グリエルマのいとこ。

3）彼らはニースでテニスのトーナメントを観戦している。そして旅先で知り合った旅行客（フォックスという人だが親戚ではない）に手配してもらい，レンデル卿の住まいであった美しいトランス城に入ることができた。3 月の終わり頃には，両親とボニー，グラディスの 4 人はパリを経由して帰路に就いた。ヴィオレットと看護師はカンヌに残り，ブルースとモードはマントンに向かった。

4）1835 年と 1878 年に出版したフランシス（ファニー）・ケンブルの著書にも書かれているように（Foster and Miles 2002 を参照），ナイアガラの荘厳さは言葉に表すことができない。写真でもその素晴らしさを正しく伝えることはできず，むしろ絵画のほうがずっと心に響く。

第4章

平時と戦時における国内および
海外への旅を綴ったナラティブ

Paul Cleave

序　文

　旅や旅行の発展という観点では，1930年代および1940年代は非常に重要な時代と言える。Stevenson (1984: 381) は，1914年から1945年にかけての余暇 (leisure) や娯楽（recreation）産業の成長は，20世紀の社会における最も重要な発展の1つであり，「より均一かつ均質な社会をつくり，共通文化として定着していくこと」に貢献していると主張している。この時代には数多くの旅人が，自身の体験や冒険を書き綴っている。有名な書籍に，プリーストリーの「English Journey」(1934) や，ギブスの「European Journey」(1934)，グレイターナーの「The casting of a pebble」(1934) がある。これらの書では，旅人である著者から見た社会や政治の情勢に主眼が置かれている。ギブスの「European Journey」の序文には，「1934年の春から夏にかけて，フランス，スイス，イタリア，オーストリア，ハンガリー，ドイツを旅した際に目の当たりにした一般市民の心に渦巻く思いや希望，そして不安を忠実に記録し，その生の声を伝えるナラティブである」と記されている (Gibbs 1934b)。出版された旅の記録や記述が貴重なのはもちろんなのだが，個人による未出版のプライベートな旅や

旅行を記録したナラティブによく見られる「偶発的な出来事」や「直感」が，それらには欠けている。本章では，未出版の「私的な」ナラティブに着目する。

　私的なナラティブとは，特定の個人や少人数のグループについて語られたストーリーであり（Caldiero 2007），旅の記録とは，旅や旅行について，あるいは旅先で出会った仲間やその土地の人々について綴られたストーリーである。Murray（1991: 67-9）によれば，人がものを書くとき，自叙伝的になり，「世の中の見方」や「何を選択してどのような言葉で表現するか」が文章に反映される。未出版の旅や旅行の記録は，「個人の体験」や「語り手のプライベートな世界」を読み手に提供するという点で重要である。Wall（2006: 148）は，自己エスノグラフィー（Autoethnography）を用いた質的研究における私的なナラティブの有用性を指摘しており，それが，「特定の社会現象についての理解を広げ得る個人の経験」を提供してくれると説明している。Ousby（1990）は，旅行（tourism）を「産業」としてだけでなく「心理」として捉えており，旅行のナラティブには，経験に対する個人の考えや感想が反映されると説明している。Hutto（2007: 1）は，私たちの世界には「ナラティブが溢れている」と主張し，私たち人間は本質的にナラティブあるいはストーリーを語る生き物であるとしている。ナラティブは，「たわいない内容かもしれないが筋は通っており，選択的な側面を持つ，一連の出来事の過程」を描いた複雑な表現と捉えることができる（Hutto 2007: 1）。旅のナラティブには，何週間にも及ぶ大陸横断旅行から日帰りの旅まで，幅広い形態の旅の記録が含まれ，それぞれが旅や旅行への理解を深める上で重要である。

　本章の主眼は，世界的規模の経済恐慌，それに次ぐ戦争による制約と質素倹約の時代であった 1930 年代から 1940 年代の休暇と旅を紐解くことである。この時代には「旅」および「余暇の過ごし方」が大きく変化しているが，Middleton（2005）が指摘するように，経済が低迷しているからといって人々の休暇への関心や欲求が低下することはなく，実際には，この時代の長期休暇や余暇の活動，旅の人気や需要は高まっているのである。Pimlott（1976: 238）は，20 世紀には長期休暇を取り旅行することが大ブームとなり，多くの人にとっ

て「生活に欠かせない重要なイベントの 1 つ」になったと説明している。残存する当時の記述は，20 世紀の旅や旅行の発展についての洞察を与え，旅行や余暇の消費行動に対するあらゆる人々の関心の高まりを示唆している。たとえば Graves と Hodge（1941）によれば 1930 年代は，ホリデイキャンプ（リゾート施設の前身）や健康ブームに代表される「大衆向けの国内旅行」と「余暇消費の新たな形態」に特徴付けられる時代である。中間層の家族にはヨーロッパ旅行や周遊クルーズが人気だったが，多くの労働者階級の家族は，短い休暇を国内の海浜リゾートで過ごすのが一般的だった（Graves and Hodge 1941: 381）。もちろん，フェリーでドーバー海峡を渡りフランスのカレーやディエップへの日帰りツアー（海外旅行）に熱を上げる人もいたようである。

未発表の 4 つのナラティブ

　本章では，4 つの旅や旅行の記録を取り上げる（表 4.1 参照）。これらは私自身が収集した個人による未発表の記録であり，20 世紀の旅行と余暇の過ごし方を内包した旅行記の 1 ジャンルを代表するものであると考えられる。うち 2 つは，戦時中，国内旅行の人気スポットであったイギリス南西部の町「デヴォン」への旅の記録で，他の 2 つは，海外旅行の記録である。3 つの旅行記は作者を特定できたが，1 つは不明である。エドワードの日記は他の 3 つと異なり，1936 年 1 月から 10 月までの長期にわたる日々の出来事を記している。彼の記録には，エジプト，インド，アッサム地方北東部，ミャンマー（ビルマ），タイ（シャム），マレーシア（イギリス領マラヤ），インドネシア（ジャワ島，バリ島），中国，日本，アメリカ，カナダと，広範囲な旅がまとめられている。彼は毎日 150 語ほどの文章を書き記しているが，7 月 7 日だけは「uneventful day at sea（浜辺で何もせずに過ごす）」と，単調な旅の 1 日を 4 語だけで表現している（図 4.1 参照）。

　エドワードの日記は約 3 万語にも及ぶ文章で構成されているのに対し，マー

表 4.1 4つの旅の記録

エドワード　1936年 1936年の日記	マーガレット　1939年 1939年6月23日から7月6日のイタリアへの旅の記録
エジプトからカナダを巡る周遊の旅。 手書きで日々の出来事を記した日記スタイルの記録。 旅行期間：10か月間	絵葉書，思い出の品，印刷物が添えられた手書きの文章による記録。 旅行期間：2週間
作者不明　1940年〜1942年 イングランドとウェールズで過ごした休暇の記録	アニー　1943年 デヴォンシャーで過ごした休暇の記録
1941年8月にノース・デヴォンのイフラクームを訪れた際の快適な旅の回想を綴った記録。 絵葉書，写真，印刷物に加えて，タイプライターで印字した文章の記録。 旅行期間：1週間	戦時中の一人旅の記録。 カーボン紙にタイプライターで印字した文章の記録。 旅行期間：3週間

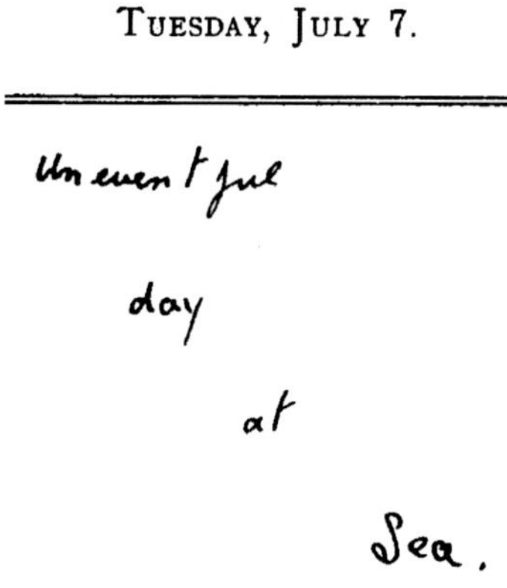

TUESDAY, JULY 7.

Uneventful

day

at

Sea.

7月7日火曜日
「浜辺で何もせずに過ごす」
図 4.1 4つの旅の記録

ガレットの記録には最小限の記述しかないが，その代わりに旅に関連する印刷物を加えることによって充実した記録になっている。アニーの日記と作者不明の旅行記は，どちらも戦時中の旅における日々の活動や休暇の過ごし方を回想

し記述した記録である。Towner (1995: 339-42) は，旅行の歴史に関する研究は多くの場合，金銭的にも時間的にも余裕のあるエリート層の活動に関するものであり，「旅人が残した日記や手紙，旅行記のほうが，当時の一般市民の生活における旅の活動をより特徴的に捉えている傾向がある」と示唆している。大掛かりな周遊旅行ばかりが研究対象となってしまっている結果 (Black 1992)，より日常的な形態の旅や旅行が見過ごされてきたのである。本章で取り上げる4つの対照的な旅の記録は，当時の「一般的な旅」と「特別な旅」を例示するものであり，いずれの記録も旅に関する研究に重要な知見を提供してくれる。

　作者に関する情報はほとんどなく，アニーの記録を除き，それらの日記は古物（商品）として買い取ったものであり，不要となった過去の記録や思い出である。しかしながら，残された旅の記録からは，作者自身の情報に加え，旅の関心事や時代背景を読み取ることができる。後の調査で判明したことだが，エドワードはデヴォンに土地を持つ裕福な家庭の長男であり，後に「HMS Ajax（戦列艦エイジャックス）」で機関少佐として戦地に赴いている。彼は 1945 年 4 月 3 日の戦闘の際に 32 歳の若さで亡くなっている。彼が書き残した 20 世紀の日記は，「Grand Tour（学業終了時におこなう大陸横断旅行）」の伝統的な記述スタイルに則っている点で特徴的である。Urry (1990: 3-4) によれば，「イギリスの上流層において旅は，認知および知覚教育における重要な役割が期待されている」といい，旅先で見知らぬ人と会話することや実際にその目で観察すること，そして「美しいものや素晴らしいものとの出会い」の機会として捉えられている。しかしながら，エドワードの旅はあらかじめ決めた旅程を厳格に守っているわけではないことから，Black (1992: xi) が表現しているように「20 世紀版のグランドツアー」と言うべきかもしれない。

　4つの記録はそれぞれ，風景や街並みの様子を言葉で表現しており，彼らの見解は，日常的にその景色を見ている人とは異なる。人は目に焼き付けた映像を想起するのに苦労するが，動画や写真，絵葉書などの記録とともに保存したナラティブによってその映像が再現され，再認識されると Urry (1990) は説明している。エドワード以外の3つの日記は，「ヨーロッパ旅行」，「ボランティ

ア組織（Worker's Travel Association）が支援する旅」，「デヴォンの友人を訪ねる自由な旅」である。イタリアを訪れているマーガレットのようにヨーロッパ旅行を楽しむことができる人もいたが，多くの人々にとってはとても手の届かない夢であった。エドワードのような広範囲な旅行は例外的であり，多くの人々にとっては想像で疑似体験するのが精一杯であった。戦時中の旅の記録から，質素倹約の時代においても，国内の観光地と限られた資源を最大限に活用して休暇を楽しんでいたことが読み取れる。Brunner（1945: 59）によれば，デヴォンは多くの人々にとって「休暇を過ごす目的地の第一選択肢」であり，戦時中にもかかわらず「年を追うごとに多くの人々が休暇をデヴォンで過ごそうとした」のである。

旅のストーリー：旅における体験の記録とその分析

　それぞれの記録にはそれぞれのストーリーがあり，本人から見た当時の社会構造や世界情勢を映し出している。McCabe と Stokoe（2004: 602）は，「旅先の地の動的特性（時とともに変化する特性）と旅行者がその場所に与えた意味」を理解する上では，場所とそのアイデンティティが基礎になると示唆している。彼らによれば，旅や旅行の記録は，自身の体験や時間経過，そして他者の活動を含むストーリーとして組み立てられる。ここで取り上げる 4 つの記録は，20世紀社会の歴史における 1 ページを物語るものであり，過去の特定の時代（この場合は第二次世界大戦の開戦前の時代）の旅や旅行における体験のエビデンスとなる情報を提供することによって，旅のナラティブの重要性を証明してくれる。これらの記録に残された記述はその時代を反映しており，旅がその時代をいかに物語るのかを示してくれる。

　内容分析（Content Analysis）は，研究対象の事象に関する知見や理解を提供してくれることから，これらのナラティブを扱う上で適切な手法の 1 つである（Downe-Wamboldt 1992）。また，内容分析は，定性的な文章や資料，あるいは演説の分析を行い，どのようなテーマが見えてくるのかを確かめるような場合に

表 4.2　4 つの旅の記録から導き出されたテーマ

テーマ＼記録	エドワード	マーガレット	アニー	作者不明
旅の形態と手段	・旅程表 ・船，汽車 ・1936 年 1 ～ 10 月	・ツアー ・連絡船，汽車 ・1939 年 6 ～ 7 月	・自由旅行 ・汽車，バス ・1943 年 8 月	・事前申し込み ・汽車，バス ・1941 年 8 月
人	・現地の人 ・旅仲間	・現地の人 ・アメリカ人の声	・ホストファミリー ・地域住民	・友人
食事と飲み物	・ティーハウス ・ホテル ・セルフサービス	・スパゲッティ ・カッサータ	・農場の食事 ・ブリティッシュ・レストラン（官営の食堂）	・シードル（リンゴ酒） ・正真正銘のデヴォンシャー・ティー
世界の出来事 1936-43	・キング・ジョージ 5 世の死去 ・日中戦争	・スペイン第二共和政	・戦争被害 ・沿岸防衛	・空襲被害（ダメージ・ツーリズム）
体験	・クックのガイドブックを辿る旅 ・魚釣り ・ハリウッド観光	・芸術・建造物の鑑賞 ・ゴンドラ	・地元の慣習 ・田舎町	・工場見学 ・Brannam の陶器工房 ・コンサート ・風景

適した，柔軟性のある手法であると考えられている。関連する資料を読んだ後に改めて，研究対象である個人のナラティブを検証するのが内容分析の基本的な考え方である（Veal 2006）。言葉の計数（カウント）や分類だけにとどまらず分析することにより，特定の時代や活動に対する各個人の見方や考え方を把握することができる。研究対象の記録が 4 つだけであるため，手作業分析（Manual Analysis）が適切，かつ通例であると考えられ，その解釈は研究者に委ねられる。内容分析から，その時代の使用言語や文章のスタイルが明らかになる。エドワードとマーガレットのナラティブは簡潔であり，より長文で詳細に描写されているアニーや作者不明のナラティブとは対照的である。表 4.2 は，4 つのナラティブから導き出された 5 つの主要なテーマを示している。各ナラティブの作者は，

旅程，交通手段，天候や気候，人（旅仲間や友人，地元住民）の様子，食事や飲み物，伝統的な調理法，世界の出来事，そして旅先の地における体験について記述している。

旅の形態とスケジュール

旅の形態と交通手段は，それぞれの記録に書かれている。たとえば，鉄道は全員が利用しており，路面電車やバスもよく使われている。その一方で，エドワードの旅行では，クルーズ客船や自家用ヨット，車，そして航空機まで使われている。彼の旅は1936年1月1日にスタートし，その様子を「まだ運河を航行しているのだが，ペニンシュラ・アンド・オリエンタル・スチーム・ナビゲーション社の客船 Cathay の最後尾にいる乗客は，まるで大しけの海に浮かぶコルクのように見える」と書き残している。気候や天候に関する記述は，4つのナラティブのいずれにおいても散見され，特に「雨」の記述が目立つ。

作者不明の記録に書かれた「1940年のイングランドとウェールズでの休暇」のスケジュールは，「International Friendship League」，「Co-Operative Holidays Association」，「Worker's Travel Association」の3つの旅行支援団体を通じて決められており，宿泊先の手配もこれら団体に依頼している。ロンドンからそれぞれの目的地への移動について，汽車の出発時間なども詳しく記録されている。たとえば1941年8月のイフラクームへの旅では，「（事前に旅の手配をせず）気ままな旅に出た。ウォータールー駅を（午前）10時36分に出発してイフラクームに到着したのは午後5時だった。随分と時間がかかるものだ」と記されている。1940年10月のウェールズへの1週間の旅行については，記述の冒頭に「今回は，空襲が頻発するロンドンを抜け出し，1週間のつかの間の休息を得るための旅だ。昼の12時20分にパディントンからペンカデルに向かう汽車に乗った」とある。

マーガレットがイタリアに旅行した際の記録には，旅行代理店が発行した引換券が旅の思い出の品として保管されている。その額面は2ポンド18シリン

グ（2010年の価値に換算すると500ポンド）であり，彼女は「同じ重さの金塊ほど
の価値がある」（安いということを揶揄している）と記している。

人に関する記述

　休暇中に出会った人々の様子に関する記述は，4つのナラティブすべてに含
まれている。たとえばマーガレットの記録には，旅先で初めて見かけた外国人
の強烈な印象が，このように表現されている。

　　イタリア人の税関職員の瞳，フィレンツェでホテルの場所を説明するとき
　の警察官の顔の動き，イタリア人の印象的なジェスチャー，アッシジの宿に
　いた聖母のような客室係，ローマ行きの汽車に乗り込んできたアメリカ人の
　声，共和党員のスペイン人，パリ行きの汽車内でのフランス人男性との会話。

　エドワードの日記には，旅の途中で知り合った旅仲間や，クックの旅行ガイ
ド，そして現地の人々に関する記述が多くみられる。たとえば7月16日に日
本の神戸を訪れた際のクックのガイドブックに関する記述は以下のように記さ
れている。

　　私はトーマス・クックが書いた1冊の旅行ガイドブックを持ち歩いていた。
　彼はどこかの大学の教授として教鞭をとるべきだったと思う。この禿げ上
　がった老人は当時70歳だったが，それでも人生を楽しんでいた。彼のガイ
　ドブックには「左に見えるのは寺院で，右にはミッション・スクールがある」
　というような記述はなく，書いてあるのは旅に対する彼の哲学である。彼は
　率直に自分の考えを述べており，多くの国ではこの本を開くこともはばから
　るが，私はそのことすらも気に入っている。

　彼は7月23日にはシンガポールで以下のように記している。

　ラッフルズ・ホテルの隣のテーブルではスルタン（君主）のような格好をした人が朝食をとっている。しばらくして店に立ち寄り，天才アマチュア写真家のフィルム「Prince of Siam（タイの王子）」を購入する。もちろんクックもシンガポールを旅している。一番印象的だったのは植物園で，通りが綺麗なことにも驚いた。シンガポールにジャングルを持ち込んだマレー人クオーターの話にも驚かされた。

7月25日から26日かけて，赤道を超えてバリ島へと飛んだエドワードは，次のように記している。

　パイロットは気位の高い男で，ぎりぎりまで低空飛行をして海岸の景色を見せてくれた。バリ島の第一印象は非常に良かった。この島が楽しいという事実から逃れることは誰もできない。実に楽しいところだ。私は墓を訪れるなどと理由をつけて，この美しい島を車で100マイル走った。しかし，バリ島は生きている人が生活する場所であり，穏やかな中にも熱い友情で結ばれ，皆が力強く生きている。停車して何枚も写真を撮った。ここは芸術家にとって楽園のような場所だ。島民にカメラを向けると，彼らは何をしているときも完璧なポーズをとってくれる。さらに言えば彼らは全く人目を気にすることがないため，畑仕事に精を出す男性の真剣な表情や洗い物をする女性のリラックスした表情など，普段通りの姿が写真に撮れるのだ。

　それと対照的に戦時中の記録は，旅の途中で会った友人についての記述が多い。アニーがベーキングデイの様子を描画したスケッチには，農夫や子ども，動物が描かれており，心に訴えかけるような牧歌的な風景が表現されている。デヴォンシャーでの彼女の休暇についての記述は，ある田舎町の人々とその生活の様子，プリマス・ブレザレン（プリマス同胞教会）のしきたりなどが主であり，戦争については触れていない。このことは，ある人にとって戦争とは「異国の地で起きていることである」というSpender（1945: 13）の解説を思い起こさせる。

作者不明の戦時中の記録には，ノース・デヴォンで出会った友人のことや，旅の途中で知り合った仲間についての記述がある。2つの戦時中の休暇の記録から，友人や親族を訪ねることがノース・デヴォンを訪れる動機の1つとなっていることがわかる。

食の魅力

味わった食事とその魅力については，旅の体験の1つとしていずれの記録の中にも記されている。アニーのナラティブには旅先で訪れた家庭で「もてなし」を受けた記述も含まれるが，飲食店などの商業施設を利用したことについての記述は4つのナラティブすべてに見られる。エドワードは，7月12日に上海で訪れたティーハウスについて詳細を記しており，その後の9月2日にはサンフランシスコのセルフサービス形式を採用したレストランの目新しさについてコメントしている。

　中国の繁華街を歩いてあちこちで買い物をした。ティーハウスは非常に興味深い。すり鉢状の地形の上に建てられた建物は一風変わった造りで，緑色に輝く海のほうへと木造の橋がかけられている。カメが動きまわり，魚もいる。
　奇抜なスタイルのレストラン「Dinah's Shack」を訪れた。中に入ると，大きなテーブルの上にはバラエティに富んだ30種類以上のサラダやオードブルが並んでいる。客は好きなものを好きなだけ食べていいのだ。皆の皿は，まるで山のように高くなってしまう。

マーガレットも旅先での食事を楽しんでいる。イタリアを訪れた際には「スパゲッティを食べた」という記述があり，カッサータ（アイスクリームの一種）やベルパエーゼ（チーズ）も試している。シエーナのレストランのショップカード（店の名刺）には，「おいしい食事，素晴らしいサービス，素敵な仲間」と彼

女の感想が書かれている。

　デヴォンでの休暇を記録した戦時中の旅のナラティブに登場する食事は，それらとは好対照である。質素倹約が求められ，物資が不足していたため，食事に重きが置かれていた。このことはアニーが旅先の家庭で受けたもてなしについての記述にもみられ，「美味しいデヴォンシャー・ティー（クリーム・ティーとも呼ばれる紅茶とスコーンの軽食）をいただく」とまるで戦前のような食事が提供されたことをほのめかすような記述がある。また，カフェで紅茶を飲んだり，ブリティッシュ・レストラン（戦時中の市民に食事を定額料金で提供するためにつくられた官営の食堂）でランチを楽しんだりしている記述もあり，「とても美味しい食事をいただいた」と書かれている。第二次大戦中には，スコーンに付けるクリームは品薄で流通しておらず，作者不明の記録の中には1941年にクロヴリーを訪れた際にクリーム・ティーを楽しんだ贅沢な経験について，「立ち寄った町で，同じく休暇で訪れていた旅仲間と一緒になり，戦時中にもかかわらず本物のデヴォンシャー・ティーにありついた」と記されている。

世界の出来事：大局的見地から

　それぞれのナラティブはその時代背景を映し出しており，旅をする本人は，第二次世界大戦などの世の中で起きている出来事や差し迫った危険や予兆を感じ取っていたようである。1936年1月21日のエドワードの日記には，「長期にわたり君臨していた王が亡くなった。それに合わせたかのようにその日は薄暗く，雨も降っており，私はニューデリー行きを午後まで延期することにした」と書かれている。また，1936年7月12日の彼の日記には，1937年から1945年まで続いた日中戦争の前触れを思わせるような「3隻の日本の軍艦が港に停泊している。日本が抱える問題が伝わってくるほどの強い緊張が走っている」という記述もある。そして7月13日には，「午後には日本（長崎）の海岸へと近づいていた。国全体がまるで要塞のようだ」と記している。マーガレットの記録には，「スペイン第二共和国政府」が1936年から1939年のスペイン内戦

について「短いが強い調子のコメントを発表した」ことが記されている。

　第二次世界大戦中の記録から，その時代の休暇は明らかに出来事による制約を受けていたことがわかるが，それでも国内旅行熱は高かった。デヴォンの田舎町やその沿岸部は，都市部に住む人々に「避災地」を提供した。大戦中の2つの記録からは，そこ（デヴォン）を訪れる人々は危険や破壊から逃れるためにロンドンからやって来ていたことが読み取れる。どちらの記録にも空襲や爆弾の被害についての記述はあるが，それを見ることが旅の目的ではないのは確かであろう。「Mass Observation File Report 626」(1941: 5) に報告されている「プリマス空襲の後の3月23日の日曜日には遠方から人々が押し寄せ，大変に大掛かりなダメージ・ツーリズムとなった」に代表されるような「ダメージ・ツーリズム」とは異なるのは明らかであり，この2つの休暇を「ダーク・ツーリズム」に分類することはできないだろう。アニーの記録には，空襲によりエクセター大聖堂のほぼすべての窓が割れているという記述とともに，「市内のあちこちを見てまわった。損傷の激しい場所とそうではない場所のギャップは，敵がビルや商業施設を狙って破壊したことを物語っていた」と記されている。また彼女は，そこからほど近いエクスマウスの海浜リゾートで楽しんでいる。

　　沿岸防衛の規制により，あまり海に近づくことはできなかったが，太陽は海面を照らしていた。もしここに軍の姿が見えないとしたら，おそらく「なんと平和な風景か」と思ったことだろう。少なくとも私たちに限っては，丘側の景色は平穏と静寂に包まれているように見える。

　作者不明の記録にも戦争の爪痕についての記述がある。1942年6月13日の旅の記録には，5月の空襲による被害の様子が記されているが，午後1時15分にパディントンを出発してバース経由でウェストンを訪れる旅は非常に快適であったことが記されている。

旅先での体験や活動

　旅先の生活習慣や文化に触れることによって得られた経験や学習が，4つのすべての記録において強調されていることは特筆すべき点である。それぞれの時代の「体験的活動」に関する記述はすべての記録にあり，その時代背景や休暇の形態を特徴付けるものと言えるだろう（体験による価値認識の変化については Pine と Gilmore（1998）の著書「Experience Economy（経験経済）」を参照）。たとえば作者不明の記録には，ツアーに組み込まれた活動やイベントの様子が詳細に記述されており，Co-Operative Holidays Association 主催ツアーでの「ブランケット工場」訪問や，Worker's Travel Association の「Brannam's Barnstaple Pottery（陶器工房）」見学では，それぞれの製造工程を記している。また，訪問地の景観についての記述も含まれ，以下のように表現されている。

　　美しい景観のこの場所を訪れたのは初めてであり，記憶に残るようなすばらしい光景をたくさん目にすることができた。ホテル「New Inn」でサイダー（リンゴ酒）と昼食をとり，玉石が敷き詰められた道を歩いて村のはずれまで降りて行った。イタリアのコモ湖を訪れたことがある人ならば，水辺まで玉石の敷き詰められた石段が続くコモ湖畔の村を連想せずにはいられないだろう。幸運なことに特に天気の良い日に当たり，その光景は鮮明に目に焼き付いている。残念ながら滞在時間は短く，バスに乗って「ウェストワード・ホ！」（デヴォンの漁村）へと向かった。

　田舎町での生活の様子を描いたアニーの記述は，デヴォンシャーの片田舎の家々や路地，ダートムーア国立公園の景色をノスタルジックに，時を超えて私たちに伝えてくれる。たとえば，8月10日火曜日の記録には次のように記されている。

　夕方になり，「Pollards」という農場を訪れた。ここに住む女性たちは私たちと同じプロテスタントの会派に属している。広間には，オーク材を削ってつくった古いチェスト（木箱）が置かれていて，蓋の部分には「1752」と年号が彫ってある。チェストの上には，よく手入れされた光輝く大きな銅製のケトルが置いてある。ダイニングルームへと案内されると，20人程度は着席できそうなとても長いテーブルが目に入ってきた。

後日，隣村を訪れた際には以下のように記している。

　道路脇にある井戸から水を汲み上げている女性を見かけた。彼女は，水で満杯になった2つの桶と，水汲みに使ったロープを手にし，立ち去ろうとしていた。

　古民家を改修した「Poleford」は，一風変わったコテージだった。白く塗られた外壁に，丁寧にかやぶきされた屋根という外観で，広い庭園と果樹園が広がっている。キッチンには大きな開放式の暖炉があり，火をつけるときには，鞴（ふいご）を使って空気を送り込む。暖炉上部のフックに，大きな黒い鉄製のケトルと3本足の鍋がぶら下げられていて，パンをつくるときには熱したベイキング・ケトルの中に入れて焼くのだと教えてくれた。

　これらの記述は，田舎町を愛するイギリス人の郷土への思いが描かれたカミングスの著書「This England」を思い起こさせる。「かやぶき屋根の家とバラの咲いた小さな庭」のあるイギリス，そして「デヴォンとサリーを結ぶ温暖で切り立った小道」は（Cummings 1944: 28），戦時中のこの時代に非常に重宝されていた。彼はこう結論付けている。

　農夫であろうが鉱員であろうが，あるいは大学教授であろうが物売りであろうが，イギリス人は郷土を愛している。もうトーマス・マコーリー（のイギリス史）は読まないかもしれないし，彼の格言を口にすることもないかも

しれないが，イギリス人にとって，ミドルセックス（あるいはデヴォン）の1エーカーの土地は，ユートピア（トマス・モアが描いた架空の国）にある公国よりも尊いのだ。

対照的に，マーガレットのイタリア旅行の記録には，博物館や教会，美術館を訪れた記述が頻繁に見られ，たとえばフローレンス（フィレンツェ），ローマ，アッシジ，ヴェネツィアの文化施設を訪れている。各都市への訪問録は，旅行記の中に絵葉書などの画像を用いて保管されている。彼女の記述には，「ヴェネツィアのゴンドラ・クルーズ，ハリーズ・バー，ガルダ湖の青さ，月明かりのカステッロ」とあり，また，休暇中の活動を簡潔にまとめた44の文章をさまざまな形に編集し，「思い出の数々」としてリスト化している。たとえば，「ボルドーワインを歯磨き用のマグカップで飲んでみた。雪を頂く山のようだ。ライムの味がする」と記してある。

エドワードは，カナダでの魚釣りの成果を誇らしげに記述し，釣り上げた魚の重さを1匹ずつ記録している。また，9月5日にハリウッドを訪れた際には，「ハリウッド，ビバリーヒルズ，サンタモニカを巡るバスツアーに参加」と記している。そして9月12日には，「ワーナー・ブラザーズに電話をかける。撮影スタジオの見学許可をもらう。夕方，ハリウッド・ボウル（野外音楽堂）へ。舞台装置と照明が素晴らしい」というコメントを残している。

思い出の写真，思い出の品，記念品

旅や休暇の個人的な記録は，その作者の休暇の思い出を形として残すためのものと捉えることができるだろう。Ballengee-Morris（2002）は，さまざまな旅の記念品は，旅で得た経験や記憶を呼び起こしてくれると説明している。旅先の地やそこでの関係性の記憶を呼び起こしてくれるきっかけとして，そして記憶を確認するための試金石として，「旅人が持ち帰る記念品」の重要性と多様性をこれらナラティブは証明している（Morgan and Pritchard 2005 の議論も参照）。

　4つの内, 3つのナラティブは絵葉書について言及している。たとえばアニーは,「郵便局では, ヨーフォードやその周辺地域の素敵な絵葉書が購入できる」と記している。大量生産品としての絵葉書は, 19世紀後半以降の「マスツーリズム（旅行の大衆化）」の興隆を連想させる。旅行研究者にとって絵葉書は重要な情報源であり, リゾート地の景観を画像として得られるだけでなく, 書かれたメッセージによって情報の価値はさらに高められる。Prochaska（2000）は絵葉書に記されたメッセージの重要性について,「他者によって制作された絵葉書に, 自分のメッセージを載せて流布させることである」と強調しているが, 絵葉書に書かれたメッセージとその画像に必ずしも関連があるわけではない点には注意が必要である。Albers と James（1988: 138-9）は, 絵葉書が大量生産されるようになってから,「絵葉書は旅人が持ち帰る旅行の記念品として必要不可欠なものとなり, 価値ある旅であったことを家族や友人に示すための手段となっている可能性がある」と示唆している。絵葉書の価値について Stevens（1995）は, 景観の画像が入っている点で貴重であると同時に, 個人的あるいは集団的な観点で, 絵葉書に書かれたメッセージはその地に対する「個人の視点による価値」あるいは「社会的な価値」を明らかにすると述べている。しおりやチケットなどの印刷物は使用後に捨てられてしまうことが多いが, 絵葉書は「その時代の社会において, 世界がどのように捉えられていたのかを覗き見る窓を提供する」のであり（Stevens 1995: 1-3）, 研究者にとっては歴史的記録として貴重な研究対象となるのである。Kneafsey（2000）も, 研究者が絵葉書を補助的な二次データとして扱うことを支持している。

　写真絵葉書（印刷物ではなく, 葉書サイズの印画紙に現像したもの）は, 場所と時代を映し出している重要な画像記録である。Batchen（1999: 212）は, 現像技術および写真画像が「物事が存在することの1つの証明」となると主張している。ナラティブに保管してある絵葉書は, 訪れた場所の描写をより鮮明にするために用いられ, また, 記念品や思い出としての役割もある。マーガレットは, エクセター大聖堂から母に送った絵葉書を旅行記に綴っている。絵葉書に書かれたメッセージから, 休暇中の過密なスケジュールがうかがえる。たとえば,「フ

ローレンス（フィレンツェ）をすっかり気に入ってしまい，もう1泊することにした」，あるいは「ここ（ローマ）は本当に素晴らしい。何度もスケジュールを調整し直しているけれど，とてもすべてをまわりきることはできそうにない」と記されている。彼女が参加したツアーの行き先には，有名な観光スポットもいくつか含まれており，「アッシジで2日間を過ごした。ここまでの旅の中で最も素晴らしい」と書かれた絵葉書が旅行記に保存されている。建造物や風景の印象も強かったようで，「コモからミラノへ向かう汽車に乗っている。コモ湖の景色はただひたすら美しかった。そして明日はパリへと旅立つ」と記されている。ヴェネツィア広場の絵葉書には「初めて目にするローマ」というコメントが書かれている。

　4つの内2つのナラティブには，旅に関連する印刷物も一緒に保管されている。1940年にイギリス国内のイングランドとウェールズを旅した作者不明の記録には，絵葉書に加えて，休暇を一緒に過ごした仲間との写真も含まれており，さらには，「Workers Travel Association」の申込書の控えや，「International Friendship League」のブラッドフォード支部から受け取った書類，「Co-Operative Holidays Association」のランゴレンへのサマー・ツアーの書類など，旅行支援組織関連の書類も保管されており，その時代を探る手掛かりになる。これらの些細な情報がナラティブの価値をさらに高める。たとえば，組織が斡旋する宿泊施設では，「食料配給」や「キリスト教徒の朝の祈り」に関する情報が提供されたことや，「午後11時を就寝時間」とすることが推奨されていたこと，「客室内はアルコール類の飲酒禁止」であったことなどが記されている。このような見過ごされがちな情報にこそ価値があり，当時のサービス提供組織や旅人に関する情報を提供してくれる。Snape（2004）は，高価な民営の海浜リゾートに代わる新たな旅のスタイルとして，田舎町の観光や手頃な料金の宿を使う旅を普及させたのは，「Co-Operative Holidays Association」であったと主張している。Pimlott（1976）は，余暇や旅行の消費を拡大させた旅行支援組織の功績に言及しており，その功績は「Holiday Fellowship」の目的である「余暇の健康的で楽しい活動を提供すること，野外活動を啓発すること，社会的・

国際的な交流を促進すること，そしてこれらの目的に照らして旅行の計画から活動までを支援していくこと」にも合致していると説明している（Pimlott 1976: 239）。

　エドワードの日記には写真や絵葉書は含まれておらず，アヘンパイプの組立図が 1 枚保管されているだけである。しかし彼は，自らが撮影した写真やフィルム映像の「被写体」について頻繁に言及しており，また「デヴォンで手紙を書く」などと，自宅宛に手紙を書いたことを記録している。「わずかな露出時間で撮影できるカメラがアマチュアの間で流行」と Kodak 社のハンドブックに表現されているように（Kodak Limited, 1920: 21-2），まさにこの時代に写真は旅人の間で人気になり，写真がナラティブの価値を視覚的に高めたと言える。

結　論

　本章で取り上げた 4 つの記録は，旅や旅行に対する異なる関心を映し出している。たとえばエドワードの日記は，旅仲間や地元住民の特徴を熱心に観察して描写しているのに対して，マーガレットは見知らぬ人々に対してはイタリア旅行の際に一度だけ関心を示したに過ぎない。休暇に海外旅行を楽しんでいるこれらの記録は，デヴォンで休暇を過ごした戦時中の記録とは対照的かもしれない。戦時中のナラティブは，平和で心が惹きつけられるような風景に関心が寄せられており，当時の出来事についての記述も多い。個人的な記録であり，公開する意思は全くないはずなのだが，アニーは旅行記の最後をどこか予言的にこう締めくくっている。

　冬の夜になれば，またこの日記を読み返して，遥かデヴォンシャーで見た 8 月の青い空や楽しかった日々を思い出すでしょう。もし，この日記を読む人がいるとしたら，私たちが過ごした休暇が有意義だったこと，そして毎日幸せな時間を過ごしたことにきっと賛同してくれるでしょう。

　三四半世紀（75 年）近く過ぎたいま，これらナラティブは捨てられずに残った貴重な資料である。特定の時代の社会を映し出す価値ある記録であり，20

世紀における旅行の大きな発展を理解するための重要な保管資料である。また
これらは，場所と時間，そして体験に関する重要な記録でもある。Sethi (2005)
は，旅行の発展に関して我々が認識し，検証していることのほとんどは，特定
の歴史的見地から捉えたものであり，また「Grand Tour」のような大掛かり
な周遊旅行を対象にしていると述べている。旅行史研究の焦点は一部の富裕層
の旅に偏る傾向があり，当時の一般的な旅行との関連性や，一般市民の生活に
おける旅行の重要性といった観点を見過ごしてしまっている。この章で扱った
記録は，富裕層の旅とともに，当時のごく一般的と思われる旅の重要性を証明
しているだけでなく，人々にとって，休暇に旅行することには大きな意義があっ
たことがうかがえる。

　この章では，これまでほとんど扱われてこなかった未発表の個人による原文
記録を取り上げ，旅行史における1つの時代を照らし出すとともに，旅行研究
において個人的なナラティブが貴重な資料となることを証明した。さらに，個
人的に記録されたナラティブには旅に関連する印刷物や写真，絵葉書，思い出
の品が添えられていることから，これまでの旅行史研究に新たな価値を加え，
旅の状況や時代背景という観点で当時の旅行をより深く理解するために役立て
られる。したがって個人による体験を綴った回想は，旅行史研究の発展におい
て重要な役割を果たすと考えられる。

第5章

ホリデイ・ブック：20世紀のイギリスの家族が残した旅のストーリー

Jacqueline Tivers

序　文

　20世紀の旅行に関する研究は数多くなされ，旅行者の行動についての研究や，旅行とアイデンティティ構築の関係性の考察などがある。しかしながら，その大部分は「私的な目的で記されたナラティブ」を研究対象としていない。旅行記についてもこれまでに膨大な数の研究がなされているが，研究対象は出版された書物であり，一部の作品には「フィクション」が含まれていると言わざるを得ない。一方で，「ホリデイ・ブック」すなわち実体験が記された未出版の旅行日記がナラティブの研究対象として注目されることはほとんどなかった。目的は異なるが，未出版のナラティブを研究対象としている事例を挙げれば，歴史学者や伝記作家は必要な情報を得るために個人の日記を調査することがある。また，Driver と Martins（2002: 59）は，19世紀の海軍学校の士官候補生に演習での状況を説明させてそれを記録し，「旅」と「観察」，そして「認識」との間の関連を検証している。Lorimer（2003）および Lorimer と Spedding（2005）は，日誌や調査記録，手紙，そして本人たちからの聞き取り調査で得た情報の分析を通じて，知識獲得や地理的情報の学習における「スモール・ストーリー」

の構築について論じている。これらと同様に本章では，1937 年から 1996 年の
60 年間に渡り 1 人の男性によって記されたホリデイ・ブックの分析を提示す
ることで，20 世紀におけるごく普通のイギリス人一家による旅や活動の「ス
モール・ストーリー」を伝えたいと考える。

　そのホリデイ・ブックの作者は，私の父であるジョン・エドワード・ティヴァー
ス（1910-97）である（いつも「ジャック」と呼ばれていた）。彼は，サウス・ロン
ドンの労働者階級の家庭に生まれた 10 番目の子どもだった。グラマー・スクー
ル（高等教育機関）に進学できるほどの成績だったが，一家には中等教育終了
（School Certificate）レベルを超えて教育を受けさせる余裕はなかった。その後，
私の祖父が国民保険ビル（National Insurance Building）の管理人になったときに，
彼は家族と一緒にノース・ロンドンのイズリントンに移り住んだ。そこで彼は
軍の施設の経理係として働きながら，夜学で会計を学んでいた。また，余暇時
間のほとんどをスカウトの活動に充てており，その活動を通じて，地域のカブ
スカウトのリーダーをしていた私の母ジーン（1911-2010）と出会う。2 人は
1937 年に結婚し，姉のジェニファー（1939-89），私（1946-），弟のジョン（1952-2011）
を育てた。第二次世界大戦が終結すると，父は研修を受けて継続教育（高等教育）
の教師となり，最終的にはキングストン・テクニカル・カレッジ（現在のキング
ストン・カレッジ）の経営学科の准教授を務め，1975 年に引退した。スカウトの
活動は生涯にわたり続け，イギリス女王からその活動に対して最高位の表彰を
受けた。サウス・ロンドンのリーダー長まで務めたその活動も 1980 年には終
えている。

　このように詳述したのは，ここで分析しようとしているナラティブの内容と
関係があるからである。スカウトのトレーニングを通じて父は，「品性と人格」
そして「市民性」を学び（Warren 1986），それが彼の人生の指針となった。また，
スカウトの活動を通じて，テントでの野外生活のノウハウやさまざまな物事へ
の探求心，活動記録の付け方などを身に付けた。子どもに高等教育を受けさせ
る余裕のない貧しい労働者階級の一家に育った父だが，生まれ持った知性を発
揮し，スカウト活動の記録を付けるのと同じ手法でホリデイ・ブックを記録し，

会計仕事のための知識習得に努めた。彼は探究者であり，事実を綴る編集者であった。人生の最後の 10 年間は視力をほぼ失っていたが，それでも休暇の夜には欠かすことなくホリデイ・ブックの前に座り，その日の旅のことや訪れた地について詳細に記述し，食事の内容から天候の変化，寝泊まりした状況に関する情報に至るまで記録している。私が若い頃，あるいは私の子どもが若い頃には，よく父から私たちも自分のホリデイ・ブックを付けるよう勧められた。父（および母）が旅をするときはいつも，旅先の地の絵葉書やリーフレット，そしてチケットを持ち帰り，地図（絵葉書に記されていることが多かった）や写真（1964年までの記録）とともにホリデイ・ブックに保管していた。

　父はホリデイ・ブックを 2 つの古びた戸棚の中に保管しており，1997 年に父が亡くなった以後もそこにしまわれていた。そして母が 98 歳で亡くなる少し前の 2009 年 12 月，母はそれを私に譲ることに同意してくれた。父のホリデイ・ブックは全部で 59 冊あり，1937 年から 1996 年のほぼ 1 年ごとに 1 冊ずつ記録され，それぞれのページには正確に日付が書かれている。ただし，2 冊以上に渡って記録されている年もあり，逆に 1 冊の中に複数年の記録が含まれているものもある。6 年分（1939, 1940, 1941, 1952, 1955, 1960 年）の記録は全く残っていない。誰かに貸して戻ってこなかったという可能性もあるが，これらの年に記録がない理由については，本章の後半でもう少し詳しく述べたい。初期はさまざまな様式の記録帳が使われているが，1964 年から（視力が落ちて広めの目盛線が必要となる前までの）1990 年にかけては全く同じ規格の記録帳が使われている。細かい罫線が入った黒いハードカバーの小さな記録帳で，分厚いゴムバンドでひとまとめにされている。

　このホリデイ・ブックは，20 世紀のイギリス人一家における旅行の習慣を記録した唯一無二の，実体験を綴った貴重な資料である。しかしながら，その分析によって 2 つの疑問が浮上することになる。1 つは，ホリデイ・ブックに記録されているナラティブの「内容」とその「背景」に関する疑問であり，もう 1 つは編集者である私の父がその作成に情熱を傾けた「動機」に関する疑問である。これらについては，この記録の内容からだけでなく，それぞれの休暇

に関する「個人的な記憶」および「共有された記憶」にも頼りながらこの後の
節で解き明かしていく。

ナラティブの内容

　私の父と母は，1937 年に結婚してから 1997 年と 2010 年にそれぞれが亡く
なるまでの間ずっとサウス・ロンドンのウィンブルドンにある自宅で暮らし，
ホリデイ・ブックに記録された休暇の旅はすべてこの場所が出発地となってい
る。ホリデイ・ブックの記録の内容から，両親の休暇は大まかに以下のように
分類することができる。

- 1937 〜 38 年：イングランド南東部を散策する休暇（汽車で移動）
- 1942 〜 67 年：海岸部を主としたイングランドとウェールズでの休暇（1956
  年までは汽車，以降は自家用車を使用）
- 1968 〜 82 年：ドーバー海峡を渡るカーフェリーで行くヨーロッパ大陸への
  ドライブ旅行の休暇
- 1983 〜 84 年：イギリス国内各地へのドライブ旅行の休暇
- 1985 〜 96 年：イングランドでの休暇（息子か娘が車を出すとき以外は，汽車やバ
  スで移動）

　ホリデイ・ブックの内容は，実に詳細に記述されている。宿泊施設までの道
のりや方角をスケッチした地図と一緒に，宿泊したペンションやバンガローの
正確な住所やオーナーの名前が記録されている。特に方角については極めて正
確に記されており，たとえば「going N by E」（Pilgrim's Way 1937）のように表
現されている（「N by E」は 32 点法による方角の記し方で「北」と「北北東」の間の「北
微東に進む」ことを意味している）。天候の変化は 1 日を通して分刻みで記録され
ている。数冊のホリデイ・ブックの巻末には（特に初期の頃のもの），経理担当者
らしく（後に会計士および会計学の教師にもなっている），まるで企業の収支表のよう

に休暇の支出を項目別に表記している。そうであるにもかかわらず，文章のスタイルは必ずしも簡潔明瞭であるとは言い難い。事実を伝える記述においてもしばしば脇道に逸れ，情景を流暢に描写する言葉が混ざり込んでいる。たとえば以下のような文章が見られる。

　　ローズ・ハウス（Rhodes House）を訪れ，そこの管理人に邸内を案内してもらった。建物はとても新しいが，周りの景色と非常によく調和している。ドーム型のエントランスホールは，おそらく南アフリカの大理石でつくられており，とても素晴らしいローズ氏の記念碑が建っている（オックスフォード，1942年）。

　　翌朝ジェニファー[1]と私は，再び砂に開いた穴を眺めながらしばらく過ごしていた。ツバメがせわしげに巣穴から顔を出したり引っ込めたりしている。これだけたくさんの穴があっても自分の巣穴を見つけられるというのは驚きだ。今日もまた見事に暖かく快晴となった（ソールズベリー，1943年）。

　　テレビがあったので「ペリー・メイスン」[2]を見ることができたし，早めの夕食の前にホリデイ・ブックを書き上げることができた。サイト[3]は極めて素晴らしく，好都合な場所にある。ただし，キャラバン[4]は，普段使っているものより狭く，それに慣れるまでに時間がかかった（ケズィック，1964年）。

　このホリデイ・ブックの内容で興味深い点の1つは，言葉と画像を組み合わせていることである。ホリデイ・ブックには，正確に日付と場所が記された文章とともに，絵葉書やリーフレット，地図（印刷物および手書きのもの），そして何枚かの写真が含まれている（図5.1参照）。日付ごとに文章と画像を丁寧に配置して，経時的に記録されている。資料を提示してそれを参照（クロスリファレンス）できるように意図的に配置しているようであり，たとえば以下のような記述がある。

図 5.1　文章と画像を組み合わせたホリデイ・ブック内の記録の一例
（著者自身が撮影したもの）

　それら[5]については，次ページに示したリーフレットに詳しく書かれているが，1つの重要な事実について触れておくべきだろう。

　初期のホリデイ・ブックには，特定の写真を後日，貼付することが鉛筆書きで記された空白があるが，何らかの理由で実際には貼られることはなかった。おそらく，写真の現像がうまくいかなかったのだと推察される。後期の記録の中には，後で画像を入れるためのスペースを過小評価し，すでに一杯になってしまったページの中にリーフレットや絵葉書を無理やり差し込んでいるケースも多いようである。初期の記録には，自分で撮影した人や風景の写真がたくさん使われているが，1964年以降は全く使われていない。それは，私が子どもの頃に両親と一緒に行った最後の家族旅行の年である（そして，父の指導の下で私が自分のカメラで写真を撮った最後の年でもあり，そのことがコメントとして残されている）。その後は，ホリデイ・ブックに貼るために訪れた地の写真を購入するようになった。観光地で販売されている（現像された）写真を購入することもあっ

たが，写真が印刷された絵葉書を購入することのほうが多かったようである。当時，父はよく「イメージにピタリと合う画像を選ぶ上ではこれが一番簡単な方法だ」と主張していた。しかしながら，これは，母や弟がその後も一緒に旅行に同行しているにもかかわらず，父自身で撮影した写真は1枚もないということを意味している（1975年以降に私自身の子どもを連れて両親と休暇を過ごした際の写真はあるが，父のホリデイ・ブックにはそれらの写真も含まれていない）。

　ホリデイ・ブックの内容を分析することによって，顕著な特定の要素が浮かび上がってくる。第一に，多くの旅行者と異なり，父にとっては「旅」それ自体が目的地と同じくらい重要であり，日頃からそれをはっきりと口にしていた。また，戦時中の汽車の旅について父は，「角の座席を何とか確保した」（1943年）ことや，汽車が「到着した時にはすでに満席だった」（1944年）ことを記している。Sladen（2002: 68）が述べているように「戦時中の鉄道の旅はいつも必ず遅れが生じて不愉快」であり，当時の政府が「休暇を自宅で過ごそう」と人々に懸命に呼びかけたのにもかかわらず，私の両親の耳には届かなかったようである。1938年頃に裕福な友人の車に乗せてもらってから，自家用車を使う休暇へのあこがれが父の心に宿り，そのことがずっと離れなくなってしまったようである。彼は初めての車の旅について極めて詳細に記述している。

　まずは車の窓を1枚だけ開けて出発した。ステーンズに差し掛かったところで2枚目も開け，ベイジングストークに着いたときには車のフードを全開にして，気持ちの良い風を受けながら平原を疾走した。…＜中略＞　バーンスタプルを出発すると，イフラクームへと続く道は2〜3マイルほど登り坂になっている。途中に分かれ道があり，どちらに進むべきか迷っていたその時，ガソリンが空になりかけていることに気付き，慌てて引き返した（急勾配の丘の道をエンジンの助けなしで押して進むのは大変な労力である）。そして，ガソリンを入れるために海岸線の道を通りバーンスタプルに戻った（4月15日金曜日）。

　自分の車を持てるようになると，すぐに父は車で旅行に出掛けるようになった。あちこちの観光地へと車で訪れ，あるいは近くの街や村，田舎道を目的もなしにドライブしてまわった。それが休暇における彼のおもな関心事となり，子どもが成長して家を離れ，再び夫婦2人で旅するようになってからはそのほとんどが車を使う旅になった。

　第二に，父はいつも旅先の土地とその歴史に魅了されていた。彼は地理および歴史に真剣で尽きることのない興味を持っており，その場所に住宅地や商業地がつくられていった背景に特に関心を寄せていた（これは彼の信条である「現地主義」を貪欲に貫いたことを意味しており，それが私自身の学問の追及姿勢やキャリア形成にも影響を与えている）。「興味のある場所」を訪れることへの彼の情熱は生涯にわたり変わることはなく，彼の最後の記録となった2006年7月14日土曜日のオックスフォードを訪れた際の記述に次のような一文がある。

　　私たちは昼食をとるためにコーンマーケット通りのクラウン[6]に入った。シェークスピアもこの店を訪れたらしい。戻る途中でアシュモレアン博物館に立ち寄り，中を見学した。

　私の父は自分が「普通の旅行者」ではないことを自覚していた。小さな子どもがいる家庭ならビーチ志向の休暇は不可欠と考えていたのかもしれないが，ホリデイ・ブックに記録されている休暇の様子からは，浜辺でのんびりと休暇を過ごすというよりも，海水浴（毎年4月から10月の間は天気や気温に関係なく海に行っていた）に行って，フレンチ・クリケットや砂の城づくり，ボート遊び，子どもの遊び場，そして延々と続く散策というのがいつもの休暇の過ごし方だった。また，史跡や教会，地域の町や村には必ず訪れており，休暇先から遠く離れた場所までバスツアーに出掛けることもあった。大多数の観光客とは異なり，彼は「ナイトライフ（夜の観光）」には全く興味を持っていなかった。夜は，たまに映画館に出掛ける程度で，ほとんどは部屋で静かに過ごし，質素な食事をとり（フィッシュアンドチップスで食事を済ませている記述が多く見受けられる），カー

ドゲームやクロスワードを楽しんでいた。もちろん，その日1日の出来事をホリデイ・ブックに書き込むことも忘れなかった。

　第三に，ホリデイ・ブックのナラティブから，その重要性を強く感じ取れるのが「自分が決定権を持つこと」であり，そのことは1946年の記録から抜き出した以下の文章にも見られる。

　　私たちは皆，慌てふためいてしまった。まず，私たちが訪れることを誰も知らないことがわかったのだ。次に，シド[7]は，どの道を行けばいいのかわからないようだった。そして私たちが到着したとき，家には誰もいなかった。しかし，結局はすべて何とかなった。（7月17日土曜日）

　私の父は，旅のすべてを自分で手配しないと気が済まない人であり，いつも休暇のすべてのスケジュールを勝手に組もうとした（インターネット出現前の時代にはこのようなことはあまり一般的ではなかったのである）。各種の予約や宿泊施設，目的地までの行程，自炊用に購入しておく食材，途中で立ち寄ってコーヒーと昼食をとる場所に至るまで，すべて自分で決めていた。それらを母に任せることはほとんどなく，おそらく，スーツケースに荷物を詰め込むことや子どもたちが必要なものを準備すること，料理くらいしか任せていなかったと思われる。ただし，父は子どもの世話や家の掃除などを母と分担して受け持っていた。彼は語学が達者であり，フランス語とドイツ語は高いレベルでの会話が可能で，イタリア語とスペイン語も少々話すことができた。したがって，ヨーロッパ大陸を旅行するときにはいつも彼が「交渉役」になっていた。後年，旅の移動手段を決める役を私に任せ，孫たちの言いなりになるために休暇時間を割くよう強いられた父は，ビーチに滞在する時間が長すぎることや，以前のようにあちこち歩きまわることができないことへの強い不満を口にしていたが，これはすなわち「自分で何も決められない」ことへの不満なのである。1988年のサウス・ウェールズのガワーでの休暇については，「とても良い休暇だ。でもビーチの時間が長すぎる」と記している。

　幸いなことに，この記録には休暇中の活発な社会交流が描かれている。その主たるものは家族や友人，ご近所の人々との交流だが，それだけではなく，バンガローやベッド・アンド・ブレックファスト（朝食付きの小規模宿泊施設）のオーナーとのやり取りも記述されている。また，宿泊施設の手続きを姉に任せて，父と母は付近の散策に出掛けたという記述も何か所か見られる。私が若い頃には，親族の特定のメンバー（私のおじやおば，いとこ）だけでなく，祖父母や自宅近所の人々，スカウトの友人など，たくさんの知人が私たちの宿泊先に立ち寄ったり，週末を一緒に過ごしたりしている。それが可能だったのは，その当時私たちが借りていたコテージやバンガローは比較的家から近い場所にあり，いつも決まって2週間滞在していたからである。その当時のホリデイ・ブックに記録されているナラティブは，誰かがやって来ていくつかの休暇の活動をともにし，その人たちが去るとまた別の誰かがやって来るという様子を描写した記述が圧倒的に多い。私たちが小学生になった頃には，自分の友達を1人ずつ一緒に連れて行くことが許された。初期の頃のホリデイ・ブックに見られる社交的な休暇の様子が示唆するのは，友人や親せきの多くはそれぞれ単独で休暇を楽しむほどの余裕がなかったということだろう。1961年以降はこの状況が一変し，親族だけで休暇を過ごすようになっていった。また，1965年以降は，父と母の2人だけで長距離のドライブ旅行に出ることが多くなった。1970年代の後半になると，姉や妹，あるいは私の子どもたちも含め，いつも全員が揃うわけではなかったが，再び家族で休暇を過ごす機会が増えた。

　最後に，休暇で経験したことを記録する際，父にとって方法論的アプローチが重要であったことは明らかである。この観点で言えば，父は「典型的な会計士像」を貫き通し，「労を惜しまずに細部まで目の行き届いた作業」を引き受けると同時に（Bougen 1994: 319, 321），観察力の鋭いスカウトとしての役割も貫いたと言えるだろう（Matless 1998: 75）。休暇前にはいつも同じ記録帳を購入し，記録するときにはいつも専用のペンを使用していた。また，自分が字を書く際の動作についても言及しており，その場所がキッチンのテーブルであろうと折りたたみ式のキャンプ用テーブルであろうとその動作は変わらないらしい。ご

く例外的なケースを除けば，その日の記録は当日の内に完成することが父にとって重要であり，休暇の最終日，すなわち帰路の記録も同様に自宅に到着した当日の内に書き上げていた。父は 1956 年に一度だけ，家族の休暇先から 1 人で自宅に戻らなければならないことがあった。そしてその翌日，彼が率いるスカウトのグループとともにイタリアへと向かった（彼はこの頃，グループ・スカウト・リーダーで，それはイタリアのスカウト隊との重要な交流行事であった。また，イタリアのスカウト隊は，その翌年に開催されるスカウト運動 50 周年を記念する世界スカウトジャンボリーに出席するためにイギリスを訪れることになっていた）。しかし，それでもホリデイ・ブックの記録が途切れることはなかった。記述内容は年々少しずつ変化しているが，その本質は変わらない。父が不在だったこのときの休暇の記録は，私の姉のジェニファー（当時 17 歳）が父の代わりに旅のナラティブを綴っている。

ナラティブの背景

ホリデイ・ブックに記録されたナラティブを理解するためには，そこに書かれた「内容」とともに，それが書かれた「背景」を考慮する必要がある。このことは，書かれていないこと，すなわちナラティブに語られていないことについて検証するときに特に重要である。したがって，つじつまの合わないことを説明するために解釈学的アプローチが必要となる。第一に，休暇の背景にあった「国内の情勢」，そしてそれらについての記録について検討する。第二に「家族に関連する背景」を検証し，最後に，私たちが認識している 20 世紀の普通のイギリス一家の旅行という観点，言い換えれば「旅行事情」という背景から，私の父の休暇の経験について考えてみたい。

国内の情勢

第二次世界大戦が始まった 1939 年，1940 年，そして 1941 年のホリデイ・ブッ

クは残っていない。このことに驚きはないかもしれない。戦時中に人々は休暇を取っていないという定説に，Sladen（2005）が鉄道会社の統計資料をエビデンスとして提示して反論しているとはいえ，むしろ驚くべきなのは，まだ戦争が続いていた 1942 年，1943 年，そして 1944 年に私の父と家族が休暇を楽しんでいることだろう。戦時中，父は消防隊員として民間防衛にあたっていた。したがって，当時の多くのイギリス人男性と同様にヨーロッパ大陸に出兵することはなく，自宅を離れることもなかった。しかし何よりも驚くべきことは，彼のホリデイ・ブックには戦争に関する記述が一切ないことだ。戦争の結果について間接的に表現している部分はいくつかあり，たとえば，軍のキャンプ地にいる親戚に会いにことや，オックスフォード大学のイグザミネーション・スクールズの建物が陸軍病院として使われていること，教会の地下室が空襲を避けるためのシェルターとして使われていること，教会の窓枠からステンドグラスが外されていること，食料を受け取るために配給クーポン（引換券）が必要なこと，そして休暇先のソールズベリーからボーンマスへの日帰り旅行についての以下のような記述もある。

　　前方座席[8]が空いていたので，私たちは少しの間そこに腰かけて昼食をとった。到着後，ジェニファーは 2 平方ヤード[9]ほどの広さの砂場で遊んでいた。すべてのものが有刺鉄線に見えるような気がした。（7 月 23 日金曜日）

しかしながら，当時のイギリス国民の生活において戦争は重大な関心事であったにもかかわらず，父の記録には戦時中や戦後も含め，「戦争」という言葉はどこにも登場しない。この言葉が抜け落ちている理由を考えたときに私が到達した唯一の結論は，良心的兵役拒否者（Conscientious Objector）に登録していた父は，戦争について考えたり記述したりすることを意図的に避けていたということだ。特に休暇中はなおさらだったと推察される。実際のところ，私たちが幼い頃，父は家でも戦争について語ることは全くなかった。
　それと同様にホリデイ・ブックには，政治的な出来事や経済の動向に関する

記述も見当たらない。旅先の地や交通手段，天候，映画やミュージカル鑑賞，礼拝，そして人との交流に関しては詳細に記述されているのにもかかわらず，国内および国際情勢やその変化についての明確な記述はない（もっとも，詳細に記されたそれぞれの記述を通じて国内および国際的な背景を読み取ることは可能かもしれない）。しかし，スポーツの歴史に関する記述が 1 つだけひっそりと記されている。1966 年 7 月にノース・ウェールズを訪れた際，共有の「テレビ室」があるキャラバンパーク（キャンピングカーの宿泊施設）に宿泊しており，7 月 26 日木曜日の記録には「ジョンと私はイングランドがポルトガルを倒したのを見た」（注：ジョンは私の弟）とあり，30 日土曜日の記録には「その日の午後，ジーンが部屋を片付けている間，ジョンと私はワールドカップ決勝戦を見ていた」（注：ジーンは私の母）と書かれている（面白いことに，決勝でイングランドが勝利したことには触れていない）。

家族に関する背景

　ホリデイ・ブックに描かれている休暇のパターンは，明らかにライフサイクルのステージ（人生の各段階）を反映している。私の姉のジェニファーが生まれた 1939 年以降，散策を主体とする休暇は選択肢から外された。もっとも，それ以降も 1970 年代頃までは，休暇となればいつもかなり長い距離を歩いている。1942 年には家族でオックスフォードを訪れているが，それからというもの，子どもたちのニーズに合わせるようにビーチ主体の家族旅行へとシフトしていった。ちなみに Sladen (2005: 229) によれば，オックスフォードは戦時中，海浜リゾートに行くことができない家族のための「内陸のリゾート地」であった。戦争が終わると父は，ビジネスの世界から鞍替えし，継続教育の教師になったことで，特に夏の間を中心に長期休暇がとれるようになった。弟のジョンが生まれた 1952 年は，休暇の記録が残されていない年の 1 つである。1957 年に父は初めて車を購入し，それ以降，1984 年に彼の視力が弱り始めるまでは，車に乗って旅行に出掛けることが休暇の恒例となった。姉が結婚した 1960 年

も，その夏に休暇をとった記録が残っていない。1965 年には，1938 年以来となる夫婦 2 人だけでの旅行が再開されており，そのことはその年のホリデイ・ブックの冒頭にはっきりと記されている。2 人きりになって最初の旅で両親は，車で移動してキャンプをするというスタイルの旅を選択しており，夫婦だけの「単独旅行」という新たな形態の旅を回顧し，それを記録している。すなわち，「自分自身の興味を再発見するために異なる休暇の形を試してみる」ことによって，「生活の新たな状況に対応」しようとしているのである（Therkelsen and Gram 2008: 276）。

　両親がともに仕事を辞めた 1975 年以降，各年の旅行の回数は顕著に増えている（ただし，それについては記録の中に触れられていない）。父が無理強いしていることは言うまでもないが，5 回あるいは 6 回も旅行をしている年が複数あり，その記録とともに，子どもたち家族と一緒に旅した際には金銭的にも人的にもサポートしている自身の度量にも触れている。たとえば 1986 年には，裕福なわけでもないのに夫婦 2 人で 9 週間も家を離れ，6 か所の休暇先を巡る旅行に行っている。私の母は車の運転はせず，「自転車にさえ乗ったことがない」といつも冗談めかして言っていた。したがって，後に父が運転できなくなると，2 人はバスや電車で行くことができる町へ旅行し，そこからは周辺エリアのバスツアーを楽しむか，あるいは子ども家族と一緒に車で旅行に出掛けるようになった。そして 1994 年から 1996 年の最後の 3 年間は，両親だけで公共交通機関を利用するのが困難になったため，私が休暇先への送迎をする必要があった。そうなってからも，父にとって旅行は 1 年の中で欠かすことのできない活動であった。彼が人生を通じて，旅をすることに圧倒的に重きを置いていたことは明らかであり，そのことは 60 年にも及ぶ彼の記述からも読み取ることができる。彼が記録に残している最後の旅は 1996 年であり，それから 7 か月後に彼は亡くなっている。しかし，その年のホリデイ・ブックは，元気な頃の記録と同じように，絵葉書や旅の様子を綴った文章でページが埋め尽くされている。補足するならば，父の死後，頻繁に出掛けなくて済むようになったことに母は安堵していたことを付け加えておくべきだろう。

　先述の国内情勢についての記述がないことと並んで，家族に関する背景においても重大な情報が抜け落ちている。両親が定年になり退職したことの記述がないことはすでに述べた。1952年の夏に弟が生まれたためその年の記録がないことは先述したが（実はその出産のときに母は危うく死にかけている），そのことについての記述はどこにもない。1988年に姉と両親が一緒に旅行したときに姉は癌を患っていたが，その休暇の記録には最後の部分に「とてもいい休暇だった。特にジェニファーは楽しんでいたようだ」と書かれているだけである。翌1989年の記録には，6月23日に姉が「8時45分に到着した。回復に向かっている」と記されており，2日後に姉は自宅に戻っている。このときすでに姉の病状は深刻で，その5か月後に亡くなったが，彼女の病気についての記述は見当たらない。1984年以降に父の視力は急速に低下し，やがて視覚障害の認定を受けたが，そのことを推察できるとしたら，彼の筆跡をよく調べてみるくらいしかないかもしれない。彼の眼の状態についての記述がほとんどないからだ。1984年8月2日，彼は「新しい拡大鏡を買ってみた」と記しており，同年の少し後の休暇の記録には「よく見えないからこれはもうゴミ箱行きだ」と書かれている。しかしそれ以降，目が不自由であることに関連する記述は1つもなく，翌年の夏に旅行した際の記録に「楽しい2週間だった。車なしで行く初めての旅だったが，これも1つの経験になった」（1985年7月13日土曜日）とだけ記している。

　ホリデイ・ブックのナラティブにおける家族に関する背景として特筆すべき点がある。それは，ナラティブを書き記しているのはもっぱら父であり，母は一度も携わっていないことである。自分が不在だった1956年の休暇の記録さえ，先述したように姉に依頼しており，また，視力が低下して罫線に沿って文字を書くことはおろか，自分が書いている文字すらもよく見えなくなった1984年以降も母に頼んだことはない。旅の記録をとるという行動は，父がスカウトに所属していたことが大きく関係していると考えられるが，先述したようにそもそも2人はスカウトの活動を通じて出会っているわけで，母も同じ経歴を持っている。それに加えて，後年，母は保育の仕事をしていたが，それ以

前の長きにわたり学校の教師をしており，大学在学中は英語学を専攻していた。あくまでも想像でしかないが，なぜいつも父が「記録帳を付けていたのか？」の理由は，おそらく彼が仕事で簿記（経理）を担当しており，会社の収支記録と同じように，ホリデイ・ブックを「記録」と捉えていたからではないかと推測する。そのような類の記録に母はそれほど関心を示さなかったと考えられる。あるいは，彼は自分自身を家族の「取り仕切り役」と位置付けており，このような記録は，休暇を「取り仕切る」作業の一部と捉えていたのかもしれない。実際のところ，母が休暇のことを何も文章に残していないというわけではなく，家族や友人に宛てた絵葉書の文章はすべて母が書いていた。また彼女は，旅先の場所が地図に描かれたティータオル（キッチン用クロス）を記念品として収集しており，リビングや階段，２階の廊下の壁面に飾ったり，椅子の背もたれのカバーとして使ったりしていた。書棚にしまわれたままのホリデイ・ブックよりも，それら記念品のほうがずっと日々の生活の中で身近な休暇の記録となっていた。

当時の旅行事情

　私の家族を「20世紀のごく普通のイギリス人一家」と表現してきたが，父の記録に書かれているどの体験が20世紀の「普通」の，言い換えれば「典型的」な旅行なのかを検討するのは興味深い。私の父は，大衆向けの旅行，すなわちパッケージツアーに参加することやホテルに宿泊することを避けていた。彼は生涯を通じて飛行機に乗ったことはなく，人混みも嫌っていた。できるだけ自家用車で移動し，宿泊はテントかバンガローを借りるようにしていた。先述したように，ビーチに長時間じっと座っているのが嫌で，「ただ時間が過ぎるのを眺めている」とすぐに退屈していた。休暇中の多くの時間を，史跡を巡ったり，ひたすら車でドライブしたりすることに充てていた。海外旅行の際には，イギリスのもの（料理や飲み物，あるいは英語の表示など）に固執していなかった。

　戦後の多くのイギリス人観光客と違い，彼は複数言語に堪能だっただけでな

く，積極的に外国語を使って言語スキルを磨こうとしていた。それゆえに，20世紀の大衆向け旅行の発展は，彼の休暇の行動に影響を与えていないことを指摘する声もあるかもしれない。さまざまな意味で，私の父は時代を先行していたと言えるのかもしれない。彼の旅行の特徴は，「こだわりが強く個性的であり，自分ですべて決定する旅」と表現することができるが，それはまるで，「都市滞在型のカルチュラル・ツーリズム」，「ヘリテージ・ツーリズム」，「個人の好みに合わせて予約できる旅行」，「友人や親せきを訪れる旅」などに代表される現代の旅行の典型を表しているようである（ただし，これらのルーツはもっと昔にさかのぼることは言うまでもない）。21世紀の「カナダ人旅行愛好家」のことを言い表した Harrison の言葉を以下に示し，父に捧げたい。

　　いつも新たな旅が待ち受けており，探検したい新たな場所がある。あるいは家から遠く離れた場所に心躍るような体験が待っている。…＜中略＞　そしていつも頭の中には，また新たな旅が浮かび，計画され，想像され，準備されている。(Harrison 2003: 3)

ホリデイ・ブックを書き続けた理由

　なぜ父は60年にもわたり，これほど詳細に，そしてこれほど熱心にホリデイ・ブックを記録し続けたのだろうか。これにはいくつかの理由が考えられ，記録に書かれた文章から読み取るというより，むしろ彼の人生全般から推測できる。なぜ休暇の記録を書き続けるのかを父に尋ねようと考えたことはない。それはいつも休暇で目にする光景の一部となっており，私にとってとりわけ特別なことではない「いつもの父」の姿でしかなかった。書き続けた理由について考え始めたのは最近のことであり，ホリデイ・ブックを譲り受けてからは特にそれが気にかかっていた。

　1937年と1938年にサウス・イングランドの「巡礼路」（ウィンチェスターとカンタベリー間）を訪れた両親の「散策の旅」のホリデイ・ブックには，記録を残

す理由が明確に記されている。以下に示すようにそれは 3 か所あり，1937 年
のホリデイ・ブックの「プロローグ」と題された部分と巻末の部分，1938 年
のプロローグの部分である。

　巡礼を描いた素晴らしい紀行は，必ずプロローグから始まる。それが必要
であるかどうかはさておき，そういった理由からこの記録にはそれが必要で
ある。ここへ来て 2 日近く歩き続けるまでは，私たちは記録をつけることを
決心できていなかった。…＜中略＞　この記録を記すのは，私たちが関心を
持ったことの証とし，そして将来，他の誰かの助けとなるかもしれないと考
えたからだ。私たちは「Ordnance Survey」[10] の地図とドナルド・マック
スウェルの「The Pilgrim's Way in Kent」に記された通りの道順で歩き続
けようと試みている。それら 2 つに記された道順が異なる場合には，後者の
ほうに従うことにした。その一方で，さまざまな理由から意図的に道を逸れ
ることもあった。（注意：曲がりくねった道や平原でかなりの時間を費やしてしまい，
距離を測定することは不可能だったことから，距離は記録していない）
　巡礼の旅を終えた。天候にも恵まれ，宿や食事など，すべて申し分なかっ
た。綺麗に舗装された道（それらの道は現代風の使われ方をしている）が多かったが，
未舗装の通路や小道が続く場所もあった。何時間もの間，人と出会わないこ
ともあり，カンタベリーに到着するまで人だかりを見ることはなかった。
　これ[11] は最も重要である。私たちは反対側からこの旅を始めており，後
半の経路を先に終え[12]，1 年後に前半の経路を歩いたのだ。昨年，J. C.
Elliston Erwood の名著「The Pilgrim's Road」を入手した。これは非常に
便利であり，特に「The Pilgrim's Way」に書かれていない道を辿る際には
なおさらである。

上記の引用部分から，それが父自身のためであれ，あるいは他の旅人のため
であれ，旅のガイダンスをつくることが，それら 2 つの休暇を（道順を示した地
図のスケッチや宿泊施設の記録を含め）詳細に記録する動機となったことは明らか

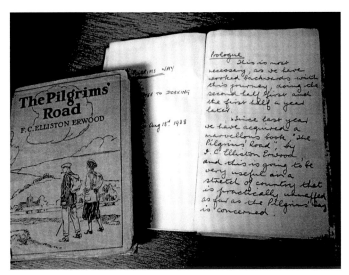

図 5.2　「巡礼路」のホリデイ・ブック（著者自身が撮影したもの）

である。父は，出版されている 2 冊のガイドブック（現在は私が保管している）について言及しており，それらはとても興味深い内容なのではあるが，父が本当にやりたかったことは，巡礼路の散策ガイドを自分自身の手で編集することだったのではないだろうか（図5.2参照）。興味深いことに，2 つの大きな戦争の間の期間は，多くの研究者から旅行記の「黄金時代」と表現されており（たとえば，Korte 2000 を参照），それによって私の父が刺激を受けたのかもしれない。父の巡礼路の記録が他の誰かにガイダンスとして使われたかどうかは不明だが，その翌年に戦争の兆候が見られるようになったことでそれらを使う機会は失われ，すっかり時代遅れのガイダンスとなってしまったことだけは確かだろう。

　そうは言っても，それら 2 冊を含め，父の記録したホリデイ・ブックが使われる機会は全くなかったわけではない。毎年クリスマスになると両親の自宅に家族や友人が集まり，その年のホリデイ・ブックを皆でまわし読みしていた。また，誰かが特定の場所を訪れる際には，その場所の見どころを調べるために，

何年も前のホリデイ・ブックを見返すこともあった。私もそのような使い方をしていたが，父自身が過去に自分が記した記録を辿ることがあったのかについては定かではない。彼の文章の中には，以前その同じ場所を訪れたことを記している箇所がいくつかある。たとえば，1992年のホリデイ・ブックに以下のような記述がある。

> 結婚55周年を記念して，私たちはウィンチェスターの知人と旧交を温めることにした。そこは，1938年に巡礼路をカンタベリーに向かって出発する前日に，一晩を過ごした町だ。（6月12日）

しかしながら，実際にはその年はカンタベリーまで歩いてはいないことを，彼はすっかり忘れてしまっていたようだ。同じ1992年の別の休暇の記録には以下のように書かれている。

> ここ[13]を以前に訪れたことがあるのは確かだと思うのだが，いつのことだったか思い出せない。（7月11日）

これら2つの記述から，ホリデイ・ブックは，下書きをしておいて後で編集し直していたのではなく（もし出版しようと考えていたならそうしていたかもしれない），いつも休暇先で書いていたという事実を物語っている。父のホリデイ・ブックが，家族や友人の枠を超えた幅広い人々に見てもらうために書かれたのではないことは明らかである。したがって，このように彼の記録を私が分析することを父が望んでいるかどうかはわからない（母は生前に，私がこのプロジェクトのために使用すること許可してくれた）。

ホリデイ・ブックを書き続けたのには，後で見返すことができるように長期にわたり保管できる記録を付けようとしただけではなく，明らかに別の意図があったと考えられる。私は，彼がその作業を「精神鍛錬のための習慣」として続けていたのではないかと考えている。だから彼は，歳を取って視覚障害と認

定された後もそれに固執し，買い物や昼食に出掛けたことや夜に自宅でカードゲームをして過ごしたことくらいしか書くことがないにもかかわらず，記録を続けたのではないだろうか。当時の父の心境を推察するための他の手掛かりとしては，彼は生涯にわたり，毎日必ず国内のニュースを読むか，あるいは聴かなければ気のすまない性格であり，「Daily Telegraph」（新聞）のクロスワードパズルを欠かすことなく必ず完成させていた（視力が弱ってからは「カギ」を読み上げてもらっていた）。彼はこの「精神鍛錬」を子や孫にも引き継がせようとしていた（私に限って言えば，失敗に終わることが多かった）。私の2人の子どもは，いつもホリデイ・ブックに旅行の出来事を記録しており，それが自分たちの祖父から受けた影響であることについても折に触れて言及している。

　それに加えて父は，ホリデイ・ブックに大きなプライドを抱いていた。プライドというのはその文学的な側面に対するものではなく，彼のアイデンティティの重要な一面をつくり出している休暇や旅行に対する長年にわたる個人的な献身の証としてのプライドである。McCabe と Foster（2006: 194）は以下のように述べている。

　　物事や出来事を語ることは人間に不可欠な本質の一部である。…＜中略＞旅行の経験は，人々の人生におけるある種の象徴的なステータスになる。人間は自分のストーリーを他人に語ることによって，行動や考え方，価値によってつくり上げられるアイデンティティの理想的な姿，すなわち「私たちがそうありたい」と考えている姿へと到達したいのだ。

また，Desforges（2000: 930）は次のように述べている。

　　来るべき休暇について思いをはせること，旅先で活動すること，旅から戻って休暇についてのストーリーを語ること，これらすべてが結び付いてその人に特有の創造力と行動力が育まれ，それによって旅行者は自分自身の独自性を受け入れることができる。

　父の旅への強い愛着や，旅を通じて確立してきたアイデンティティは，労働者階級の家庭で育ち，大人になって中間層の仕事に就くまでは旅行に行けなかった彼の生い立ちに関連があると私は確信している。結婚するまで彼は，スカウトのキャンプ旅行を除いて休暇の記録を付けていない点は興味深い。対照的に母は（新）中間層の家庭に育っており，夏の長期休暇の経験は幼い頃に始まり，大学の友人と一緒に出掛けた旅行まで続いている。その思い出話はよく母から聞かされたものである。したがって，彼女にとって自宅を離れ休暇を過ごすことはそれほど非日常的なことではなく，より気軽なものだったのだろう（実際のところ，それは彼女の人生全般において当てはまる）。これらのことから母は（子どもたちも同様だが），休暇を詳細に記録することに対して，あるいは旅を通じて自我を確立するために記録を付けることに対して，父と同じような必要性を感じていなかったと考えられる。

結　論

　本章では，私の父，ジャック・ティヴァースが残した1937年から1996年までの休暇の記録であるホリデイ・ブックの予備的分析を試みた。記録の内容を考察することによって浮かび上がる重要なテーマを提示し，それら内容を解釈して理解するためには，記録がつけられた背景を考慮に入れる必要があることを示してきた。それに加えて，このような記録を作成しようとした根底にある動機を解き明かそうと試みた。現段階では，記録の内容の多くはまだ詳細に分析できていない。ナラティブの内容やその形式（文章，画像，など）をさらに綿密に調べる余地があるのと同時に，特定の場所やそれに対する表現を異なる時代間で比較するために，ナラティブに記された特定の休暇を現代に再現してみることによって，このナラティブをさらに有効活用できるだろう。さらに言えば，このホリデイ・ブックは長期にわたり記録されていることから，たとえば，「滞在時間」，「旅で訪れた先を表す空間マッピング」，「絵葉書や風景画像」，「休暇の費用や消費支出」などの20世紀の旅行研究におけるさまざまな研究分野

の「経時的研究」に有効活用できると考える。

【注】

1）ジェニファーは一家の長女。
2）ペリー・メイスンは推理ドラマ。
3）キャンピングカーサイトのこと。
4）移動住居（キャンピングカー）のこと。
5）ベルセイ・ガーデンのことを指している。
6）クラウンは食事を提供するパブ（レストラン）。
7）シドは著者のおじ。
8）日帰りバスツアーに参加したと推測される。
9）2 平方ヤードは約 1.7 平方メートル（畳 1 枚程度の広さ）。
10）イギリスの地図作成機関。
11）プロローグのことを指している。
12）前年（1937 年）の巡礼の旅のこと。
13）ウォリントン・ハウスのことを指している。

第6章

ストーリーと（エ）モーション：
ニコラ・ブーヴィエの旅を辿る

Lénia Marques and Maria Sofia Pimentel Biscaia

旅の先行きが見通せず
目的地ははるか先だとしても
終わりなき道はない
悲観することなかれ

ハーフェズ

序　文

　本章では，スイスの旅人，ニコラ・ブーヴィエ（1929-98）の著書を取り上げて，彼の「動機」が，そしてとりわけ彼が旅の過程で経験した「こみ上げる感情（Emotions）」，「気持ち（Feelings）」，「感覚（Sensations）」，「印象（Impressions）」が，どのように芸術的に表現されているのかを解明していく。本研究の焦点の1つは，20世紀後半を代表する旅行作家の1人である彼の著書における「旅や旅行」と「感情」との「相互関係」についてである。2つ目の焦点は，なぜこの書は多くの人々を旅へと誘うだけでなく，感情に基づくフレームワークを使った芸術的な表現手法で自身の経験を表現したいと人々に思わせるのかについて考察することである。ブーヴィエの作品は，心的および物的な異質性の垣根を超え

て共有概念を再構築する。彼の文章は，近年における社会的，地理的な旅の共有概念の構築において重要性が高まっている。これに関連して，人類学においては Erik Cohen（1979）や Dean MacCannell（1976），John Urry（1990）の研究が有名だが，中でも Jean-Didier Urbain（2001）は，社会学と人類学の融合という興味深い視点を提供している。ブーヴィエの芸術的文章は，「感情」や「芸術的表現」，「社会学や文学など複数の学問の交点」の研究に新たな視点を取り入れるための議論の出発点となる。

ストーリーの冒頭

　ニコラ・ブーヴィエは1人の旅人であるばかりでなく，作家であり，写真家であり，図像学者であった。初めて遠方まで旅をしたのは彼がまだ10代の頃であり，住んでいたジュネーヴを出発して北ヨーロッパを巡る旅だった。1人で北欧のラップランドを訪れているが，彼の父から1つだけ言われていたのは「見たものについて書きとめる」ことだった。これが彼にとって出発点となった。ブーヴィエにとって手紙のやり取りをすることは，自己形成と人との関係構築において大いに役立った。手紙は捨てずにすべて保管しており，他の人にもそうするよう頼んでいた。また，書きとめた文章やスケッチ，写真も保管していた。集中力と記憶力の鍛錬によって，非常に正確で詳細に記述できるようになっていった。最もよく知られている彼の旅は，1953年に友人で画家のティエリー・ヴェルネと一緒にアフガニスタンを訪れた旅であろう。この旅は，ブーヴィエが文章，ヴェルネがイラストを担当して書き上げた「L'Usage du monde（英題：The Way of the World）」（1963）の原型となった。実際の旅では，ブーヴィエとヴェルネは首都カブールで別れてそれぞれ別の目的地へと向かっており，本のストーリーもそこで終わっている。しかし，ブーヴィエはそれからさらに3年間も旅を続けている。アフガニスタンを発った後，インド，セイロン（スリランカ），そして日本を訪れており，それから数年後には妻を連れて日本を再訪している。「The Way of the World」が出版された後，今度はセイロンでの痛々しい経験

を空想的なタッチで描いた悲話，「Le Poisson-Scorpion（英題：The Scorpion-Fish)」(1981) を書き上げた。この書が出版され世に出たのは（訪れてから 20 年後の）1981 年のことだが，その前に彼は，「Japon（英題：Japan)」(1967) を出版している。後にこの書は，「Chronique Japonaise（英題：The Japanese Chronicle)」(1975) とタイトルを変えて再版されている。ブーヴィエは旅の最中いつもカメラを持ち歩いているが，プロの写真家として勉強を始めたのは日本を訪れてからである。旅をしながら書きとめたメモと撮影した写真が，作品のストーリーを形づくり，作品に再現されている。これらの芸術的作品には，感情（Emotion）と行動（Motion）が絡み合っている。だからこそ，芸術家であり旅人である彼の作品は，「旅」，そして「行動に潜んでいる感情」に関する興味深い考察を与えてくれる。

放浪と定住のはざま

　ブーヴィエが考えたことや感じたことを描写した表現は，「旅における行動」や「人々の行動に潜む動機」を考察する興味深い新たな方法を提示する。彼は生涯にわたり，さまざまな動機やきっかけに駆り立てられ，数多くの多様な旅をしている。先述した場所に加えて，アイルランドのアラン諸島や中国，韓国なども訪れ，その場所のことを記述し，写真を撮影している。一方で故郷のジュネーヴは，彼にとって「帰る港」であり，それについて「私はいつもこの家で長い定住期間を過ごしている。すべての船には湿気のない船倉と停泊する港が必要であり，船名は船首に刻まれている」(Bouvier 2004: 1380) と書き記している。これは一時的にではあるにせよ，放浪者が定住者になっているように見える。

　動きまわること（Motion）への内なる渇望に生涯ずっと取り憑かれていたブーヴィエは，日々の生活へと感情や品々，経験を持ち帰る放浪者（遊牧民）である。Urbain (2002: 328) は旅行者について「旅行家はひとたび家に戻れば存在しなくなるのだろうか？」と述べた上で（この時点では旅行者と旅人を同じ意味に捉えてもらって差し支えない），これについて「彼がいまもまだ，あるいはおそらくいつ

も，旅行者であるばかりでなく，一時的にその場に留まっている放浪者と捉えるべきなのかもしれない」と説明している (2002: 329)。一見当たり前のようなこの主張は，放浪と定住の「空間」を言い表したときに，さらに重要な意味を持つ。Deleuze と Guattari (2004) は「定住者の空間は，壁や塀，そしてそれを取り巻く道路によって区切られている一方で，放浪者の空間には何も遮るものがなく，特性だけによってその存在が区別できるが，それは軌跡の中に消え去っていく」と述べている (Deleuze and Guattari 2004: 420)。彼らによれば，動きまわるから放浪者というわけではない。複数の側面が同時に存在するのだが，主たる定義は遮るもののない空間に存在することなのだ。放浪者（遊牧民）の空間では，領土を奪われることなど日常であり，それを取り返そうとは決してしない (Deleuze and Guattari 2004: 420)。放浪者と定住者の空間は，相互に複雑な関係性の中でそれぞれ独自に存在している (Deleuze and Guattari 2004: 524)。旅行者および旅人は，物質的にも精神的にも，影響を外へと持ち出すだけにとどまらず，それを持ち込むこともある (Urbain 2002: 330)。したがって，同じ現実のもとに異なる2つの見方を突き付けられる。それは，「剥離と充当」であり，「剥奪と分配」であり，「インプットとアウトプット」である。馴染みのある場所が見知らぬ場所になる。すなわち「よそ者」になるのだ。Urbain はこれが起こる仕組みを「服装や調理方法，写真，痕跡，イメージ，ジェスチャー，香り，そしてすべての記憶を変えることによって彼はよそ者ではなくなる。放浪者が両者の世界を融合するのだ」と説明している(Urbain 2002: 331)。旅によって，あまり馴染みのない新たな経験が可能となり，（線で区切られた）よく知る空間は再組織化および再構築され，再領土化はこのときに起こる。さらに，実態のある物体と経験は旅人の世界の一部になるだけでなく，主体自身の心理的および社会的構造に一体化される。主体の心の中だけでなく，他の文化や「他者性」に代表される要素（たとえば，客体やシンボル）にも関連して感情の連鎖が起こる (Collins 2004)。

　旅行者（旅人）と地元の人々との間での「誤解」はよくあることだが，文化の違いによる混乱はあるにせよ，この充当のプロセスは，記憶を助ける意味で，

また旅を永続させる上で根本を揺るがすような影響力を持っている。他の多くの旅人と同様にブーヴィエは収集家であるが、彼が以下のように主張している箇所もある。

　私は決して収集家というわけではないが、大切な旅にはいつも「Gris-Gris」（「お守り」のような記念品）がつきものである。…＜中略＞　人類博物館でもあるまいし、それらすべてを壁に飾るようなことはしないだろう。しかし、壁に掛けてあるものすべてに大切な思い出がある。本を書いているときの書斎の壁は、走り書きのメモや写真、書類で一杯になっている。これは知的プロジェクトの構想を描いたものだ。しかし、本を書き上げれば、それらはすべて封筒の中へと消え去り、壁は元通りのまっさらになる（Bouvier 2004: 1380）。

　このブーヴィエの記述は「旅の再体験」を意味している。しかしながら、経験の「再生」は永続するわけではなく、壁は再びまっさらな状態に戻され、新たなアイテムがまた一時的に貼り付けられるのだ。収集したアイテムは1人の男による経験の一部に過ぎないことを彼は理解しており、それをして人類博物館のように大それた扱いをしたくなかった。持ち帰った品々や書きとめたメモは、旅の経験や出会った文化、そして何より人々との交流について、何かを語りかけてくれる「声」なのだ。よって、それは単なる有形で物的な「モノ」というだけでなく、旅やその経験における精神を呼び起こす「モノ」なのである。

出会い：安堵と幻滅

　長旅の疲労はあるはずなのだが、ブーヴィエの作品は、ユーモアや風刺、そして「外」に対する鋭い観察力で溢れている。「The Way of the World」と「The Scorpion-Fish」は、いずれも日本を訪れる前までの長期にわたる旅がモチーフとなっている。前者の作品は、人間の「悲哀」や「苦悩」、「貧困」、そして「死」が頻繁に描かれているものの、全体的には陽気なトーンのストーリーと特徴付

けることができる。出会いの喜びをちょっとしたジェスチャーで表しながら，他の場所でもそうであるように，トルコでもブーヴィエとヴェルネは友人をたくさんつくっている。

　パジャマ姿で私たちを迎えてくれた彼は，大柄で温かく誠実な男だった。部屋の中には，リンゴが入ったバスケットと，炎が赤々と灯るストーブがあった。彼はドイツ語も英語も，フランス語さえも話せなかった。私たちはわずか20単語ほどのトルコ語しか使えず，この日はすっかり疲れ果てていて，身振り手振りやスケッチでコミュニケーションをとるのも面倒だったので，座ってリンゴをかじりながら互いに笑顔を浮かべていた。すると彼は，先週の狩りで仕留めた熊の毛皮を私たちに見せ，続けてキツネの毛皮も持ち出してきた。私たちが感嘆の声を上げると，彼はかすかに震える手でそれを私たちのほうに差し出し，その茶色の瞳は私たちにそれを受け取ってほしいと語っていた。私たちは丁重にお断りした（Bouvier 2007: 87-8）。

　このエピソードは，些細な体験談であるが，考察するための材料をいくつも提供してくれる。この男の外見的特徴に関する描写はそれほど多くない。注目すべきは心理的描写である。男は「温かく」迎え入れてくれ，茶色い瞳は懇願するようでもあり，何か価値のあるものを持っていってほしいという気持ちが表れていた。説明されている状況からすれば，意思疎通できる可能性はかなり低いと思われる。顔を見合わせる彼らには理解できる共通の言葉がなく，ジェスチャーやスケッチで意思疎通を試みるにはあまりにも疲れていた。しかしながら，互いの様子を観察し合い，笑顔を浮かべながら空間を共有することで，地元住民と異国人との間の良好な関係を築くことはできるようである。ブーヴィエは別の著書の中で，「笑顔ほど優れたコミュニケーション手段はない。最高のパスポートだ」と語っている（Bouvier 2004, 1358）。作家として彼は，読者の多くが奇妙に感じるであろうことについて説明するために，文化に関する情報提供を怠らない。たとえばある脚注には，「ペルシア（イラン）と同様，

トルコでは，その日の仕事を終えるとすぐにパジャマに着替える習慣がある」
と書かれている（Bouvier 2007, 87）。彼の記述は，人と人との間だけでなく，異
文化間をつなぐ架け橋となっている。彼が最も重きを置いていたのは，特に文
化や言語に関することで摩擦を起こすことなく，地元住民と良好なコミュニ
ケーションをとることだった。

　そうは言っても，すべての出会いや経験が素晴らしいものばかりであったわ
けではない。1人の旅人として彼は，悲哀と喜びが交錯する場面を，目にし，
感じ取り，そしてそれを言葉で表現してきた。ペルシアでは以下のように記述
している。

　　かたや貧困，かたや極貧という貧しい生活ではあるが，世界で最も洗練さ
　れた国であり，寛容な国でもある。すべてをはく奪された農民が，なぜこれ
　ほど全く嫌みを感じさせない正統派の詩的センスを持ち合わせているのだろ
　う（Bouvier 2007: 207）。

　彼は，悲哀や堕落，そして忍耐を目の当たりにすると同時に，詩的感覚に喜
びを見出し，複雑な心境を表している。どのような状況を目にしたとしても，
彼はそれらから精神的な豊かさや健康的な生き方を感じ取っている。だからこ
そ，「The Way of the World」は傑出した力強い作品になっているのである。
彼自身が感じたことや感情を記述するのではなく，他者のそれを観察して感じ
取ろうとしているのだ。

　彼は，作品の執筆のために写真を撮影している。アフガニスタンに旅した際，
写真は彼にとって単なる趣味であり，記憶を呼び起こすための手段の1つで
あった。また，執筆には時間がかかるため，世界をより端的に表すものとして
写真を用いていた[1]。しかし，その数か月後に日本を訪れたときには，カメラ
は彼の商売道具となった。ブーヴィエの写真は，風景や人物，日々の生活や活
動の詳細な様子に加えて，たとえば「無関心」，「好奇心」，「反抗」，「喜び」な
どの感情の表れを，人々のさまざまな表情から捉えている。彼の写真は空間と

時間を表現している。それらは，他者と自己（カメラの後ろ側にいる者）の主観が同調するまさにその瞬間に現れる。彼が残したほとんど知られていない写真と同様に，彼の文章（とりわけ「The Way of the World」に関して）は，彼が経験した異国での出会いや人々，エピソードに命を吹き込んでいる。コメントのいくつかは短く，単刀直入で正直であり，そして美しい。たとえば，「バローチーの人々はいつも私を楽しませてくれる」（Bouvier 2007: 241）という記述が見られる。

「The Way of the World」には，調和と喜びが全編を通して響きわたっている。それとは対照的に「The Scorpion-Fish」は，そこを訪れた人は善悪の感覚を失い，人格が崩壊するという「魅惑の島」を舞台に，そこで経験する苦痛や疫病，苦悩，そしてある種の幻滅が描かれている。その島では，肉体と精神が周囲の環境と同化していく。ここで出会う人々は不愛想で無関心であり，ブーヴィエの文章では「こうして私たちは互いに言いたいことも言えず，遠慮がちになっていった。…＜中略＞　だが，それでいいのだろう。…＜中略＞　ここは私がこれまで全く経験したこともないような，町の2つの鼓動が聞こえてくるねぐらなのだ。1つは人間の，そしてもう1つは虫たちの，だ」と表現されている（Bouvier 1987: 42）。外からやってきた人間が侵略者と映ったとしても，そこには相互寛容がある。寛容の精神は，いくつかの異なるカーストが混在している地域で特徴的である。そのような緊張感のある関係にあっても，彼はこの島の美点や特性を敏感に感じ取っている。結局のところ，彼がつねに探し求めていたのは後者のほうであり，すべての旅人たちにもその土地や文化，コミュニティの特性を探し求めることを期待しているのである。特有の事象で構成されるその場所の異質性こそがその独自性をつくっているのであり，それによって他の場所とは違う特別な場所になるのだ。彼は困難を見知らぬ世界への入り口として捉えており，一旦そこに入り込めば，実体験を通じて徐々に良い面と悪い面とのバランスをとっていく。すなわち，新たな出会いは世界との，言い換えれば他者と自己との間の「調和と安堵」の感覚を与えるのだが，それは同時に「幻滅」させられる要因にもなる。

動き（Motion）における境界線

　ブーヴィエの文章や写真に目を通し，Jean-Didier Urbain（2002）の「L'Idiot du Voyage」をはじめとする他の書籍を参照すると同時に，旅行研究の一般的な関心事について考えたとき，「Travel（旅）」と「Tourism（旅行）」というかねてから対立する2つの概念の違いは何かという疑問が湧いてくる。20世紀後半から21世紀初頭にかけての時代において「Traveling（旅をすること）」とは，正確には何を意味するのだろうか。ブーヴィエは，明らかに「Tourist（旅行者）」というよりも「Traveler（旅人）」に見える。しかし，Urbain（2002: 328）は，「区分が曖昧な英雄たちのような疑わしい旅人」がいることから，その区分には再考の余地があると述べている。ツーリスト（旅行者）とトラベラー（旅人）を区別する難しさについては，昨今，「ツーリズム」という言葉があらゆるところで使われるようになったことも拍車をかけている。

　興味深いことにブーヴィエは，周遊ツアーについての記述の中で，「Tourist（旅行者）」全般を「Traveler（旅人）」と同義として捉えている（Bouvier 2004）。彼の言葉の選択は，Jean-Didier Urbain が主張するように現在も続く「Tourist」という言葉が持つネガティブな意味合いで説明されるかもしれない。しかしながら，たとえ「Tourist（旅行者）」であっても一定程度の「Travel（旅）」と見なされるような行動もすることから，彼はそれらの言葉を使ったと考えることもできるだろう。

　ブーヴィエは，旅行会社のガイドとして働いていた期間があった。孤高の旅人はツアーの団体客のリーダーになったのだ（もちろん彼は友人や妻と旅に出ることもあった）。すべてがうまくいっていたものの彼は疑念を抱いていた。それについて彼は「一人ひとりが異なる性格を持ち，好みも違うが，同じ団体として行動する旅人のグループには調和が必要である。また，ツアー料金はとても高額なので，彼らは少しでも多くの場所を見たがる。もう疲労困憊だ。時間はもうほとんど残されていない」と記述している（Bouvier 2004: 1357-8）。

　上述のような旅人は，「旅行者」の1つの部類に属し，文化や遺跡，街並み
を観光し，加えて地元の人々との交流も図りたいと考えている。彼らは宿泊先
を出発してあちこちを散策し，疲れてしまうと公共交通を利用する柔軟な考え
方ができる。支払った額に見合うだけの価値を求めるだけでなく，旅人が時間
をかけて追い求めるようなものすらも短時間で手に入れようとするなど，欲求
は止まるところを知らない。それでも彼は，周囲を観察して感じ取らせること
だけに集中しており，「何かを観察しているときに私はあまりコメントしない
ようにしている。なぜなら，それを書き留めてしまいこむのではなく，自分の
目や耳，鼻でしっかりと受け止めなければならないと私は信じているからだ」
と記している (Bouvier 2004: 1359)。これこそが旅人の哲学，いや旅人ニコラ・ブー
ヴィエの哲学だ。1人の旅人として，または探検家，あるいは旅行者として，
遠く離れた地であろうと自宅のすぐ近所であろうと，あらゆる感覚を使って理
解するために観察して感じ取ることに集中すべきである。書き留めるのは後で
しかるべきときにすればよい。トラベラー（旅人）とツーリスト（旅行者）の概
念は定義するのが難しく，特に現代のようなツーリズムにおける経験が急速に
変化する時代においてはなおさらである。この2つの概念に大きな違いがある
のだとしたら，それは姿勢と時間の違いにおいてだろう。旅に対する姿勢の違
いについては上述したが，時間に関する違いについては次節で検討する。

クリスマスツリー：融合と無形性

　「homo viator（フランス語の「旅人」）」と「homo touristicus（フランス語の「旅
行者」）」との間のおもな違いは，突き詰めていくと「時間」になる。旅人には，
あらかじめ決められた帰る日があるわけではない。対照的に「Tourism（旅行）」
の概念は，World Tourism Organization (UNWTO) によれば，「休暇やビジネ
スなどの目的で，継続して1年を超えない範囲で，普段生活している環境とは
違う場所に行って滞在するような人々の活動を含むが，訪れた地において報酬
を得る活動の行使に関連しない目的だけに限られる」とされている (UNWTO

2001: 13)。ブーヴィエの場合，旅が長引くほど資金繰りが厳しくなっていった（それを補うために，フランス語を教えたり，講演したり，新聞のコラムを執筆したり，写真家として活動したりもしていた）。現代の旅人はと言えば，秘境を探すために危険を顧みず，（砂漠やジャングルなど）さらに奥へ奥へと進んでいかなければならない。しかし，彼の目的はそれとは異なり，すでに誰かが足を踏み入れた場所を自分自身の五感で経験することであった。彼にとって文章を書くことや写真を撮影することは，緊張をほぐす手段であったと同時に，忘却を防ぎ，記憶に留めておくための手段でもあった。彼は当てもなく放浪していたわけではなく，極めて正確な地図を持っていた。アジアへの旅は，ティエリー・ヴェルネの協力を得て計画された。彼らには資金的余裕はなかったが，時間的余裕は十分にあったため，できるだけ長く滞在しようとしていた。彼らの乗っていた車，「Fiat Topolino」も滞在期間を左右する一因となっており，たとえば，車で移動するには春まで待たなければならなくなり，彼らはタブリーズで一冬を過ごしている。セイロン島での滞在期間が7か月（「The Scorpion-Fish」の中では9か月と記述されている）に及んだ理由の1つは，島を離れるのに十分なだけの精神的および肉体的な強さを回復できるまで待たなければならなかったからだ。そこから日本へと向かった彼は，生涯にわたり心を刺激し続けることになる新たな文化と出会うことになる。

　滞在時間の長さによって空間の見え方は変わってくることから，時間に対する旅人の考え方はそれに大きな影響を持つ。時間が多ければ多いほど新たな経験にそれを割り当てることができる。まだ訪れていない場所を探訪したり，多様な文化に触れる機会をより多く得ることができたり，あるいは未知の経験や，さまざまな感動や記憶，人々との新たな出会いの機会があるかもしれない。人々や文化との新たな出会いにおいては，「他者性（otherness）」と対峙することが予見される。そのため，それらの出会いの際には，疑心や対立，差別などの感情的な反応が引き起こされることがある。培われてきたアイデンティティは，その価値観と相反する「よそ者」と対立することになる。そして，自分たちの価値観を守ることが最優先され，交流するより先に，目の前で起きていること

を理解しようとする。そうしたことを経て，ようやく本当の意味での交流が始められるのであり，旅人が空間や文化に触れられるようになるのである。こういった観点で，ブーヴィエの作品は旅行記の歴史において傑出していると言えるだろう。彼の文章や写真の魅力は，感情を強調して彼なりの視点を表現するその手法にある。このような強い感情の表現は，彼の代表的な作品の1つである「旅のテーマがなくなっていくことを憂いた詩」と矛盾するように思えるかもしれない (Hambursin 1997, Ridon 2002)。しかしながら，そこにも彼なりの繊細なバランスが保たれている。外の世界と融合するだけにとどまらず，ブーヴィエは，もっと人の日常に焦点を当てようとしていた。旅先で出会う人々だけでなく，人間そのものを理解しようとしていたのである。ブーヴィエの作品は，人間の特性を描いているのだ。

　「旅人（traveler）」と，「無数の小旅人（innumerable little traveler）」，すなわち「旅行者（tourist）」との違いは，旅につぎ込む時間の差で説明できるのかもしれないが (Urbain 2002: 27)，もしかするとそれは，新たな経験を求める上での二者の姿勢の違いと言えるのかもしれない。ブーヴィエ流の表現では，「異国情緒や武勇伝でクリスマスツリーのように自分を飾り立てるために旅に出るわけではなく，自分を痛めつけ，洗い流し，そして悩ませる旅の厳しい道のりによって，売春宿で石鹸のかけらと一緒に手渡されるすり切れたタオルのようになるために旅に出るのだ」となる (Bouvier 1987: 38)。よって旅は，一連の経験をするための1つの手段というよりも，自分を清めるための行動なのだ。ブーヴィエはクリスマスツリーのような経験には全く関心を持たず，彼にとって旅の経験は，より謙虚で無欲な人間になるための手段であったと言える。それを実現するプロセスには，次の記述のように，ある種の「超越」が必要だったようである。

　　水のように世界は人の横を流れ，人はしばらくの間その色をまとう。やがてそれも色褪せ，自分の心の中に抱えている空虚と正面から向き合うことになる。これからその付き合い方と対処法を学んでいかなければならない。魂

の未熟さと対峙することは，皮肉なことに最も確かな推進力となる。

(Bouvier 2007: 317)

　旅によって自分を清めることができる。そして旅はすべてを可能にする。重要なのは結果ではなくプロセスであり，それこそが「旅」そのものなのだ。「旅は本来の目的を超越する。それはすぐに明らかになる。自分が旅を創造していると考えているだろうが，やがて旅が自分を創造している，あるいは変化させていることに気付く」とブーヴィエは記している（Bouvier 2007: 13）。

　しかしながら，先述したような違いがあるにもかかわらず，旅人（traveler）と旅行者（tourist）の間の境界は曖昧である。実際のところ，「今日の旅行者は，空間と人間を探求する活動に，より積極的に取り組むようになっている。インターナショナル・ツーリズム，カルチュラル・ツーリズム，エスニック・ツーリズム，あるいは“牧場で過ごす休暇”のような参加型ツーリズムの近年の発展がそれを象徴している」と言われている（Urbain 2002: 35）。アグリ・ツーリズム，エコ・ツーリズム，そしてカルチュラル・ツーリズムは，これまでばらばらだった分野をつなぎ合わせたという点で，進化した証拠と言えるだろう。カルチュラル・ツーリズムを楽しむ旅行者は，遺跡や絶景を訪れたり，その土地の文化に触れてそれを理解しようとしたり，あるいは現地の人々と交流したり，地元料理を味わったり，それを1人で旅することもできれば，友人たちと数人のグループで旅の経験を共有することもできる。このようなタイプの旅行者は，それが地元民の「本来の生活の姿」なのか，あるいは観光客の期待に応えるために「準備されたもの」なのかをすぐに見分けることができる。しかし後者の場合には，面白い現象が起こることがある。観光客のために何度も繰り返している行動が，その地域の人々の日々の生活に自然と組み込まれてしまうことがあるのだ。本物を演じていたはずが，それ自体が習慣化されてしまうのである。この場合，本物という概念は，その変化が地域住民の結束を示すためにおきたのか，あるいは経済的な理由からやむを得ず起きたのかを再評価し，再構築するプロセスによって左右される。境界という観点では，別の側面につ

いても考えなければならない。西洋の文化と考え方では，「旅人（traveler）」は，ある場所へと最初に足を踏み入れた人か，あるいは誰もできなかった特定の形態の旅を成し遂げた人が頭に浮かぶ。そうであるからこそ，その人が唯一無二なのであり，あるいは少なくとも他の旅人たちよりも先んじた先駆者なのである。ブーヴィエの旅の経験は，それとはかなり異なる次元にあり，それだけにこの考え方に疑問を投げかける。アジアに初めて足を踏み入れたのはニコラ・ブーヴィエではないことは明らかである。実際のところ，彼は多くの先人たちによる旅の記録から刺激を受けたのである。

　彼の作品に描かれている旅の形態は実に幅広く，一人旅もあれば，友人あるいは妻が同行した旅もあり，あるいは先述のようにグループで旅することもあった。また，彼は世界各地のさまざまな大学で講演しているが，その際にも地域を探索する時間を必ず確保しており，これも旅の1つの形態と考えていた。彼は本を執筆し，ラジオのトーク番組に出演し，展示会で講演し，ドキュメンタリー作品の題材にも取り上げられていた（Le Hibou et la baleine, 1993）。ドキュメンタリー作品やトリビュート作品は，他にも「Nicolas Bouvier, le vent des mots」（1999 [2008]），「Nicolas Bouvier − 22 Hospital Street」（2005），「Nomad's Land: Sur les traces de Nicolas Bouvier」（2008），「Usure du monde: Hommage à Nicolas Bouvier」（2008）がある。最後の作品の冒頭には，未亡人となったニコラ・ブーヴィエの妻，エリアーヌ・ブーヴィエが出演しており，フレデリック・ルクル（作品の監督）のことを「ニコラの子どもたち」の1人だと話している。ある意味では，ニコラ・ブーヴィエの作品から刺激を受けたすべての人々が彼の子どもたちであるとも言える。ニコラ・ブーヴィエの文章や写真，あるいは彼の生き方を描いたドキュメンタリー作品に刺激された多くの旅人たちが世界にはどれほどいるのかと想像するだけでも興味深い。それならば，ドキュメンタリーあるいは本を通じて自分の旅を語っている旅人たちもやはり同様に，ある意味でブーヴィエから刺激を受けた人々と捉えるべきなのだろうか。さらに掘り下げた疑問を提示するなら，ブーヴィエの背中を追いかけていたルクルの後を追っていた人々はその範疇に含まれるだろうか。もっと言

えば，そのブーヴィエ自身も，彼が長い旅に出る前にいろいろな旅の経験を教えてくれたエラ・マイヤールの背中を追っていたと言える。おそらく，「背中を追う (follow)」という言葉は最適とは言えず，「刺激を受ける」，あるいは「足跡を辿る」のほうが適当かもしれない。それら「フォロワー」を旅行者と捉えるべきかを考えてみるのも面白い。ひとまずは，リテラリー・ツーリズム，あるいはフィルム・ツーリズムを追求する旅行者というところだろうか。そうは言っても，彼らが旅人であることを疑う余地はない。本や写真，ドキュメンタリー，フィクション映画のような，他の人々へと刺激を与えるものはすべて単なる物質的なモノであるだけなく，その文化へと，すなわちこの場合には旅の無形の文化へと組み込まれるのだ。

結　論

　1人の観察者そして人類学者として，Jean-Didier Urbain (2002) は，「ツーリズム」によってもたらされた変化について述べている。彼自身は，旅人と旅行者の違いについて明確に意見を述べていない。しかし，この姿勢には危険がはらんでおり，ツーリズムが興隆することによって，文化的および経済的な損失が生じる危険性を見過ごしてしまう可能性がある。Urbain (2002: 65) は，「ツーリズムの文化的側面の過小評価は，それが心の奥深くに根差しているものゆえに，その後の経済的側面の過小評価につながってしまっているのだろうか？」と問いかけている。観光地はツーリズムの恩恵を受けており，それは必ずしも経済的な観点だけではない。しかし，その地域を特徴付けるような大切な何かが，ツーリズムによって損なわれているのだとしたら，もっと優れた解決策を探す必要があるだろう。ツーリズムが「建設的」と「破壊的」の両面の顔を持ち合わせていることは良く知られている。私たちは，ブーヴィエの旅に対する姿勢に目を向けて，たとえ異国からやってきた「アウトサイダー」であったとしても，異文化間の架け橋となり，互いに学び合うことができることに気付くべきだろう。

　気軽な旅行者であれ偉大な旅人であれ，日常を離れ旅立つときには「動き

（モーション）」が必要である。彼らは「感情（エモーション）」や真理を求め，空間と「異質性」に真っ向から対峙する。「旅行者は旅人のまがい物である」という考え方は，変化によって引き裂かれた神話と理解するべきだろう。この変化を理解するためのさらなる研究が必要であり，旅行者と旅人の両者に対する新たな定義を検討するべきである。旅行と文化との間の関係性を今後さらに検証していくことによって，異文化交流における旅行者の役割の重要性が浮き彫りになるはずである。旅行者はこれまで以上に，「他者」に対して敬意を持って接し，異文化に関心を持つ必要がある。旅行者には文化の橋渡し役として，現地の人々と交流して心を通わせるという，果たさなければならない重要な役割があり，同時にその地域や文化の特性を守るための努力をする必要がある。この微妙なバランスは，「ツーリズムの持続可能な発展」という言葉で言い表されている。旅行がより身近になった現代に浮かび上がってきた課題は，政府や企業，公共施設，そして研究者が，ツーリズムの持続可能な発展に貢献していく必要があるということだ。旅行者として学ぶべきことはあるだろうが，すべての旅行者は自分の居場所を見つけることができるはずである。異文化交流と向き合う姿勢や行動の変化は，旅人であり作家であったニコラ・ブーヴィエの真の功績と言えるだろう。

謝　辞

　この研究にあたっては，「Fundação para a Ciência e a Tecnologia」，「Ⅲ Quadro Comunitário de Apoio」，「Centre of Studies on Migration and Intercultural Relations」から研究資金の提供を受けた。この論文の草案の段階でアドバイスを頂いた Tim Wallis 氏に感謝したい。

【注】
1）日本を訪れる前までに撮影された写真は長く公開されていなかったが，その後「L'Oeil du voyageur」というタイトルで出版されている。（Bouvier 2001）

第7章

20世紀のオペラに見る旅行の表現

David Botterill

序　文

オペラは最も完成された芸術の形と言われている。三次元的に視覚や聴覚に訴えかける効果を演出するために，創造力に富む監督が指揮した舞台の演技に，感情を揺さぶるような音楽が流れ，照明技術や衣装デザイン，舞台装置が駆使されているからだ。舞台袖では音楽家が生演奏し，オーケストラの楽団と同程度の規模になることも珍しくない。オーケストラの伴奏を凌ぐほどの声量を持つオペラ歌手の歌声の臨場感は，登場人物の特徴を際立たせ，台本（リブレット）や筋書き，演出と一体になりナラティブを形づくっている。ヴェリズモ・オペラの悪役の登場や，あるいはベルカント・オペラでソプラノ歌手が演じるヒロインの悲しげな叫びとともに奏でられる背筋も凍るような効果音は，観客の心へと直接的に語りかける。オペラのナラティブ（ストーリー描写）は，台本と演出，そして演技のコンビネーションによって形成され，視覚と聴覚に襲いかかってくるような感覚で，観客はそれを「経験」することになる。

それゆえに，単に「記述」することだけで，オペラのナラティブを語ることは，多少なりともそれを軽視することになるのではないかと懸念している。とは言うものの，これは20世紀のオペラにおける旅行の表現事例を十分に読者

へと提供する上で直面する数多くの困難な課題の 1 つに過ぎない。芸術表現を
正当に評価するためには，本研究で取り上げる 38 作品を少なくとも一度は鑑
賞する必要があるだろう。演出の仕方や出演者の違いによって多様なバリエー
ションがあるため，一度の鑑賞だけでは不十分であることも否定できない。オ
ペラの演出にかかる莫大な費用を考えれば，あらゆるレパートリーのオペラ公
演が世界中でいつでも鑑賞できるわけではなく，すべてのオペラを劇場で鑑賞
することは絶対に不可能ではないにせよ，現実的ではない。このような理由か
ら，ここで取り上げるオペラ作品の中には一度だけしか興行されていないもの
も多く，また，数作品は全編を通して鑑賞できたわけではない。よって，オペ
ラの熱心なファンでさえも，録音された音源やプロが撮影した高画質映像に頼
らざるを得ない。劇場鑑賞体験の代替策であるそれらが，このオペラ研究のプ
ロジェクトにおいても重要なデータとなる。オペラのナラティブを深く読み込
んでいくためには，ナラティブの要素やテーマが浮かび上がってくるまで何度
も繰り返し視聴する必要があることがわかった。

　オペラ作品には，演出や舞台での演技における創造的なプロセスに大勢の多
才な人々が関わり，コラボレーションしている。他の舞台芸術作品と同様に，
オペラ作品の評価を決める基準の 1 つは，観客と対話できているかどうかで測
られる。オペラには，時代を超えて観客とつながり合い，人々の経験と共鳴し
合う場面も必要である。たとえば，Dove（1998）の「Flight」は，空港ターミ
ナルでの出来事をコミカルに描いた喜劇で，21 世紀の観客に馴染みのある空
間を設定することで，役者が演じる旅人や機内スタッフ，空港スタッフの特徴
を解釈するときに，観客自身の空港での経験を投影できるようにしている。し
かしそれだけでは不十分である。それぞれの登場人物の背景となるストーリー
が浮かび上がってくるにつれ，オペラの語りかける力が観客に伝わっていく。
「人間の弱さに打ち勝とうと必死にもがく登場人物の姿」や「運・不運に左右
される人生」，「権力者の強大な力」，そして「人の懸命な努力に，ときに味方
して，ときに牙をむく自然の力」に観客は次第に引き込まれていく。他の多く
の芸術作品と同様に，観客や視聴者は，目の前で繰り広げられる「笑ってしま

うような愚かな行動」や「涙がこぼれるほどの悲しい場面」,「愛」や「憎しみ」,そして「心洗われるような毅然と立ち向かう姿」など,登場人物の経験を自分の人生に重ね合わせる。本章では,次の3つの疑問について検証してみたい。1つ目は,創造力に富んだオペラ作品が旅行（研究）にどのような関連性を持つのかを検証する。2つ目に,その身近さから観客との接点となり,「20世紀という時代」と「いつの世も変わらぬ人間性」を映し出している「旅行」に何を見出しているのかという疑問である。3つ目は,芸術家や識者たちがつくり上げる創造力に富んだ作品が,旅行研究における共通認識にどのような点で賛同し,あるいは異議を唱えているのかを検証する。

オペラ・プロジェクトについて

本プロジェクトは,Holden (2001) の 1038 ページからなるガイドに掲載された 20 世紀のオペラ作品の中から「旅行」を題材とする代表的な作品を,1ページ目から順に目を通して探すことからスタートした。このガイドは,作者（作曲家）の姓をアルファベット順に並べて作品を紹介しており,私自身,あまり大きな期待をせずに探し始めた。しかし驚くべきことに,4ページ目にして私が人生で初めて見たオペラ作品と出会ったのである。その作品とは Adams (1991) の「The Death of Klinghoffer」で,1985 年の地中海で起きたクルーズ船「アキレ・ラウロ号」がパレスチナ人テロリストによってハイジャックされ,身体障がい者のユダヤ系アメリカ人乗客のレオン・クリンフォファーが殺害された事件をベースにつくられた作品である。私は Holden のガイドの探索を一旦中断し,この記念すべき作品に数か月間浸っていた。始めに CD で音だけを楽しみ,続いてペニー・ウールコックの「Channel 4 Productions」が製作した DVD で高品質の映像と音を通して体感し,作品のナラティブが持つパワーに圧倒されてしまった。オペラ作品の宗教的,歴史的な背景を調べていくうちに,1991 年のニューヨークとサンフランシスコでの公演後にアメリカ各地で起きた抗議行動が議論を呼んだことを知り,大変に驚いた (Fink 2005)。New

York Times 紙があまりに厳しい批評を掲載したため，Adams 自身もアメリカ出入国時に CIA の尋問を受けるようになった。2004 年のヘルシンキ，2005年のオークランドとエディンバラでの公演は成功を収めたものの，アメリカ国内での公演は 2009 年に彼自身が演出を手掛けジュリアード・オペラ・センターで開催されるまで 18 年もの間，一度もおこなわれることはなかった。私の個人的な事情でそれらの公演を鑑賞することは叶わなかったが，私にとってオペラはすでに著名な芸術作品以上の存在になっていた。また，中東の武力衝突を伝えるニュースにそれまで以上に関心を持つようになり，オランダでおこなわれた会合でパレスチナ代表団との対話の機会があることに大きな期待を寄せ，友人との会話ではユダヤ人の信仰についての話題が新たに加わった。次第にこのオペラ・プロジェクトが旅行研究に寄与するイメージが湧いてきた。少なくとも私にとって Adams のオペラ作品は，後に頻発したニューヨークやマドリード，ロンドンでの観光施設を標的としたテロ事件を筆頭に，私の研究を 20 世紀の出来事につなぎ合わせてくれたことは確かである。

　Holden のガイドの検索を再開した私は，研究対象となるその他の数作品と巡り合った。とりわけ，Mann 原作の小説を Piper が脚本化した Britten (1973)の「Death in Venice」や，幸運にも 2008 年 9 月に鑑賞することができた，ピーコック・シアターで上演された Dove の「Flight」は特筆すべき作品である。Holden のガイドブックの A，B，D の項目にリストアップされていたこれら3 作品は，本プロジェクトの主要な題材で，いまもなお私にインスピレーションを与え続けてくれる作品である。私は音楽に精通しているわけではないが，作品を視聴する際にオーケストラの楽譜を入手したこともあった。また，台本を詳細に検証するのはもちろんのこと，作品に対する批評に目を通し，開催される公演の最新情報を検索するのと同時に，私自身のもう 1 つの批判的実存論者としての論評も書き進めた (Botterill 2008, 2011)。3 年に及んだ Holden のガイドに基づく検証を終え，本章ではその研究成果の一端を紹介したい。取り上げている作品についての情報は，38 作品の作曲家をアルファベット順に並べ，台本作家の名前とともに章末に示した。ただし，本章におけるオペラ作品のナ

ラティブ分析は，実際に劇場で鑑賞したとは限らず，音源のみしか入手できな
かった作品もあり，二次的資料に基づくものであることを明記しておく必要が
あるだろう。

オペラと旅行の関連性：旅行の存在論に対する現実主義的アプローチ

「旅行（Tourism）」という言葉を絶対主義や原理主義の立場で使うとしたら，
ここで扱う20世紀のオペラ38作品は，いずれも旅行を主題としているとは言
えないと考えるべきだろう。しかしながら，反証の余地を残しながらも付随的
な意味合いで考えたときに，オペラ作品は，私たちの旅行への関心に良かれ悪
かれ影響を与えるものとして受け入れるのが道理であろう。旅行とはたくさん
の要素の集合体として存在し，特定の存在論的集合体および秩序の上に成り
立っている。クリティカル・リアリズム（批判的実存論）においては，それが私
たちの思考の中に独立して存在しているもの，すなわち「不動的次元」で話を
する。それは，蓄積された旅行経験の中に，そして現象の理解の中に独立して
存在している自然的，物質的，社会的，人間的要素という特定の整理である。
それと対照的に，旅行の表現（概念，分類，使用言語）は，クリティカル・リア
リズムで言うところの「可動的次元」に属する。オペラにおける言語（ランゲー
ジ）は，単に言葉だけを意味するのではなく，視覚的な感情表現（ボディランゲー
ジ），そして音楽や歌がそこに含まれる。したがって，クリティカル・リアリ
ズムの立場から見たオペラのナラティブは，旅行の可動的表現であると言え，
それは，たとえば旅行研究における科学的表現や著名な旅行記における常識的
表現のような他の表現を裏付けることもあれば，対立・対象化させる場合もあ
る。

　可動的次元で考えたときに，旅行の表現としてのオペラのナラティブは，旅
行において繰り広げられる行動と定義される。私が選んだ38作品はいずれも
不朽の名作ばかりであり，オペラのナラティブの中に旅行の要素が直接的に埋

め込まれている。たとえば多くの作品の「状況設定」に物質的な要素が使われており，旅行者が過ごす象徴的な空間における葛藤や反体制的な社会秩序が描かれている。客船を舞台にしたものは 9 作品，ホテルが 5 作品，空港や飛行機内が 4 作品，ビーチや海浜リゾートを中心に物語が展開するものが 7 作品ある。移動空間を舞台とする作品では人生の移ろいやすさが描写され，列車内を舞台とするものが 2 作品，自動車内が 1 作品，そして先述したように客船や飛行機内の設定が含まれる。他には，山を象徴的に描いているものが 1 作品，絵葉書を暗喩的に使っているものが 1 作品，温泉地の快楽主義を描いたものが 2 作品ある。これらは，観客にとって馴染みのある空間でありながらも，経験したことのない予期せぬストーリー展開や登場人物の心理変化，そしてもちろん音楽によって観客は魅了され，喜びと恐怖が交錯し，想像力を掻き立てられる。

　ここで提示するオペラ作品のナラティブ分析には，旅行の存在論において対立する 2 つの表現が関連していることから，旅行研究の規範を肯定し，否定することになる。その 1 つが「ドミナント・ナラティブ」であり，他方は旅行研究の存在論的主張に対抗する「カウンター・ナラティブ」と言い表し得るものである。この枠組みに合致しないナラティブが 1 つあるが，それについては後述する。この分析は，オペラ作曲家や台本作家，原作者を含む 20 世紀の識者が支持する旅行研究の時流に，正面から取り組むものである。加えて，これまで旅行研究で見過ごされてきた，あるいは意図的に無視されてきたカウンター・ナラティブを，それらの識者たちがどのように形成するのかに関心を持っている。私はカウンター・ナラティブを現代の旅行研究の存在論的主張における実用的妥当性への挑戦と考えており，オペラ作品における旅行表現の分析が旅行研究の潮流にどのような問題を提起できるのか確かめたいと考えている。私は旅行の存在論がどのようにして秩序を持ち，あるいは持たなくなるのかに関心を持っている。別の言い方をすれば，旅行の存在論に関してどちらの表現のほうが，「永続性」や「対象の持つ力」，「旅行に作用するメカニズム」といった旅行の不動的な存在論をうまく説明できるのか（クリティカル・リアリズムの立場から言えば「実用的な観点でより適切なのはどちらなのか」）に興味を持っている。リ

表7.1　ドミナント・ナラティブ

探検	放浪	豪華絢爛／壮観
The Voyage	The man who Strides the Wind	Hotel Eden
Marco Polo	Outis [Nobody]	Show Boat
Atlas	Ein Transpiel [A Dream Play]	Im Weissen Rössl [At the White Horse Inn]
Volo di Notte [Night Flight]	Il Viaggio [The Journey]	Jackie O
	Dead Souls	La Station Thermale [The Spa]

アリズムの観点から言えば，存在論における「旅行とは何か」という問いに対するいくつかの可動的な説明の中で合理的判断を模索している。

38のオペラ作品における旅行のナラティブ

　38のオペラ作品の多くは，作曲家が台本作家（リブレット作者）やときに原作者と協力して作品をつくり上げているが，9作品においては作曲家が台本も（単独で，もしくは協力して）手掛けている。台本の制作は，ForsterやGogol，Herbert，Mann，Maupassant，Moravia，Saint-Exupéry，Strindbergといった才能あふれる作家の原作に基づき構成されることもあれば，聖書の言葉や古代ギリシアや古代ローマの文章が引用されることもあり，いくつかの作品では最近起きた出来事を題材にしている。38作品の文章のスタイルは幅広く，不条理主義的なものもあれば，寓話的，ロマン主義的，風刺的，社会主義リアリズム，シュルレアリスム（超現実主義）などが含まれる。本章で提示するオペラ作品のナラティブ分析は，旅行研究における「ドミナント・ナラティブ」と呼べる作品の分析から始めてみたい。表7.1に示したように，「探検」，「放浪」，「豪華絢爛／壮観」がテーマになっている。

探　検

「探検」というアイデアは，旅行者の行動や観光開発に関連する多くの概念や理論に広く使われている（たとえば，Cohen 1979 や Butler 1980 を参照）。探検家であるコロンブス（Glass 1991）やマルコ・ポーロ（Tal 1966），アレクサンドラ・デイビット・ニール（Monk 1988）の人生を描いた 20 世紀のオペラ 3 作品がまず挙げられるだろう。加えて，de Saint-Exupéry（サン＝テグジュペリ）に続きDallapicco が制作した「Volo di Notte（Night Flight）」は，南アメリカへの郵便サービスを手掛ける夜間飛行の飛行家たちの偉業を描いている。

　新たな大陸を発見して富を得た英雄は，いわゆるインディペンデント・ツーリズムにおける理想像の大いなる幻影と言えるだろうが，Glass の「The Voyage」の台本作家であった Hwang が作品の中で描写しているように，探検が世の中に溢れることによって，文化間の衝突や混乱は避けられない。コロンブスのアメリカ大陸発見 500 年を記念する作品の台本を託された彼は，この作品を単に地理学上の英雄として描くだけでなく，「航海」における探検を前面に描き出している。この作品は 3 部構成になっており，第 1 幕では有史以前の地球に宇宙船が軟着陸する。第 2 幕ではアメリカを目指す長旅の途中，疲れ切ったコロンブスがイサベルとの関係について詳しく語る。第 3 幕では地球上の双子の男女（この作品には宇宙ステーションの双子も登場する）が，第 1 幕で登場した宇宙船に残された水晶を発見し，その水晶から新たな惑星の存在が確認されると，その惑星を探す新たな旅が始まる。この作品のエンディングには，死の床につくコロンブスの前にイサベルの亡霊が現れるエピローグが添えられている。彼女はコロンブスの発見を利己的な理由で利用したことを後悔していない。彼は彼女の申し出を断り，星に引き寄せられるように体が浮かび上がり，宇宙へと向かう。コロンブスの個人的な生活と公共的な偉業との相互関係は，時間経過を混乱させるよう意図してつくられた筋書きも手伝って，観客にストーリーとの接点を感じさせる。第 1 幕と 3 幕の相互作用は，15 世紀の物語

であることを忘れさせ、まるでいま起きているかのように錯覚させる効果を持っている。エピローグでのコロンブスとイサベルとのやり取りは、「発見と搾取は厳密にどのように関連するのか？」という現代にも通用する疑問を観客に投げかける。学界が旅行産業に傾倒し、新たな観光地発見の競争にのめりこみ、観光地を商品として捉えて、最大の利益を生み出す企業をつくり出そうと考えるようになるにつれ、この疑問は現代の旅行研究においても無視されるケースが目立つようになった。

　マルコ・ポーロを題材にした作品は、13世紀の著名な探検家の旅は、地理的、精神的、音楽的な意味合いでの旅の概念に対する暗喩的表現として用いられている。コロンブスの私的な人間関係を扱ったGlass（1991）により扉が開かれた内的な世界は、Tal（1966）がさらに深く追及しており、彼の作品の中でマルコ・ポーロは2つの別人格として描かれている。1人は活動的な「マルコ」であり、もう1人は内なる記憶の世界を旅する「ポーロ」である。Tal（2001）のオペラ作品のナラティブにおける探検は、単なる地球物理学的な概念を明らかに超越している。Monk（1988）は、彼女のオペラ作品「Atlas」の中で、フランスの探検家アレクサンドラ・デイビット・ニールの真実のストーリーを表現している。この作品も3部構成で、13歳、23歳、60歳と、探検家である主人公の年齢を時系列で描写している。全体を通してのテーマは、肉体的および精神的な意味での通過儀礼としておこなわれる「探究」である。第2幕では作曲家である彼女自らが23歳の探検家を演じ、自分探しの旅である「Night Travels」の仲間を選択する。このように、自己と他者の構築における旅の回顧の重要性を認識するシーンを通じて、探検家のナラティブはアクションを超越していく。

放　浪

　放浪する人物が登場する作品は5つある。Chatwinの影響を受けたオペラ作品であるVolans（1993）の「The man who Strides the Wind」は、フランスの象徴主義の詩人、アルチュール・ランボーの人生を描いている。第2幕と3幕

では，エチオピアの荒野をさまよい歩く彼の姿が詳細に描写される。ランボーの姿と現代の旅行の流行とを直接的につなぎ合わせて考えることは困難だが，放浪するその姿は旅行者の行動研究における 1 つの典型として用いることができると考えられる。Berio と del Corno (1996) によれば，放浪者の観念の原型は古代ギリシア神話にまで遡るという。また，「Outis (Nobody)」はホームレスの放浪者だったとされるオデュッセウスの神話に基づいてつくられた。行動周期の「数」にまつわる神話では，穏やかな航海であっても 5 周目には嵐に巻き込まれて沈没の危機に瀕するとされている。

　Reimann (1965) の「Ein Transpiel (A Dream Play)」ではヒンドゥーの神，インドラの娘アニエスが，人間の苦悩の理由を探るために地球へと送られる。旅の途中で彼女は，神秘的な海浜リゾートと美しい入り江からなる「羞恥の海岸 (Beach of Shame)」に辿り着き，彼女の本来の目的である出会った人々を慰めるという行動に出る。旅に暗に込められた癒しの力による生気回復の効果は，西洋における休暇の概念に深く根付いてきた。「ホリデイ・エスケープ」（休暇に出かけること）という言葉は，とりわけ「苦悩から逃れる」という意味で使われるわけではないが，美しいビーチとリゾートからなる夢のような楽園にいる「自分ではない他者」へと逃避行（エスケープ）することならば誰もが一度は夢見たかもしれない。海への憧れは，Vacchi (1998) の「Il Viaggio (The Journey)」の中でも探求されている。結婚式の当日にリコは，妻になるザイラを海に連れて行くと約束する。歳月を重ねようやく彼らは徒歩で旅に出る。旅の途中で見た光景が眠っていた記憶を呼び覚ます。ついに 2 人はビーチに到着するが，霧に覆われ 2 人は離ればなれになってしまう。目には見えない海の音が響く中，ようやく 2 人が再び互いの姿を目にしたとき，2 人は抱き合ったままだった。

　ときに称賛を受けることもあるとは言え，放浪者という言葉に付きまとうどこか邪悪なイメージとよそ者というレッテルは，その参加者に新たなステータス，おそらく新たな形態の文化資本を提供するという点で，現代の商品化された旅行と似たところがある。現代の旅行における放浪者は，主流とされる人生のレールを外れ，「ギャップ・イヤー」（休学して学外経験を積むこと）や，「キャ

リア・ブレイク」（休職して他の活動をすること），「大人への通過儀礼として世界中を働きながら巡る旅」，「自由気ままに旅することによって得られるもう1つのライフスタイル」，「一時的移住あるいは長期滞在の休暇」などにいそしみ，まるでヨットにでも揺られているように当てもなくさまよう。Schedrin（1977）の「Dead Souls」では，蓄積された文化資本がどこか邪悪な形で描かれている。Gogol（1842）の未完の同名小説を基につくられたこの作品で描かれている放浪者は，旅人のチチコフである。チチコフはロシア中を旅して，死去してなお地主の名簿に残っている（すなわち生きていることになっている）農奴の「死せる魂」（名義）を集めてまわった。彼の動機はうかがい知れないが，こうして彼は架空の富を手にする。「Dead Souls」に描かれた放浪者のイメージは，一部の放浪する旅行者の露骨な消費行動と気味が悪いほどよく似ている。

豪華絢爛と壮観

　38作品のうちの7作品は，壮観できらびやかな旅行のイメージを表現している。そのうちの4作品は，幻想的な旅への欲求がナラティブの中心に据えられた「ミュージカル仕立て」になっている。タイトルに2つの単語を暗喩的に並べている Mollicone（1989）の「Hotel Eden」は，パームビーチ・ホテルを舞台にフェミニスト寄りのタッチで描かれたミュージカルで，その楽園のような世界で躍動する強い女性が，Mollicone と台本作家の Fein によってユーモラスに，そして寓話的に表現されている。Kern（1927）のミュージカル「Show Boat」では，ミシシッピー川のショウボート上で物語が展開し，1893年のシカゴ・ワールド・フェアーに舞台が切り替わるが，いずれの舞台にも美しく壮観な背景幕が使われている。1920年代後半の世界恐慌の時代に書かれた Benatzky（1930）の「Im Weissen Rössl（At the White Horse Inn）」は，オーストリアのチロル州を舞台に描かれたオペレッタで，旅行者が客船に乗ってやってくる華やかなシーンや，暴風雨のシーン，オーストリア帝国の皇帝フランツ・ヨーゼフ1世がリゾート地を訪れるシーンに加えて，ヨーデルの歌い手やク

ロッグダンサー，カウボーイまで登場する。

　富と名声の密接な関連性や観光地の売り込みをテーマにしているのが Daugherty (1997) の「Jackie O」である。背景幕にはヨット「クリスティーナ号」やスコルピオス島を含む 1960 年代の富と名声を得た人々の生活様式が描かれ，舞台ではジャクリーン・ケネディ（ジョン・F・ケネディの妻），海運王のアリストテレス・オナシス，ソプラノ歌手のマリア・カラスが苦悶に満ちた三角関係を繰り広げる。Weill (1927) の「Royal Palace」では絢爛豪華な生活が超現実的に描かれている。数少ないシュルレアリスム（超現実主義）の作品の 1 つとして知られるこの作品は，イタリアの湖畔に建てられた豪華なホテルが舞台になっている。物語の主役デイアネイラは，ギリシア神話の英雄ヘラクレスの殺人癖のある妻と同じ名前である。彼女の夫，過去に交際していた男，そして彼女に憧れる男の 3 人が彼女を巡って争う。彼女は全員の申し出を断り，人魚に姿を変え湖へと消えていく。湖畔のホテルの豪華な演出によって，このありえないような筋書きすらも起こりえるかもしれないと思わせる。温泉を舞台にしたオペラとしては，Goldoni (1707-93) の「I Bagnio d'Abano (The Baths of Abano)」を基に制作された Vacchi (1993) の「La Station Thermale (The Spa)」があり，「朝」，「午後」，「夜」の 3 部構成になっている。皮肉交じりではあるが人情味のある作風で，人間の肉体を称賛し，いたるところに喜びを見出そうと試みている。パトロン（常連客）たちの恋愛模様を描きつつ，声帯に抱えた疾患を治癒するために温泉に来ていた主役の女性は，疾患から回復し未来への自信と希望を取り戻す。

　この後の分析は，「カウンター・ナラティブ」の検証に移っていく。「カウンター」という言葉は，旅行の存在論における「ドミナント・ナラティブ」のストーリーの中にある「反転」や「逸脱」の部分のナラティブを意味している。表 7.2 にこれから紹介するオペラ作品を示した。

表7.2 カウンター・ナラティブ

逸脱	反転	脆弱性
Osud [Fate]	Death in Venice	Flight
Bless the Bride	The death of Klinghoffer	60e Parallèle [60th Parallel]
Powder Her Face	The Ice Break	Osud [Fate]
Jonny Spielt Auf [Jonny Plays On]	60e Parallèle [60th Parallel]	Les Oiseaux de Passage [Birds of Passage]
Flight	European Tourism	Neues vom Tage [News of the Day]
The Gamblers	Mona Lisa	
Mario ed il Mago [Mario and the Magician]	Albergo Empedocle	
	Les Oiseaux de Passage [Birds of Passage]	
	Hotel Eden	

逸　脱

　3作品では，旅の空間を不法な関係や愛人との密会の場に使っている。
Janáček（1907）の「Osud（Fate）」では，1人の作曲家と元愛人が話し合うシー
ンから始まるストーリーが台本作家のBartošováによって描かれている。舞台
は温泉街で，子どもたちが遠足に出かける様子などを含めた人生の縮図が背景
幕に描かれている。密会によって生まれてきた子どもをどうするのか，ここで
話し合うのだ。「Bless the Bride」（Ellis 1947）では，普仏戦争の勃発により2
人の関係は引き裂かれるが，架空のリゾート地「ウーヴィルシュールメール」
は結婚を反対された2人の駆け落ちの場所として描かれている。Ades（1995）
の「Powder Her Face」は作品の最初から最後までホテルの一室が舞台で，後
にアーガイル公爵夫人となるマーガレット・スウィーニーの人生を回想シーン
として描写している。1963年に彼女が離婚して公爵家から飛び出した出来事
はイギリス中で大きな波紋を呼んだ。20世紀最大のヒット作の1つとなった

Krenek（1926）の「Jonny Spielt Auf（Jonny Plays On）」は，アルプスやパリな
どヨーロッパのさまざまな場所で異性と関係を結ぶ主人公を描きながら，絶え
ず変化するヨーロッパの文化を表現している。この作品には，ホテルでバイオ
リンを盗むシーンやカーチェイス，「歌う氷河」を含むアルプスが舞台のシー
ンが多くあり，鉄道駅でのラストシーンでは，女好きの悪役ダニエッロが汽車
に跳ね飛ばされた直後，他の登場人物はその汽車に乗ってアメリカへ旅立つ。

　逸脱した異性関係は Dove（1998）の「Flight」の中でも，コミカルな喜劇調
の演技で表現されている。楽しげに空港で搭乗を待つ一組のカップルの手には
性交渉のマニュアル本が広げられている。出発ラウンジにあるエレベーターの
ドアが開き，客室乗務員の男女が前日のフライト後の情熱的な一夜のことを談
笑しながら降りてくる。彼らには周りの旅行客のことなど目に入っていないよ
うである。この状況を見かねた他の登場人物の反応について台本には以下のよ
うに書かれている。

管制官	腹が立つ
ビルとティナ	録音したいくらいだ
年配の女性	彼女の手はどこを触っているの
ミンスクの女性	制服を着てあんなことをするなんて！
管制官	なんてひどい
ティナ	でもやっぱり，旅がそうさせるのよ

(de Angelis 1997)

　雷雲の接近により空港は閉鎖され，搭乗待ちの客はターミナル内で寝転んで
いる。ビルが隣で寝ている妻のティナの体を撫でようと手を伸ばしたところ，
間違って男性客室乗務員の体を触ってしまう。暗闇の中で彼らは同性愛に目覚
め一夜をともにするが，翌朝すぐにそれがばれてしまう。彼らが互いに相手の
ズボンをはいていたからだ。

　別のタイプの逸脱を表現した作品が２つある。Shostakovich（1942）の「The

Gamblers」は田舎町のホテルが舞台となっている。Gogol原作のこのオペラ作品では，ギャンブラーのイーハレフがカード賭博で勝つために巧妙で神業的な「いかさま」を仕掛ける。その腕の良さにほれ込んで仲間になった男たちは，ホテルの従業員を買収し，細工を施したカードをディーラーに配らせる。しかし，男たちは仲間になったふりをしていただけで，イーハレフから逆に金を巻き上げ，価値のない借用証書を持たせて帰してしまおうと企てていたのだった。さらに闇が深いのが，Mann（1930）の同名小説を基にOreficeがファシズムを寓話的に表現した「Mario ed il Mago（Mario and the Magician）」である。マジシャンのチポラはマジックショー出演のためにイタリアの海浜リゾートを訪れる。彼は観客に催眠術をかけるがマリオだけにはかからない。チポラが若者に暗示をかけてファシズムの洗脳をしようとしていることに我慢ならなかったマリオは彼を撃ち殺してしまう。チポラが発する誘惑と支配欲を表す言葉は，平穏に見える社会の裏側で暗躍する見えない力を表現していると考えられる。

　これらの逸脱行為はすべて，旅行空間や旅行者の行動における薄汚れた暗部を照らしている。それが作曲家と元愛人の私生活であれ，ファシズムを巡る政治情勢であれ，現実に起きている事象を表現するために，作品中の旅先の地や旅行者の行動を設定しているのだ。ホテルは，一線を越えてしまった人々の逃避先として，あるいは闇の世界のギャンブルがおこなわれる場所として描かれている。また，異常なまでのヨーロッパ中心部への旅行熱が，過剰な性生活や嫉妬心，復讐心を助長したことを「Jonny Spielt Auf（Jonny Plays On）」が表現しているように，温泉地やリゾート，ホテルが逸脱行為の舞台となっていることは疑う余地もない。

反　　転

　上述した作品における旅行者目線のナラティブの多くは，社会の風紀を乱す，モラルからの逸脱であった。続いてここではオペラのストーリーに着目し，存在論における旅行に関する「通常」の整理を反転させたストーリーを扱うナラ

ティブを検証する。「羞恥心」や「怒り」,「余剰」は,「混乱」,「力」,「アンビ
バレンス（両価性）」,そして「悲劇」へと置き換えられていく。このカテゴリー
には驚くほど多くの作品が該当する。この調査で取り扱うことにした作品の 3
分の 1 は,旅行研究で扱われる一般的なナラティブを何らかの形で反転させた
表現を用いている。

　Britten（1973）の「Death in Venice」では,町中に蔓延したコレラ感染を隠
蔽しようとする当局の規制によって,存在論的整理がひっくり返されている。
劇中で言い逃れをする当局と伝染病の恐怖は,「澄み渡る」を意味する
「Serenissima」を別名に持つベニス（ヴェネチア）のイメージとあまりにかけ離
れている。Adams（1991）の「The Death of Klinghoffer」では,クルーズ船で
の船旅を楽しむ平穏な日々は,ハイジャック犯に乗っ取られることによって突
然終わりを迎える。力関係は逆転し,船長（Captain）は捕虜（Captive）になっ
てしまう。普段は旅行者にとって自由への通行証となるパスポートも,このと
きばかりはイギリス人やアメリカ人,イスラエル人の乗客を見つけるための目
印になってしまい,手荒い仕打ちを受けることになる。地中海の澄みわたる深
く碧い海は一変して不吉な色合いになり,船長は置かれた状況を憂いて「もう
すぐ地下の牢獄の空気が嗅げる」と口ずさむ。

　旅行に関する存在論的整理の反転は,他のナラティブでもよく使われている。
たとえばその 1 つに Tippett（1976）の「The Ice Break」が挙げられる。オー
プニングは空港のラウンジが舞台となっている。Tippett が問いかけるのは,
「われわれ人間は,この世にある固定観念をぬぐい捨て,生まれ変わることが
できるのか?」という疑問である。アメリカに移住し生活している母のナディ
アと息子のユーリィは,ソビエトの反体制派として投獄され,刑務所や囚人キャ
ンプで 20 年間を過ごしてきた夫（父）のレフの到着を待っていた。同じく空港
に現れたのは黒人人権運動の擁護者の 1 人であるオリンピアンという男性で,
空港に集まった彼の熱狂的ファンに会い黒人のパワーについての彼の信条を伝
えるためにやって来た。ユーリィのガールフレンドのゲイルは演説中のオリン
ピアンに近づき,白人主義である自分の信念を述べた直後に彼の足元にひざま

ずき，深く頭を下げた。ユーリィはそれに激怒し，オリンピアンと口論になる。論争はやがて空港ラウンジにいる白人と黒人を完全に分断していく。第2幕では，人種間の抗争により登場人物の数人が殺害され，レフの妻ナディアも命を落とした。レフは妻の死と息子の憎しみに直面し，「何のためにこの国に来たのか？」と自問自答する。最後にはレフとユーリィが和解してフィナーレを迎える。

　Manoury（1997）の「60e Parallèle（60th Parallel）」では，猛吹雪によって空港に閉じ込められてしまった人々が予期せぬさまざまな出来事に遭遇することになる。人々に紛れていたのは戦犯者のウィムで，彼を追って空港内にいたルディはウィムを捕まえてフランスに連れ帰り，軍事裁判にかけるつもりだ。ルディはウィムを見つけるが，ウィムはルディを殺して逃げてしまう。ここで音楽も反転し曲調が大きく変わる。この作品で流れる音楽は，空港の外の吹雪を表現する前奏曲で始まり，空港内で起こる出来事に合わせて変化していく。ルディとウィムの立場が明らかになり，その後の争いへとつながっていく場面は「建物の中で起きている嵐」として表現されている。寓話的な風刺表現は Josef Berg の「European Tourism」でも使われており，この作品では「正常な」意識や物事の意味が反転されてしまう。この作品には，国のために命を犠牲にするという考え方や戦争のしきたりを嫌う作曲家の皮肉が込められており，「他国を侵略する軍隊」を「他国に入り込んでいく旅行者」になぞらえて，ブラックユーモアと皮肉たっぷりに描いている。

　「Death in Venice」と同様に，象徴的な場所のイメージが反転させられてしまう作品が Schilling（1915）の「Mona Lisa」である。1人の旅行家と若い妻がパリにあるモナ・リザの旧家を訪れる場面（プロローグ）とそこを去る場面（エピローグ）に挟まれる形式で，その屋敷（旧家）の主から聞くモナ・リザの話が舞台で表現される。レオナルド（・ダ・ヴィンチ）と自分の妻モナ・リザとの不貞を疑う夫という架空のストーリーが舞台で展開され，やがてそれがモナ・リザの元恋人の（不運な）殺害へと発展していく。善良な旅行者と親切な地元住民という概念を反転させた作品が Peragallo（1954）の「La Gita in Campagna（The

Trip in the Country)」である。比較的裕福な家庭に育ったカップルが車で旅行していたところ，田舎町を通りかかったときに車が故障してしまう。するとそこに数人の農民が現れ，その日は農家の女性が 2 人を世話してくれることになった。話を聞けばその村の農民は皆，戦争でほとんどすべてを失ってしまったという。そして後日，助けてくれた農家の女性を再訪した際，マリオ（カップルの男性）は農家に関する学問的関心について詰問され，帰るときには 2 人とも着るものすらも奪われていた。

　上述したような旅行の物質的および社会的な存在論の反転とは大きく異なり，旅行者の空間や社会的プロセスがよりアンビバレントに（両価性を持って）反転するナラティブを持つ作品をいくつか紹介する。それら作品のナラティブは，あからさまに無秩序なストーリー展開を持つわけではなく，存在論的関係性における両義性（曖昧さ）を暗にほのめかしている。Forster の作品を基に Vacchi (1998) が制作した「Albergo Empedocle」は，フィアンセと一緒にイタリアへ旅立った若いイギリス人男性が旅の途中で遭遇する謎めいた経験を描いた作品である。同じく Vacchi(1998) が制作した「Les Oiseaux de Passage (Birds of Passage)」では，旧ソビエト時代の影響が残る東側諸国と豊かな西側諸国との境界付近にあるカフェが舞台になっている。経済とイデオロギーが崩壊した祖国から逃れてきた移民たちは，行く当てもなく生活のすべもない将来への不安を口にする。つぎつぎとやってくる人々同士が出会い，そしてそれぞれ別のどこかへと去っていく。この作品には旅する人間同士のつかの間の儚い交流というニュアンスが込められており，ナラティブはその時代の旅行者の経験を暗示的に表現している。登場人物の物質的空間や旅という行為と同時に，形而上学でいう超越した目に見えないものが表現されており，「Les Oiseaux de Passage (Birds of Passage)」のエンディングには 1 羽のカモメが空に放たれるシーンが象徴的に使われている。

　ハリウッド映画の脚本家 Fein が台本を手掛けた Mollicone (1989) のミュージカル作品「Hotel Eden」では，聖書の創世記に書かれた 3 つの話を基に，パームビーチ・ホテルを舞台とした架空のストーリーを描いている。第 1 幕の「ア

ダムとイヴ」、そして第2幕の「ノアの箱舟」は、原話をベースにした人物設定から発展していくストーリーとなっているが、第3幕でのサラとアブラハム、ハガルの関係や、イサク誕生の経緯にはかなり手が加えられている。この作品全体にわたるテーマは「結婚」と「夫婦関係の再定義」である。主要な登場人物に加え、3人の天使がさまざまな場面で登場する。第1幕では清掃員やベルボーイ、ウェイトレスの姿で登場し、第2幕では働く気のない修理工、客に中華の出前を頼むよう勧めるシェフ、自分の爪が気になって仕方がない司会者、第3幕では医者と看護師に扮して登場する。天使からベルボーイへと、あるいは指示に従わないシェフや看護師へとつぎつぎと姿を変えるその様子は、我々が持つ形体や機能に対する共通認識を、遊び心を持って反転させ、「ホテル・エデン」の異次元的な世界を強調している。

脆弱性

　旅行研究の学者は、「旅行（Tourism）」を具体化しようとする。旅行者を新たな別のカテゴリーに割り当てようとしたり、概念やモデルによって旅行に何かしらの整理を導入しようとしたりする。これらの学際的な努力は、政府や企業の強い関心も手伝って、（おそらく無意識に）自然の力や人間の脆弱性に対する「免疫力」を旅行に与えるために結託する。ここで紹介するオペラのナラティブは、探検を描いたドミナント・ナラティブとは大きく異なり、旅行が安全であるという考えはすべてが幻想ではないにせよ偽りであることを表現している。

　人の命を無差別に脅かし、旅行に必要とされるテクノロジーが十分に備わっていないことを知らしめる自然の破壊的な力は、Dove（1998）の「Flight」の雷嵐や、Manoury（1997）の「60e Parallèle（60th Parallel）」の猛吹雪、Berio（1996）の「Outis（Nobody）」で船が遭遇する嵐からも明らかである。「Outis（Nobody）」はギリシア神話のオデュッセウスを題材とし、主人公をホームレスの放浪者に見立てている。この作品はいくつものアクション・サイクルで構成されており、5番目のサイクルでは、のどかな船旅が突然の嵐で沈没の危機を迎える。数多

のオペラ作品のさまざまな場面で嵐が描かれ，旅の安全神話を崩壊させている。2011 年に日本で発生した地震と津波による多方面への甚大な影響は，自然災害とテクノロジーの不具合が及ぼす脅威を証明し，旅行の存在論的整理を論じるよりも先に取り組むべきことがあることを示したと言えるだろう。

　政治的弾圧や暴力に対する旅行者の脆弱性は「The Death of Klinghoffer」や「La Gita in Campagna (The Trip in the Country)」に表現されており，特に「Death in Venice」では，コレラ感染の壊滅的な被害によって人間の普遍的な脆弱性が強調されている。移民問題の裏側にある政治的およびイデオロギー的な力は（それがしばしば逆方向の人の流れをつくることになるのではあるが），「Les Oiseaux de Passage (Birds of Passage)」に表現されている。メディアの力に対する人間の脆弱性を描いているのが，Hindmith (1929) の「Neues vom Tage (News of the Day)」で，国内の論争がまさに国の脆弱性をあらわにするナラティブになっている。ニュースをでっちあげるために出版社は一般人のカップルを有名人に仕立て上げ，喧嘩，離婚，和解を繰り返すよう求める。

存在しないナラティブ：愛と希望

　Vacchi (1993) の「La Station Thermale (The Spa)」に描かれた愛と希望は，「オペラ作品のナラティブと旅行」に関する私の最後の所見を説明する上での手掛かりを提供してくれる。本章で取り上げた 38 作品の多くには，より素晴らしい未来への希望や愛を求めて旅する登場人物のナラティブが見られる。旅行研究の学際的議論において，このような「人間存在における恒久的な要素」に関する議論を見かけることはほとんどない（例外的な論文として Singh 2002 の愛に関する研究を参照）。本章の観点から言えば，オペラ作品に見る旅行の表現と学際的研究に見られる旅行の表現との間にあるこの大きな溝は，「存在しないナラティブ」と言い表すしか方法がない。また，この所見をどのように取り扱って議論すべきなのかを判断するのは困難である。社会科学と人間性との間にある主題の違いについて取り上げてここで議論するべきなのだろうか。愛や希望

は社会科学的な問いの範疇から単純に除外されるということなのだろうか。旅行研究の学問において人間の感情は「括弧書き扱い」する程度のものに過ぎないのだろうか。これについては結論で旅行研究の辿ってきた軌跡を振り返りながら改めて触れることにする。とは言え，少なくとも，旅行研究における少数の学者の間では「希望」に関する議論が起こり始めていることは特筆すべきことだろう。

結　論

　結論にあたり，このオペラ・プロジェクトに私が課していた疑問に立ち返りたい。それは「創造力に富んだオペラ作品が旅行（研究）とどのような関連性を持つのか」，「その身近さから観客との接点となり，20世紀という時代といつの世も変わらぬ人間性を映し出している旅行に何を見出しているのか」，そして「旅行研究における共通認識にどのような点で賛同し，あるいは異議を唱えているのか」という3つの疑問だ。本章では，20世紀のオペラ作品における旅行表現の考察を通じてこれらの疑問について考えてきた。たとえばTribeとXiao (2010) の「Development in Tourism Social Science」の論説にも見られるように，探検，放浪，豪華絢爛と壮観を描いたナラティブは，旅行研究におけるドミナント・ナラティブの視点を裏付けている。しかしながら，このオペラ・プロジェクトが寄与するさらに重要な点は，逸脱，反転，脆弱性に関連するカウンター・ナラティブを特定することだと私は考えている。いずれのケースにおいても，明確な境界線を引く前に旅行研究の規範をもっと厳格に精査することが求められる。「表面的な」研究であるとはいえ，オペラ芸術の探求によって今日の旅行研究の辿っている軌跡に重要な課題を提示したと考える。

　この課題はBritten (1973) の「Death in Venice」の中に最も明確に表現されている。小説を書くことに行き詰まりを感じていた独り身の著名作家であるアッシェンバッハは，謎めいた旅人のアドバイスに従いベニスへと旅に出る。ベニスに着いた彼は，家族とリゾートに滞在していたポーランド人の少年ター

ジオに心を奪われてしまう。作品全体を通して，アポロ（タージオ）とディオニュソス（旅人，ゴンドラの船頭，ホテルの支配人，駅員，理髪師）という対立する力が，アッシェンバッハの切実な葛藤として表現されている。ベニスにコレラ感染が広がり始めると旅行者は国外に逃れたが，タージオへの想いをぬぐい切れなかったアッシェンバッハは逃げ遅れ，デッキチェアに座って海を眺めながら死を迎える。私がここで示唆したいのは，アッシェンバッハの窮状と旅行研究が辿ってきた軌跡に類似点があるということだ。Mann の小説と Piper の台本はさまざまな二分法（芸術と人生，理論と感覚，健康と病気，秩序と堕落）を探求しており，アポロとディオニュソスを引き合いに出して対立する力を表現している。ベニスに向かったことや，自分で仕掛けた罠から逃れる必要があったこともそうであるように，作品全体にわたりアッシェンバッハはディオニュソス的精神に立ち向かおうと必死にもがいている。結果として彼は創作意欲を回復することはできず，死を選んだようにも見える。

　現在の旅行研究における存在論的整理は，あまりにアポロ寄りでディオニュソス的な観点が軽視されていると考える。人生や理論，健康，秩序ばかりが注目され，ディオニュソス的な要素の検討が不十分である。さらに，これらの要素間のバランスと動的な緊張関係なしには，旅行研究はアッシェンバッハのように早計な結論に陥る恐れがある。欺瞞や混沌，醜態などのディオニュソス的観点について明らかにしない限り，旅行研究における真実や秩序，素晴らしさの追求は無意味である。とは言え一部には，ディオニュソス的観点を研究する動きもみられる（たとえば Carr and Poria 2010 を参照）。2010 年にノルウェーで開催された「International Sociological Association」の調査委員会の会合では，「旅行と暴力」がテーマとして取り上げられた。私自身も犯罪学者の Trevor Jones との共同研究で「旅行と犯罪」を取り上げている（Botterill and Jones 2010）。ダーク・ツーリズムに関する研究が幅広くおこなわれているのは事実だが，旅行研究における存在論的な主張に言及しているものは少ない。旅行研究がアッシェンバッハのような運命を辿らないようにするためには，ここで述べたような方向性が求められる。

Place Narratives in Travel and Tourism

第 8 章

18 世紀のナラティブ地図学： ダニエル・デフォーのイギリス周遊の旅

Emmanuelle Peraldo

　この決して一様とは言えない巨大な体をできるだけ正確に測定しようと努力してきた。そして好奇心を満たすために，できるだけ羅針盤のように正確に記述するよう，すなわちできるだけ図面あるいは地図を描くことなしに正確に表現するよう心掛けてきた (Defoe 1724-26, Vol. 2: 66)。

序　文

　上記の「Tour thro' the whole Island of Great-Britain」(1724-26) からの引用部分で，デフォーはできるだけ忠実にイギリスを描写しようと心掛けていることを読者に伝えようとするのと同時に，正確に図面あるいは地図を描くことの難しさを認めている。二元的な文章表現から彼が地図作製技術を信頼していないことがわかるが，このツアーで実際には，地図を使用している。この本は国内の旅を描いた旅行記であり，イギリスの地域を 13 に分けて 13 章構成にしている。また，イギリスの空間を表現するためにいくつかの異なるツールを使用している。彼は，この本を出版する数年前に訪れたことのない島を舞台とする架空の旅行記「ロビンソン・クルーソー (Robinson Crusoe)」を出版しており，その点でいえば旅人よりも旅行作家と言えるのかもしれない。しかし「Tour thro' the whole Island of Great-Britain」に関していえば，彼は，ロバート・ハーレーに雇われ，スパイとして活動していたためイギリス国内を熟知しており，実際の体験と空想との境界はもっと複雑である。本章では，生涯にわたり地理学を追求し続けたデフォーがどのように「地図学 (Cartography)」や「地誌学 (Chorography)」[1]，そしてフィクションを交えながらイギリスの空間を描いているのかについて説明し，彼が旅の記録に使用した地理的ツールと文学的ツールの間の関連性について論じたい。分析にはジオクリティカル[2]なアプローチが求められ，デフォーの記述について文学分析の方法論である地理学的検証をおこなうことが推奨される。デフォーを「地理学者」と考えるべきなのか，あるいは Parker (1995: 395) が指摘するように「単なる素人」と考えるべきなのかを確かめるために，この本の地図としての機能を分析した後に，地理学と文学の間の相互関連性やこの本の文学性に焦点を当てる。続いて，ナラティブにおける地図作製の異なるツールの使用が，なぜデフォーを近代英国の設計者と言わしめることになったのかについて検証する。

地図としての機能

デフォーの旅は第1章のロンドン近郊の地域から始まり，次第に遠ざかり，第11章から13章のスコットランドで終わる。この順番にはロンドンとの関連性を考慮したそれぞれの地域への彼の関心の大きさが表れている。各章で扱われる地域はロンドンから同心円上に広がっている。彼はそれぞれの地域をまるで顕微鏡で観察したかのように詳細に描写している。その緻密な描写は，微小な構造を観察した王立協会のロバート・フック (1665) に似ている。デフォーは1つひとつの地域を丁寧に観察して，イギリスの地誌学的歴史を記録していった。したがってこの書は，ジョン・オーブリー (1626-97) やロバート・プロット (1640-96) の記述と並び，「地域誌」のジャンルに分類される作品の1つと考えることができるだろう。

この書に描かれているのは，まだ見ぬ世界を探求する異国を巡る旅ではなく，

イギリス国内であり，旅行記というよりむしろ調査に近いことから，その目的は，貿易や商業を促進して経済を発展させるために，教育に使用できる客観的なイギリス像を提供することだったと考えられる。このような調査を実施するにあたっては，権威ある科学誌「Philosophical Transactions」にも書かれているように，「研究的調査における知見の収集」に関して王立協会が定める一連の規則に従う必要がある。王立協会の定める主要原則の１つが「記録の客観性」であり，それによって偏見や先入観を取り除こうとしている。デフォーは「Tour thro' the whole Island of Great-Britain」の中で，イギリス本土のすべての地域を例外なく記録している。イングランドからの旅行者に対して不安と不信感を抱いていたスコットランドを含め，18 世紀初頭の時代背景を考慮すれば，これがいかに大変なことかがわかる。調査にあたって彼は，スコットランドに対して誤った先入観や偏見を持たないという信念を表して「現在出版されているスコットランドに関するすべての記述には中傷と偏見が見られ，スコットランドの紳士的で高潔な人々にとって決して心地よいものとは言えない」(Defoe 1724-26, Vol. 2: 147) と述べている。彼が描いているこの地域の自然誌，地誌はスコットランドの真の姿を捉えている。

　スコットランドを楽園のように表現するべきではないのと同時に，荒廃した地であるかのように表現すべきでもない。私が示すべきなのは真の姿であり，そして，もし，遅きに失した協会の支援よりも早く誰かが手を差し伸べていたとしたらどんな姿になっていたかを示すことだ (Defoe 1724-26, Vol. 2: 148)。

彼は「調査手法」や「旅人に対するアドバイス」についても記述している。Vickers (1996: 132) は彼女の著書「Defoe and the New Science」で「王立協会による知識追求への取り組みにおいて，当初より旅人がその重要な役割を担っていた」と記している。Watt (1957) は，デフォーとトーマス・スプラットの文章の関係性について「明らかにデフォーの文章は，主教スプラットの高名な

記述スタイルを体現している」と強調している（Watt 1957: 102）。Watt はまた，スプラットの著書「History of the Royal Society」から，旅行記の記述スタイルについて言及した「緻密に，ありのままを飾らずに表現すること，建設的な表現を使うこと，明確に表現すること，平易な言葉を使うこと，できる限り数学的明快さに近づけるような表現を使うこと，知識人や学者が使う言葉ではなく，田舎暮らしの人や職人，商人が普段使う言葉を使用すること」（Sprat 1667）という部分を引用している（Watt 1957: 68）。デフォーが王立協会から影響を受けていたことは明らかだが，同時に彼はフランシス・ベーコンにも影響されており，モートンが創設した非教会系の学校でベーコンの科学を学んでいる。Mayer（1997）によれば，「The Advancement of Learning」の中でベーコンは「それが記憶力を働かせる講義であり，事実に即した情報を蓄えることができるため，歴史がすべての学習の基礎になる」と明言している（Mayer 1997: 26）。デフォーはベーコンが残した遺産を表現して「私は事実に即して見たままを文字にすることに満足している」と述べている（Defoe 1724-26, Vol. 1: 108）。そしてその意思は別の箇所でも「どれももっともらしい話ではあるが，事実に即しているのはこれであり，それ以上でも以下でもない」と繰り返し記されている（Defoe 1724-26, Vol. 1: 184）。

　彼の他の書もそうであるように，「Tour thro' the whole Island of Great-Britain」には多くのリストや表，図が配置されており，とても正確に描写されているが，ともすればそれは「単なるデータの寄せ集め」と捉えられてしまうこともある（Bowers 1993: 148）。旅人であり作家である彼は空隙を嫌っていた。その姿勢は地図の空白を獰猛な獣や魚の挿絵で埋める当時の地図学者のようでもある。文章中に登場する数えきれないほど多くの地名，添えられた表やスケッチ画，地図を見ればわかるように，イギリス全土を調査するには大変な労力が必要である。たとえば，第 1 巻の第 1 章に描かれている包囲されるコルチェスターの地図を図 8.1 に示している。

　この地図は文字と造形的要素からなり，造形部分は要塞の影がその多くを占

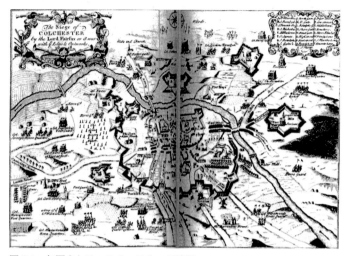

図 8.1　包囲されるコルチェスターの地図
（Defoe 1724-26, Vol. 1: 68-9 を，許可を得て複写したもの）

めているように見える。しかしそれも相まって，描かれている人々（兵士を含む）の活動やこの空間の歴史が強調されている。それがロシアの哲学者 Bakhtin（1973）のいうところのクロノトープ（時空間）として機能し，時間と空間の融合，歴史と地理の融合が実現している。歴史における地理の影響（あるいはその逆）というこの観点はデフォーの作品全体に見られる。特にペストに関する描写においては，Bell（1994: ⅴ）も指摘しているように，当局が感染を広げないために実施した空間の再構築が，最もペスト感染がひどかった教区を隔離し，それが貧困層の人々の悲劇につながったことをデフォーは明確に述べている。また，図 8.2 に示したように彼はスケッチ画も挿入している。この図形はセント・ポール大聖堂にある正方形の井戸の模式図である。始めに彼は「四隅に小さな鉄の棒を配置して人がそこに足を掛けられるようにしている」と言葉で記述している（Defoe 1724-26, Vol. 3: 37）。しかし，言葉による描写だけではその場所を視覚的に表現するには不十分で，彼はスケッチ画を多用している。第 1 巻の第 2 章では図 8.3 に示したように，農場の形状をスケッチした絵が添えられ，ここでも文字や説明文が書き加えられている（Defoe 1724-26, Vol. 1: 233）。

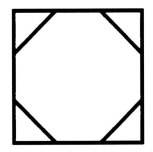

図8.2　セント・ポール大聖堂にある正方形の井戸の模式図
（Defoe 1724-26, Vol. 3: 37 を，許可を得て複写したもの）

The Form of the several Farms would be laid out thus.

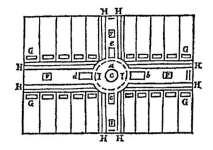

図8.3　農場の形状をスケッチした絵
（Defoe 1724-26, Vol. 1: 233 を，許可を得て複写したもの）

　彼が自分の文章による説明では不十分だと判断した場合に用いる地図学や地理学の技術によって描かれた造形的要素が，自身の考えを視覚的に，そして美的に表現することをサポートすると考えている。それぞれの場所にはそれぞれに固有のナラティブがあり，彼はそれを表現している。Wordsworth（1898: 125）が彼の詩「Simon Lee, The Old Huntsman」で語っているように，「すべてのものに物語がある」のである。

　読者よ　心に留めているか
　静かに思いをはせると浮かんでくるあの店々を

寛大な読者よ　見つけただろう

すべてのものに物語はあるのだ

他に伝えるべきことはほんのわずかしかない

あなたはそれをやさしく受け取らなくてはならない

そこに物語はなく　あなたが考えなくてはならない

あなたが物語をつくるのだ

デフォーが地図を使うのは，もっと大きな表現上の戦略の1つなのかもしれない。地図を使うことによって文章に重みと信ぴょう性を持たせたかったとも考えられる。デフォーは地図を読み，それを実作する能力を示しただけでなく，「ナラティブ・マップ」をつくろうとしたのである。

芸術性

自然の景観を描くとき，今日の旅人は地理学者や哲学者というよりもむしろ詩人のように見えることがある（Batten 1978: 119）。

デフォーのこの書に含まれる多くの要素は，単純に地理学や旅行研究の領域に分類できるものばかりではない。彼の言葉の使い方や文章は文学作品の域に達していると言えるだろう。たとえば「私はここでちょっとした冒険をせずにはいられなかった。そしてそれが私にとって実に驚くべき体験になるのだった」（Defoe 1724-26, Vol. 1: 240）のように，彼は自身の旅のことを「冒険（Adventure）」という言葉で表現することが多々あるが，この言葉は自然科学で用いられる単語というより，むしろ小説で使われるような言葉である。多くの冒険物語は，その著者が地図や海図を眺めているときに生まれている。「未開の地」という言葉は想像力をかき立て，冒険物語に恰好の設定となる。地図学の批評家であるHarley（1992: 231）は，「地図は非常に重要なものであり，地図学者ばかりに任せてはおけない」と述べている。Philips（1997: 14）によれば，芸術を専門と

する歴史家の Alpers は「地図は信頼できると一般に考えられているだろうが，地図とそれに分類されない描写的な絵との間に本質的な違いはない」と主張しているという。

　彼の書の中では，「この決して一様とは言えない巨大な体をできるだけ正確に測定しようと努力してきた」(Defoe 1724-26, Vol. 2: 66) のように，イギリスを「体」として擬人的に描写する部分も多くみられる。デフォーはイギリスの国土全体を人の体の異なる器官として暗喩的に表現することがある。口（河口）や首（半島）を通って進み，ときには街と街とが握手し合っていることすらある。

　　リスカードから西に向かうと私たちは必然的に海岸に辿り着くはずだ。なぜなら，フォウェイ川は海に流れ込んでいるからだ。ちょうど大きな口のところへと　(Defoe 1724-26, Vol. 1: 263)。

　　…　半島，あるいは首のあたりだ　(Defoe 1724-26, Vol. 1: 263)。

　　ウエストミンスターはチェルシーと握手しようとしているように見える　(Defoe 1724-26, Vol. 2: 66)。

　イギリスの地域を分類するためにデフォーは，その形状からスコットランドを女性の繊細さの象徴として比喩的に表現し「王立協会が彼女の平穏な生活を守り，彼女の家計を支えているように見える。しかし体で表現するならば，世界の中で比較して，彼女の容姿が当時よりも魅力的になっているとは決して言えない」と記述している　(Defoe 1724-26, Vol. 3: 11)。体を使った比喩表現は，彼が持つ社会に対する考え方の表れであり，それがシステムとしてのイギリスの地理的な印象を表現する上で用いられている。すべての市町村は体の一部であり，そのどこか1つでも病気になったならば体全体が苦しむことになる。Bowers (1993: 169) は以下のように，デフォーの作品の中で描かれた体の各パーツが1つになるそのまとまりの強さを強調している。

「Tour thro' the whole Island of Great-Britain」は，一貫した動的なシステムとしてイギリスの地理を描いている。書の中でこの島国はある種の生命体として表現されている。1つの体であり，巨大で成長し続けている（デフォーが言うには，成長する子どもに丁度いいサイズの服はつくれないように，この書は完成品とは言えないそうだ）。しかし，この体は結合力が強く，橋や川，運河で結ばれている…

体は1つの機能単位であるように思えるが，デフォーはまた別の比喩表現も用いている。たとえばロンドンに対してモンスターという言葉を用い「ロンドンはなんと恐ろしいモンスターなのだろうか」（Defoe 1724-26, Vol. 2: 134）と，首都とその他の地域との不均衡を表現している。その肥大化した体内に死を迎える地域があるのは避けられず，優れた科学者としてデフォーはいくつかの亡骸（なきがら）を解剖して死因を探ろうとしている。

町と呼ぶにふさわしいかは別にして，ウィンチェルシーは1つの町である。ここは現代に実在する町というよりも，古代都市の骨格（残骸）のようで，3マイルおきに古代の門が立ち並んでいる。そして残骸が埋め立てられた場所にはトウモロコシ畑がつくられている（Defoe 1724-26, Vol. 1: 168）。

体の比喩表現は旅行記を水平方向から見ることができる。彼のナラティブには地図学と文学のツールが融合し，空間と人とが密接につながり合い，それによって文章へのジオクリティカルなアプローチが可能になっている。しかし，比喩表現は「彼自身の旅」として垂直方向にも見て取ることができる。未開の地を発見したときの旅人の高揚感である。彼自身は生まれ育った国（his island）を旅しながらも，旅人が新たな場所（「I-land」）を発見したときのような興奮を感じているのである。Coverley が「地理的環境の特定の影響に関する研究は，意識的にそうしているのかは定かではないが，個人の感情と行動に対する研究になっている」と指摘しているのと同様の意味で（Debord 1958 in Coverley 2006:

10），デフォーのナラティブは心理地理学の概念と関連する可能性がある。しかしこの関連は，ペスト感染による大都市ロンドンの地理的な非日常化が個人の感情に直接的に影響している様子を描いた彼の著書「Journal of the Plague Year」（Defoe 1965）においてより象徴的であると考えられる。一方で「Tour thro' the whole Island of Great-Britain」の焦点は，ナラティブ・マップ上の「場所」と「空間」に対する意識に集中している。

　地理学者の仕事は書くこと（-graphy）を通じて世界（Geo-）を表現することだからなのか，デフォーの書を分析した Rogers（1998）の「The Text of Great Britain」は，地理学と文章との相関関係に焦点を当てている。地図やその他の形態の地理的な記述はともに「文化に関する記述」として読み取ることができる（Harley 1992）。冒険物語や旅のナラティブと同様に，地図学は地理的な表現であり，空間は言葉のための暗喩である。Ricoeur（1983）は，「歴史書が語るナラティブは時間であり，それが読者の好奇心に作用している」と述べている。同様に地理学の書では，図や写真を用いて「空間」を語っており，それが「読者が思い描く光景」に作用している。図や写真は空間を詩的に表現するためのツールなのだ。さらに言えば，作家であり旅人であるデフォーは市町村の地名や地理的な場所を必ず記しているが，それだけではなく，たとえば「ここは軍隊が行進した場所であり，旅人たちは間違いなくここを通ろうとするだろう」のように，その場所で起きた歴史的な出来事についても語っている（Defoe 1724-26, Vol. 3: 255）。私たちは「happen」という言葉を「take place」と同義（どちらも「起こる」という意味）として使うが，奇しくもそれが「時間」と「空間」の密接な関係，先述のとおり，Bakhtin（1973）が言うところの「クロノトープ」を強調しているというのは非常に興味深い。デフォーの書は地形学的歴史のジャンルに分類することもできるかもしれない。彼自身が辿ったルートを描くことによって，彼が関心を持った出来事を当時のイギリスの人々に語りかけているのである。この書に記されているたくさんの地名は，単にその位置を特定する手掛かりになっているばかりでなく，彼の旅がどの段階まで進んでいるのかを表している。この書にはナラティブが溢れている。デフォーはナラティブ・

マップをつくろうとしたのであり，あるいはそれに留まらず，地誌学的な技術を駆使して「地理学」と「旅」，そして「歴史」が融合した類まれなナラティブを構築しようとしたのかもしれない。

主題地図とイデオロギー

主題地図（Thematic cartography）によってデフォーは，「物質的にも精神的な意味においても，イギリスの景色を経済発展の青写真へとつくり変える」ことを可能にした（Parker 1995: 395）。この点においても，デフォーによる創造力に富んだイギリスの空間の再構築は，権力者の特定の考えを浸透させるために空間の破壊的操作をおこなったという見方をすれば，心理地理学の領域に入るものと考えられる。デフォーのナラティブ構造と彼が描く地理的構造との間には明らかな類似点がある。たとえば特定の町についてのナラティブによって埋め尽くされた空間と，国の中でその町が占める空間の間の類似点である。デフォーは空間を映し出すために文章を書き，それがすなわちイギリスという国の縮図になっているとも言える。結果として，この書に描かれたイギリスのナラティブ・マップはイデオロギー構築の1つの強力な手段となる。1つの町を説明するために割いているスペースが広いほど，政治的，経済的，地理的，歴史的により大きな力を持っていると捉えることができる。彼がさほど重要ではないと判断した町については「ライ，ウィンチェルシー，ヘイスティングスについては特に説明するに値しない」（Defoe 1724-26, Vol. 1: 162）のように名前だけしか書かれていない場合もある。書の中でロンドンは頻繁に登場するが，その一方でライ，ウィンチェルシー，ヘイスティングスは単なる地図上の点に過ぎない。そうは言ってもこれらの町の名前を挙げることは，その地域に対するロンドンの影響力を強調する上で必要だった。ただし，たとえばブランバーのような小さな町を紹介する価値があるのか迷っているような記述もあり，「ブランバーは（古い小さな城の遺跡を除けば）評判ほどの価値はない」（Defoe 1724-26, Vol. 1: 168）と記している。

地図は単に真実を映し出すだけでなく，つねにそれを超越する。Jacob（1992:
32）が指摘するように，地図は社会における人間関係や権力の格差，階層を描
き出すために用いられる暗喩的象徴である。ロビンソン・クルーソーが島を自
分の支配下に置くためにメンタル・マップが必要だったのと同様に，旅人であ
るデフォーはナラティブ・マップをつくることによってイギリスの景色を自分
の目的のために拝借したのである。彼は国のイメージアップのために，そして
貿易や商業の発展を支援するために空間を利用した。自身の多岐にわたる目的
完遂のために，彼は地理を芸術へと昇華させたのだ。これについて Bowers（1993:
577）は次のように述べている。

　　William Camden の「Britannia」（1586, イギリスでの初版は 1610 年）を皮切り
　に，多くのイギリスの地誌学者や地図学者に対して浴びせられた世間の批判
　は収まるところを知らず，中でもデフォーの作品は引き続き批判の的となっ
　ている。…＜中略＞　これらの作品は王室権力に対する脅威と見られている。
　…＜中略＞　なぜなら，彼らのイギリスに対する表現は，君主の地位を軽視
　することにつながりかねないからだ。土地に焦点を当て，地誌学的表現を使
　うことは，イギリス国家の中心である君主を暗に外へと追いやることになる。
　デフォーの書は，イギリス国民が自国を「1 つの動的な体」として捉えられ
　るようにしたと言えるだろう。

　その科学的な緻密さからデフォーの地図は世間に認められ，Camden の
「Britannia」（1586）や Harrison の「Description of Britain」（1577），Blithe の「The
English Improver」（1649），Macky の「Journey Through England」（1714-23）
のような地誌学者の長々とした記述よりも，その芸術性から多くの支持を得る
ことになった。デフォーによるイギリスの空間の異化（見慣れた空間を別の見せ方
で提示すること）には，彼の体験に基づく地図を挿入することによって，あるい
は膨大なデータを元にした文学的比喩表現を多用することによって，科学的お
よび芸術的な手法が取り入れられている。Coverley（2006: 38）が指摘するように，

「これまで慣れ親しんだ地理学を崩壊させるような手法」への洞察を与えたと言えるだろう。

結　論

　夫がその国を訪れるのは初めてで，いくつかの場所では地理的な状況を把握できていないようだった。そして私はと言えば，この文章を書く前まで「地理的（Geographical）」という言葉の意味すら知らなかった。

（「Flanders」Defoe 1722: 256）

　デフォーの小説の主人公，モル・フランダーズは，上記のように彼女のナラティブの最後の部分で，少なくともその記録を書き記す前までは地理学に関する知識をほとんど持っていないことを明らかにしている。それによって，「地理の知識」とそれに対する「記述」の間の，または「地理」と「人間の生活」の間の，あるいは「空間」と「個人」の間の内在的な関係性を強調している。デフォーに関していえば，２つの地理的概念から１つを選択することへの懸念について記述することが多々あり，「市（Cities）あるいは町（Towns）」（Defoe 1724-26, Vol. 3: 51），「その場所の図面（Plan）あるいは地図（Map）」（Defoe 1724-26, Vol. 2: 66），「イングランドを一周（Circuit）あるいは周遊（Tour）するだけでは不十分である」（Defoe 1724-26, Vol. 2: 204）のように言い換えを多用しており，後者（Tour）はこの書のタイトルにもなっている。このような表現形態は，彼が地誌学や地図学を駆使して地域を区切ったように，それらに境界線を引こうとした修辞的操作の一部であると考えられる。彼は文学的および地理的なテクニックを用いてそれらを融合し，「地理的旅行文学」を確立したのである。これはまさに彼の地理的想像力や空間の再構築の所産であり，それによって彼は18世紀初頭のイギリスにおける最も視覚的な作品をつくり上げようとしたのである。デフォーの素晴らしい芸術上の功績はジオポエティック（詩的地理学）の歴史に彼の名を留め，地理的空間と文学的創造の間の架け橋となり，それら

の相互作用を生み出したと言えるだろう。

【注】

1）古代ギリシアの都市国家「Choros」を語源とする「Chorography（地誌学）」は，特定の場所が持っている特性を表したものである。

2）ジオクリティシズムは，「時間と空間の関係」，「超越性」，「指示性」という3つの理論的前提を基本とする。

第9章

海を越えて：
アントニー・トロロープの旅の物語

Angharad Saunders

序　文

　「旅」と「記述」との関係はそう単純ではない。「旅」は一種の異文化交流であり，現実の世界で異種なるものが即座に混ざり合う。対照的に「旅に関する記述」は1つの回想空間であり，文化翻訳の1つの形態である (Duncan and Gregory 1999)。経験を翻訳するのは容易ではないため，結果として旅それ自体とその媒体との間に緊張が生じる。言葉と事象にズレと不調和が生まれ，生活様式や規範を解釈して文章にすることができず，壁に直面する。その結果はいつも「想像上の地理」(Said 1978)，すなわち刺激を受けたかどうかではなく，歓迎を受けたかどうかによって決定される地理学的認識である。

　それならば，私たちは著者と読者との関係に注目する必要がある。特定の場所を描いた文章を読んで，読者はそこに自分の足跡を残すことができないからだ。文章を書くことは唯我論的な作業ではなく，著者は自分の世界で作品について思いを巡らせ，この世界にその場所を探す (Said 1983)。結果として，その世界に受け入れられるかを確かめるために，対象となる読者，あるいは想定される読者が，その執筆のプロセスに付きあうことになる (Iser 1974)。「他者」

についてのすべての表現は，それぞれの読者が持っている文化的規範や価値観における「期待される水準」によってつねに制約を受けるため，旅行記を書く上では「想定される読者」の役割が特に大きくなる（Gadamer 1975）。

　よって，場所についてのあらゆる記述は，著者のアイデンティティと読者の期待との間のせめぎ合いなのである。著者はその旅について自由に記述することができない。彼らが記述した文章は，対象とする読者の心を打たなければならない。本章ではアントニー・トロロープが最初に出版した小説「The Macdermots of Ballycloran」(1847) を執筆した背景からこの関係性を検証してみたい。この作品は小説であり，旅行記とは言えないかもしれない。しかしこの小説は，1840年代にトロロープがアイルランドを旅したときの経験をもとに描かれた作品である。本章では，トロロープと読者との関係において，旅が複雑な要因になっていることについて論じたい。アイルランドを旅するほどに，誰が彼の本当の読者なのかを見失ってしまい，何を求められているのかわからなくなっている。

　小説は通常，旅のナラティブには含まれない。しかし，18世紀から19世紀初頭においては，小説と旅のナラティブとの境界線は決して明確とは言えなかった（Adams 1983, Bohls 2009）。ダニエル・デフォーやヘンリー・フィールディング，ジョナサン・スウィフトのような小説家の作品においても，自己発見のための旅や冒険が一般的なナラティブの形態であった。（Watts 1957）。19世紀後半になると，筋書きや設定に旅を使う文章（小説）と，ナラティブとして旅を扱う文章（旅行記）という区別がされるようになる（Korte 2000）。トロロープの時代は，旅それ自体，あるいはそれによって地理的知識を増やすという動機が創作意欲を刺激していた時代であった。したがって，枠を外れた作品として小説をはねつけてしまうわけにはいかない。むしろ，小説はその世界における著者の存在にどのように関係するのか，そしてそれがどのように小説に反映されているのかを検証する必要がある。

　ビクトリア朝時代の基準で考えると，トロロープの旅の頻度はかなり高く，オーストラリアやアフリカ，西インド諸島，そして北アメリカまで足を延ばし

ている。またトロロープは抜け目のなく，これらの旅をナラティブにしたり，小説の材料に使ったりと，稼ぐ機会を逃すことはほとんどなかった。ここで扱うのは，彼の初期の旅であるアイルランドの旅であり，それが小説「The Macdermots of Ballycloran」を執筆する上で重要な題材を提供している。彼は一般的な旅人とは大きく異なる。彼は旅行者として旅をしていたのではなく，アイルランドの中央郵便局の監督官として各地を旅していたのである。彼は公務員として，単にアイルランド国内を旅していたのではなく，そこに住んでいたのである。アイルランドに赴任したのは1841年で，イングランドに戻ったのは1859年である。彼はアイルランドの英国系アイルランド人として生活を始めたが，これについてCorkery (1931) は，「トロロープの作品はアイルランドについてイギリス人がイギリス人のために書いた作品に過ぎない」と非難しており，彼がアイルランドに居住していたという事実がさらにそれをややこしくしている。

　Ingold (2000) によれば，「居住する」ことは，物質的，象徴的な両方の意味でその場所に根を築き上げることである。トロロープにとってアイルランドは妻と出会った場所であり，結婚して子どもを育てた場所であり，そして公務員として職務を全うしながら作家として成功した場所である。したがって彼はしっかりと深く根を下ろしたと言えるが，そのことが彼の立場を曖昧にしている。何を「ホーム」として何を「アウェイ」とするのか，彼はこちら側の人間なのかそれともあちら側の人間なのか，自国民なのか外国人なのか，居住者なのかそれとも来訪者なのだろうか。専門用語でいうところのアンビバレンス(両価性) が，「彼の読者は誰なのか」，「何を彼の作品に求めているのか」という疑問を生じさせる。

　このアンビバレンスこそがこの小説「The Macdermots of Ballycloran」を面白くしているのであり，彼の小説は英国系アイルランド人の作風と容易に一致するわけではなく，かといってイギリスの読者の期待に応えているとも言い難い (Corkery 1931, Trumpener 1997)。むしろ，トロロープは彼がアイルランド中を旅したこととそこに居住していたことを利用して，どこか相補的な見方を

提示しようとしていたのではないだろうか。トロロープは読者の期待に対して自身のアイデンティティのバランスをとることによって，アイルランドに対する偏見に同意したり反対したりしているのかもしれない。本章ではそれらとともに，トロロープがこの書の中に書き記したアイルランドという場所のナラティブが，彼の旅をどのように描き出しているのかを検証する。この書は決して成功した小説とは言えないが，それは彼が読者を見誤ったことに起因すると考えられ，旅のナラティブにおける著者と読者との関係における課題についても焦点を当ててみたい。

トロロープの島：植民地時代の話

1947 年に出版された「The Macdermots of Ballycloran」は，マクダーモット家の人々の生活を描いた物語である。父のラリー・マクダーモットと息子のサディ，娘のフェミーは，かつてカトリックのジェントリ（下級地主）であったが，年を追うごとに家族の暮らしは苦しくなり負債も抱えていた。彼らの苦しい生活は，プロテスタントの税務官アッシャーの登場でさらに窮地に追い込まれる。アッシャーがフェミーを執拗に誘惑したことに激怒したサディはアッシャーを殺してしまう。サディは逃亡するが警察に捉えられ，処刑される。それによって家族はすべてを失ってしまう。

Mullen (1990) が指摘しているように，この作品は決して読んでいて楽しい話ではないが，時代の変わり目であることが暗に表現されている。食料不足がこの国を襲っており，この作品にも描かれているような貧困や宗教の違いによる対立，そして政治的緊張も加わり，アイルランドは破滅の一歩手前という状況だった。監督官として各地をまわっていたトロロープは貧困の底辺にある家庭をいくつも目撃し，彼はこの国での最初の 8 年間の経験を「continual journey through its southern, western and midland portions」にまとめている。そこは最も開発が遅れた最も貧しい地域で，さらに追い打ちをかけるようにジャガイモの不作が直撃した (Mokyr 1983)。それらはちょうど彼が滞在して

いた頃の出来事である。彼の最初の自宅はシャノン川のすぐそばの町，バナガーにあり，その後クロンメルに移っているが，そこでトロロープは「さまざまな生活水準のアイルランド人がいる。貧しい生活の中でも比較的余裕があるように見え，逆境に対する強さを感じる」と記している（Trollope 1849: 532）。

　旅することでトロロープはさまざまなことを知った。「私ほどこの10年間にアイルランドで起きた変化を目撃する多くの機会を得た英国人はいないだろう」（Trollope 1850: 201）と述べているように，旅によって誰よりも詳しく空間的な知識を得て，執筆し，名声をつかんだ。したがって，彼が「アイルランドにおける英国の力の象徴」として捉えられることがあったのも不思議ではない。イギリス政府が「アイルランドについて知りたがっている」，そして「植民地化し商品化したがっている」という噂から，彼の小説はイギリス政府の意思を反映したものに過ぎないと解釈された（Corbett 2000, Deane 1994）。この点では，トロロープが自身の小説にこのような暗いテーマを選んだのもうなずける。アイルランドでの生活や人々との関わり合いにおける彼の役割や介入を正当化するために，アイルランドについての誤解や未知の部分を世間に知らしめる必要があったのだ。

　その結果，Deane（1994）の主張のように，英国系アイルランド人の書として重要なテーマの1つは，「時代錯誤な国家としてのアイルランド」であり，そのロマン主義的で古めかしい文化を近代化する必要があった。このテーマが取り上げられるようになることで，アイルランドの異質性や，近代化したイギリスと比較して大きく後れを取っていることがクローズアップされるようになり，それと同時にイギリスがこの国に介入することを容認する動きへとつながったのである。Corbett（2000）が述べているように，この現実を強く印象付けるのが「The Macdermots of Ballycloran」の最初のページである。この小説の冒頭は，リートリム郡のドラムスナ村の近くにあるバリクローラン地区の古びた屋敷の描写から始まる。

　　1マイルほど歩いたところで，道路が一方に傾き始めていることに気付い

た。郡がこの地を見捨ててしまったのは明らかだ。現在はまだ，壊れた橋の
残骸はそこに残されているが，すぐにそれも崩れて過去の繁栄の面影もなく
なってしまうだろう。それでも踏み石があるので何とかなる。幸いにも私が
無事に川を渡り切ることができたところで，崩れかけた一軒の家の入口が見
えた。外観から判断する限り，「なんと貧しい生活なのか」と誰しも思うだ
ろう。しかしこれもよくある話だ。そのとき私はコノートの紳士のことを思
い出し，さまざまなことが頭をよぎっていた。浪費家の地主，無謀な借家人，
借金，嫌がらせ，絶望，そして破滅 (1991: 1-2)。

ナラティブの冒頭で人々や地域の全体的な景観を描き出すことで，トロロー
プは旅行記における最も確立した手法の1つである「著者からの網羅的な視点」
を読者に見せている。これはすなわち彼が幅広く深遠な知識を持っていること
を意味している。著者は映像を頭に焼き付けており，その地の歴史や行く末も
理解している上に，その裏側に潜む秘密を世間にさらす力を持っている (Hillis
Miller 1969)。それと同時に，全体の景観を詳細に描写できるのはトロロープが
実際にそこを訪れていることを示唆している。Pratt (2008) が述べているように，
このような方法は読者との間にルールを確立するために昔から使われている。
これによってトロロープは，このナラティブを自分のものとすることができる。
読者をイギリス人に特定し，このストーリーが展開する社会的関係性において
アイルランド人は彼ら（読者）にとって「他者」であるという理解を植え付け
ている。

　彼が最初に描いた全景は，荒廃し古びた村の光景であり，手付かずのまま放
置された状態である。これについて Corbett (2000) は，「トロロープはイギリ
スの田舎町ののどかな光景と暗に対比させている」と主張している。イングラ
ンドは秩序が保たれた活気ある光景の理想形であり，アイルランドは手つかず
のまま放置されており，その状況はどんどん悪化し続けている。これは英国系
アイルランド人の著書で繰り返し使われているテーマであり，Foster (1989)
によれば，その始まりは地主と借家人との間の緊張関係に端を発している。人

口が増加傾向で土地所有熱が高く，そして農場の再分割が延々とおこなわれていた時代の土地所有の慣習は，農村地区の経済発展のために全くと言っていいほど機能していなかった。このように，アイルランドでは「よくある話」である「荒廃したバリクローラン」という設定には，「このようになることは想定できた」というトロロープの気持ちが暗に込められている。結果として，この書の冒頭は新たな物語の導入部分というよりも，むしろイギリス人読者が期待している通りの伝統的な書き出しと言えるのかもしれない。

トロロープの島：二者択一の話

　しかしながら，トロロープがイングランド出身だからといって，彼が植民地的な感覚でアイルランドと向き合っていたと考えるのは間違いであろう。Gregory（1995）によれば，場所のナラティブは複雑であり，複数の矛盾するような主体の立場が共存しているという。もし，この小説「The Macdermots of Ballycloran」をもっと微妙なニュアンスまで汲み取れば，植民地的な色合いは薄れ，代わりにもっと卑しい，そしてもっと実態を反映した声が聞こえてくるかもしれない。Buzzard（2005）は，ビクトリア朝時代の小説の大部分が「他者化」のプロセスの共犯者と見られる傾向があるが，そのような見方は小説の細かいニュアンスを見ずに単純化し過ぎており，必然的にオートエスノグラフィーに陥ると主張している。ここで使うオートエスノグラフィーは，Pratt（2008）の唱えるこの言葉の概念ではなく，むしろ「自身のアイデンティティを通じて検証する方法を著者に提供する」という概念である。

　1841年にトロロープがアイルランドに向かった動機は，人生の再出発という意味合いが大きいと考えられる。ロンドンにいた頃の彼は不幸であり，不安を抱えていた。

　　誰も私が行くことに賛成してくれなかった。アイルランドの監督官としてコノートに行けば，26歳にして年収100ポンドという好条件が待っている

のだ。自分でもそれが正しい道とは思えなかった。ただし，中央郵便局とロンドンから連れ出してくれるという利点もあるのだが（Trollope 1980: 61-2）。

ロンドンにいるときトロロープは上司から侮辱的な扱いを受けていた。彼は収入に見合わないほど贅沢な暮らしをしており，友人はおらず，自分の無力さとさまざまな不満に思い悩んでいた（Trollope 1980）。彼にとってアイルランド行きは，結果的に自己発見につながることになった。Edwards（1991）が指摘するように，トロロープにとってアイルランドはまさに「新境地」となったのだ。この表現には植民地的な響きがあるかもしれないが，ここでこの表現が意味するのは，アイルランドはトロロープが自己を発見し，人生をやり直すことができた場所だということだ。トロロープは自分自身をアイルランド人だと考えたことはないが，同様に外国人だと考えたこともなかった（Trollope 1849）。トロロープのアイルランドを巡る旅が，彼にとって自己発見のプロセスの一部となった。

　　アイルランドでの生活は総じてとても楽しいものだった。私はつねに動きまわり，気が付けば過去のどの時代よりも裕福な生活を送っている自分がいた。いまのところアイルランドの人々は私を殺したりはしていない。ここにきてすぐに気付いたが，彼らはユーモアのセンスがあって賢く（労働者層で比べればイングランドよりもよっぽど知的だ），経済観念を持ち，丁寧にもてなしてくれる（Trollope 1980: 65）。

この記述は，当時のイングランドで一般的に認識されていたアイルランドの姿とはまた別の側面を照らしている（Curtis 1997）。イギリスの環境および空間で成功した彼と同世代の人々と異なり，アイルランドがトロロープを形成したのである（Corbett 2000, Edwards 1983, 1991）。アイルランドはトロロープが詳細な地理的情報に通じている国であり，彼が妻と出会い一緒に子どもを育てた場所であり，郵便局の運営において不可欠の人材へと成長させてくれた場所であ

る（Trollope 1980）。そして最も重要なのが，アイルランドは彼が作家として成功を収めた国だということだ。このように，彼のナラティブの読者であるイギリスの人々の評価が重要なのはもちろんだが，彼にとっては同様にアイルランドの社会での立場も重要なのである。

「The Macdermots of Ballycloran」に話を戻すと，この小説の焦点がカトリックの家族の悲運に注がれていることは明らかである。トロロープがこの小説を執筆していた時代は，イギリス国民にとってカトリック信仰は「不実」とされていた。18世紀頃のカトリックへの差別に対する恐怖は，カトリックの勢力を縮小するに十分すぎるほどだった。19世紀になるとアイルランド国内のカトリック信仰は，王立協会に反対する愛国主義勢力とともになり膨れ上がった（Foster 2001）。当時のアイルランドではほとんどの人がカトリック教徒であり，プロテスタント教徒はダブリン郊外に少数いるだけだった。さらに，プロテスタントの地主の多くが国外に居住していたこともそれに拍車をかけたとされる（Hill 1997, Foster 2001）。トロロープはといえば，「1841年にバナガーに到着して間もない頃のある晩，私は近所に住むカトリック教徒の人々と夕食をともにした。しかし，翌日には，とても丁寧に私をもてなしてくれるプロテスタントの紳士にどちらかの宗派を選ぶよう勧められた」と述べているように，宗派間の溝をすぐに感じ取っていた（Trollope 1980: 72）。

しかし，トロロープはこの紳士の申し出を無視して，熱心な愛国主義者でカトリック教徒でもあるクロンメル市長のチャールズ・ビアンコーニをはじめとするカトリック教徒の人々と親交を深めていった（Glendenning 1993）。郵便局の監督官としてアイルランド国内を旅していた彼は，比較的安全な都会での中間層の生活から離れては，極貧生活を送るカトリックの小作農の家庭を訪問して歩いた（Trollope 1980）。このように，英国系アイルランド人のトロロープはカトリック信仰に関してネガティブな視点で描くことが多いが，同世代のプロテスタント系の著者と比較すれば，カトリック教徒の人々の心情をより深く理解していたと言えるだろう（Edwards 1991）。このことに関しては，「The Macdermots of Ballycloran」に登場するカトリックの司祭で，サディ・マクダー

モットが最も信頼を寄せていたジョン・マグラス神父が，この小説の中で主要人物の1人として描かれていることからも明らかである。

　マグラス神父は（フランスの）サントメール大学を卒業するとパリに移り住み，その後アイルランドで司祭をつかさどることになった。したがって彼はアイルランドの一般的な司祭とは異なり，フランス流の立ち居振舞いと社交性を持ち合わせていた。また，多才で学識があるだけでなく，気さくな人柄で町の人々にいつも陽気に接していた。学問の追及にも貪欲で，出版されたばかりの書物にも目を通していた（Trollope 1991: 26）。

アイルランドのメイヌースにセント・パトリックス大学が創設された1795年以降，アイルランド国外の大学で学び帰国してきたカトリックの司祭はほとんどいない（Foster 2001）。「閉鎖的」であり，「狭量で無知」とされるアイルランドの司教像を強調するのではなく（de Nie 2004, Curtis 1997），むしろトロロープはそのイメージを壊そうとしている。小説によく描かれている人種の既成概念化を嫌い，それによって実際のアイルランドの（少なくとも精神的に）豊かな社会生活が伝えられていないと確信していた（Escott 1913, Tracey 1982）。さらに言えば，彼は異質なものを冷遇することを避けていた。マグラス神父についての次のような記述がある。

　私はできるだけ素晴らしい人間となるよう彼らを導いてきた。私はあなたの教会の聖職者たちと長い間一緒に暮らしてきた。そして彼らの個性を尊重して導いてきた。しかし，彼らがこれまで奉仕してきたのが私の教会ではないからといって，彼らを悪い道へ，あるいは偽善の道へ，あるいは不誠実な道へと導いたことは一度もない（Trollope 1983a: 645-6）。

アイルランドでの暮らしや旅は，この国の社会についての知識をトロロープに与え，それにより彼は，イギリス国民に培われてきた過度な既成概念を打ち

破ることができた。そして彼は,「勤勉」で「理性的」というカトリックの聖職者に対する新たなイメージを読者に提供したのである。

　このこと自体がトロロープとイギリスの読者との間の認識の相違を顕著に表しているというわけではないのだが,マグラス神父とサディ・マクダーモットとの関係に関する物語が進展していくにつれ,読者には新たな混乱が生まれることになる。サディの気持ちに変化を与えたのはマグラス神父であり,サディが犯した罪は不可抗力で,赦免される可能性があると神父が説得した場面がそれにあたる。事件のことを聞いて「逃げてしまうなんて,なんと愚かな若者だ」と怒りをあらわにするマグラス神父だが (1991: 281),サディによる殺害の行為には計画性はなく,イギリス人による暴力と侮辱から「彼の妹」を,ひいては「彼の国」を守ろうして反射的に起きてしまった出来事であることを神父は知っていた。これは「アイルランド人に着せられた既成概念」に対する問題提起である一方で,「イギリス人がアイルランド人を蔑んでいる」ことを表現していると捉えることもできる。この瞬間,トロロープはナラティブを書いているだけでなく,物語の中へと,そしてアイルランド人の心の中へと入り込んでいる (Edwards 1991)。彼はこのとき,自分がアウトサイダー（イギリス人）であることを忘れ去っており,Tracey (1982) が指摘しているように,彼の旅の目的がインサイダー（アイルランド人）の生活や信仰に関する詳細な情報を入手することだという記憶を消し去っている。また同時に,トロロープの旅は彼をイギリスという存在から遠ざけており,イギリスとアイルランドとの間の関係を冷ややかな目線で見るようになっていったと推測される。その結果,トロロープははたして「アイルランドの社会に深く切り込む」ために書いているのか,それとも「イギリスの読者を教育する」ために書いているのかを判断するのは困難になってしまっている。

　このアンビバレンス（両価性）は,「暗喩的」な観点での,そして「空間的」な観点での彼の「旅」に注目した場合,さらに表面化することになる。トロロープは非常に勤勉なアイルランド研究家であり,アイルランドに到着するとゴールウェイ州クール・パークで暮らしていた同窓生のウィリアム・グレゴリーと

旧交を温めている。グレゴリーの家はトロロープが最初に赴任したバナガーか
らそれほど遠くなく，まさにその家でチャールズ・レバーをはじめとするアイ
ルランドの作家たちと出会い，Escott (1913) が述べているように，アイルラ
ンド文学について学んだ場所でもある。場所のナラティブと出会ったときには
いつも，それが自分自身によるその場所での経験であるかのような錯覚に陥る
と言われているが (Tavares and Brosseau 2006)，トロロープの場合にはそれが，
アイルランド生まれの作家たちの文学的慣習や比喩的表現を通じてアイルラン
ドを描くきっかけになったと考えられる (Tracey 1982)。アイルランドの伝統的
な文学的慣習，あるいは「色調」は，言わば「爆発寸前の緊張状態」であり，
Tracey (1982) も認めているように，トロロープがアイルランドを描いた小説
は残酷で暴力的である。「The Macdermots of Ballycloran」だけを見ても，そ
こに描かれているのは「殺人」や「処刑」，「拷問」，「争い」，そして「背信行為」
である。この色調は土地所有に関連する比喩表現に現れており，地主と借家人
の間の緊迫した関係性を捉えている。Tracey (1982) の主張を改めて示すまで
もなく，トロロープがこの関係性を作品に描いた理由は，当時の土地所有の形
態を正当化したり，英国系アイルランド人の地主の罪深い行為を許容したりす
るためではなく，それを批判しようとしたのだ。

　アイルランドの土地所有の形態は，所有する土地を借主に貸し付ける地主た
ちのネットワークと特徴付けることができる。しかし 19 世紀初頭には農村地
帯の人口が膨れ上がり，貸し付ける土地が不足するようになり，土地保有権の
不安定化や法外な地代が問題として浮上する。土地の需要が高まったことから
地主が地代を引き上げ，土地をさらに細分化して最大限の利益を得ようとした
ためだ (Hoppen 1998, Trollope 1850)。アイルランドの新聞社「The Examiner」
に投稿したトロロープの何通もの手紙の中には，アイルランドの飢饉の原因と
してこの土地所有のシステムを名指しで批判しており，「The Macdermots of
Ballycloran」の中でもこの問題を取り上げている。

　　（領主の）ロード・バーミンガムは親切で，善良な男だ。最も慈悲深い人間

の1人だ。恵まれない人々に彼が送った品物の一覧表を見てみるといい。彼がイングランドに暮らしているというのは事実であり，アイルランドを訪れたことはほとんどない。それは責められるようなことだろうか。同時に2つの国で暮らすことなど可能だろうか。彼が議員と閣僚を辞任しアイルランドで不動産業を営むようになったことで世界は恩恵を受けてきたではないか。これが自分を正当化するための彼の言い分なのかもしれない。しかし彼によって引き起こされたこの悲劇に対して誰も責任を取らなくてもいいのだろうか（Trollope 1991: 82-3）。

　アイルランドの文学的慣習を踏襲し，イギリス人に翻弄された土地保有のシステムを批判することによって，トロロープは，アイルランドが自国の空間のナラティブを自分たちの手でつくり出すよう促している。Deane（1994）は，「アイルランド人がアイルランド人のためにアイルランドをつくり出す（すなわち自立する）」ための象徴的な存在として土地と農地が描かれていると主張している。つまり，「共通の文化」というよりも，「特有の文化」という観点でアイルランドを表現できるようにすることが1つのテーマになっていると考えられる。しかしながら Edwards（1991）が指摘するように，これはトロロープが国境を超えてアイルランド人の心の中に入り込むための唯一の方法ではない。サディがアッシャーを殺害する場面の背景として，トロロープは政治的環境の被害者としてサディを描いている。税務官のアッシャーは，違法に酒を蒸留している疑いのある「Ribbonmen」（リボニズムに賛同する貧しいカトリック教徒）を取り締まっていた。この当時，地主による搾取に対抗するために小作農がグループを結成したのがリボニズムの活動の起源であり，サディがこのグループに所属していたことは，アッシャーの殺害が正当防衛などではなく，政治的な意味合いを持つと考えるに十分な理由を与えたと言える。

　ここでトロロープが暗示しているのは，アイルランドという国自体がその環境の被害者だということだ。土地と農地を巡る争いや社会的な緊張といった負の環境を抱えていたアイルランドは，イギリスから疑念と不信の目で見られて

おり，この観点で言えば，あらゆる犯罪，とりわけ農村部で発生した犯罪は王立協会に対する反抗と捉えられた。したがってトロロープは，サディに対して公正な裁きが下る可能性はほとんどないというストーリーを描いたのであり，アイルランドという国はインサイダーによってではなく，アウトサイダーによって裁かれる国なのだということを暗喩的に表現している。この不平等を認識して表現する上で彼は，アイルランドの政治に対する親近感とアイルランド文学に対する恩義を暗に示している。アイルランドの旅のナラティブに暗喩的表現を用いることによって，アイルランドという国やその人々を風刺するのではなく，もっと深く繊細にアイルランドを表現したのだ。

　Trumpener (1997) によれば，サー・ウォルター・スコットの歴史小説「Waverley」が1814年に出版されて以降，ケルト人をテーマにした小説がビクトリア朝時代の読者に人気を博したが，トロロープの「The Macdermots of Ballycloran」に関していえば決してそうとは言えない。彼の小説はイギリスの文学評論家の間ではあまり知られてはいなかったが，「進むべき道を失ってしまっている」というのがトロロープに対する共通の評価だった。文芸雑誌「Shilling Magazine」の論評には，「この著者が自分自身のナラティブを手直しする必要があると考えていることを祈りたい。彼のナラティブのいくつかの箇所は，その荒削りな文章から，全体のストーリー展開から逸脱している」と記されている (1847: 566)。一方で「The Athenaeum」はトロロープにアイルランドに関する記述から離れるよう助言しており，その理由として，恐怖や悲劇，そして凄惨な出来事といった描写は多くの読者にとって受け入れがたく，決して歓迎されないと指摘している (1847: 517)。また，トロロープは本の出版社から「アイルランドをテーマにした小説は読者が好まない。わかってくれると思うが，これ以上あなたに小説を書くことを勧めることはできない」と何度も伝えられたという (Trollope 1983: 17-18)。

　ロンドンで出版社を探し，アイルランドでは「私が小説を書いていることを誰も知らない」(Trollope 1980: 75) という状態のときの彼は，アイルランド人のためではなく，イギリス人のために小説を書いていたと言えるだろう。アイル

ランド文学の比喩表現を模倣していた彼の小説は，無粋でイギリスの慣習から外れており，読者が求めている作品とは程遠いと言わざるを得なかった。しかしトロロープの視点では，イギリスの辺境に住むケルト人の本当の姿を描いた作品であった（Trollope 1980: 80）。ハッピーエンド的な要素をすべて排除して，代わりに「反英雄的」，「欠点だらけの人格」，そして「陰湿で目をそむけたくなるようなリアリズム」を実験的に組み込んだ小説と言えるかもしれない。その結果，トロロープの生涯を描いた伝記作家の1人である Sadlier が記しているように，「小説である以前に政治的メッセージ」であり，「イギリス小説である以前にアイルランド小説」である1冊の小説「The Macdermots of Ballycloran」が完成したのである。Sadleir は「アイルランドにおける友人との交流やスポーツ，野外活動がトロロープを彼自身から救い出した。いまにも窒息してしまいそうなこの天才を，アイルランドが己の悲運と閉ざされた希望へと吸収することによって生き返らせたのだ」と主張している（Sadleir 1927: 142-3）。

　イギリスの読者たちが求めているのはもちろん喜びと幸せであり（Flint 2001），トロロープの著書にはそれがないがゆえに厄介であった。それはまるで，トロロープが彼の小説に「彼自身」，そしてアイルランドはいまもイギリスに誤解されているという「彼の信念」をあまりにも大量に注ぎ込み過ぎてしまったかのように見える（Trollope 1849）。トロロープは彼の自己発見の感覚とその蒸留物に節度を持たせながら小説を描く術をまだ持ち合わせていなかった。しかし後年になって彼はそれに気付いたようであり，作家仲間のジョージ・エリオットに「読者にあまり噛みつきすぎないほうがいい」とアドバイスを送っている（Trollope 1983a: 670）。しかしそれでも，1847 年の彼の記述に「筋書きそのものに関して言えば，優れた作品，あるいは少なくとも人々の悲哀を繊細に描写した作品が書けたという確信は持てない。ただ，文学的慣習の勉強不足によって躓いてしまったことだけは認識している」とあるように，彼の動機となっていたのはストーリーではなく，そこに込められているメッセージだったと言えるだろう（Trollope 1980: 70-71）。

結　論

　「The Macdermots of Ballycloran」は，一般的な概念においては旅行記とは呼べず，他のいかなるジャンルに属するよりも先に「小説」に分類される。しかし小説であるとしても，トロロープがアイルランドを旅したという事実，あるいは彼が場所のナラティブを描いているという事実を消し去ることはできない。トロロープは自身の旅を小説の筋書きに置き換えたわけではないが，アイルランドを巡る旅で出会った人々や場所が，この小説の筋書きや登場人物，そしてストーリーへと投影されている。「日増しに悪化する貧困に苦しむカトリック教徒の家族」，「アッシャーという登場人物に重ねられるイギリスの姿」，「良識と理性を兼ね備えたマグラス神父の存在」，そして「ストーリー全体を覆いつくす絶望感と緊張関係が醸し出す色調」というこの小説の焦点は，アイルランドの文化的，政治的な日々の生活に対するトロロープの愛着を表していると言ってもいいだろう。

　しかしながら，トロロープがアイルランド各地を巡った旅の「消せない影」が見え隠れするのは，登場人物やストーリーの中ばかりではない。トロロープの旅が彼の人格を形成していったのであり，さまざまな観点でそれは彼にとって「自己発見の旅」であったと考えられる。彼は国境を超え，それと同時に自身のアイデンティティを再評価し，再構築し始めたのである。彼がイギリス人であることを捨て去ったわけではないが，彼の旅が「異種なるもの」との接点となり，その意識を鈍らせていった。そしてそこでの人々との出会いが両者の観念や感性の相違を取り除いていったのだ。その結果，この作品はアイルランドの異種性を照らすのではなく，その違いの原因を照らし出そうとしている。ゆえにこの作品は読者が求めているものとは程遠いナラティブとなってしまった。小説の中でも，厳格なモラルを含めたその場所の「文化」を扱う作品の場合には，読者の期待と異なるナラティブを描くのは極めて危険である。それが読者に誤解を与える可能性があるからだ。著者が語る物語は，読者がそれを受

け入れてくれるかどうか，あるいはその作品を支持して読んでくれるかどうか
に大きく依存している。しかし読者は一様ではない。したがって小説の著者は
「想定される読者向けの文章構成(response-inviting structures)」に頼らざるを得ず，
それによって特定の場所の特定の人々が共感できる小説となることがある程度
保証される。想定される読者とは著者が自身の経験や知識を元につくり出した
架空の存在であり，もちろんこれが絶対に確実な方法というわけではない。

　アイルランドはトロロープの避難所であり，自己を再構築して自己実現を果
たした場所でもあった。そして，彼はイギリスで不遇な扱いを受けていたがゆ
えに，アイルランドは彼の同情心を大いにかき立てた場所でもあった。しかし，
この地での生活の過酷さを伝えようとするあまり，「The Macdermots of
Ballycloran」はアイルランドに対する情熱的で衝動的な表現となった。この小
説はアイルランドの真の姿を描こうとした作品である。表面的な状況やありき
たりの情報ではなく，もっと深遠なアイルランドの生活をナラティブに描写し
ようとしたのだ。そしてその真実を正確に捉えた描写は，アイルランドに対す
るイギリス人の見方を変化させる力を持っている。しかし，イギリスの文学的
慣行に逆らう表現を用いたトロロープのナラティブでは，アイルランドの異種
性ゆえに読者はその空間を思い描くことができなかった。この小説は自身の経
験を描いた作品というよりも，自身の欲求を満足させるために書かれた作品と
言える。また，他罰的というより内省的で，包括的というよりは限定的である。
この両者の違いは非常に極端であり，結果としてこの作品は，読者として想定
されたイギリス人のアイルランドに対する誤解を解くどころか，むしろ遠ざけ
てしまったといえよう。

第 10 章

熊野古道の散策とその記録：
日本の旅行文化に関するナラティブ

Sylvie Guichard-Anguis

序　文

　近世以前の日本において，何百年もの間，馬やかごに乗って快適な旅を楽しめたのは一部のエリートだけであり，大部分の人々は徒歩で旅していた。日本人の旅の記録は数多くの文学作品に残されており，中でも徒歩での旅の記録は，日本の旅行記のジャンルにおいて最も有名な作品を生み出している（Guichard-Anguis and Moon 2008）。そこにおいて，新たな形態の交通手段の登場がこの旅行記の伝統に革新的な変化をもたらしてきた。特に鉄道の普及は，旅の記録を残したいと考えている旅人たちに喜んで受け入れられた。昔の伝統はいまもまだ残っており，図書館の書棚には古くから伝わる書物が置かれているが，そこには海外の作品を含む幅広い旅行記がみられる。いわゆる「旅の文化（culture of travel）」は，江戸時代（1603-1868）以前のかなり古い時代から発展してきた。巡礼の旅と温泉地を巡る旅は，その時代の封建的な政府からも容認されていた。しかし，有名な神社仏閣，あるいは温泉地を巡る旅は時代とともに徐々に姿を変えていき，有名な観光地への旅や，劇場や人気店のような魅力的な施設を備えた場所を探索する旅が主流となっていった。

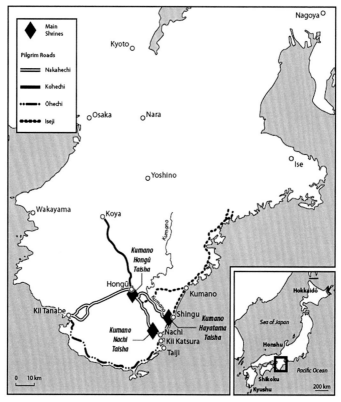

図 10.1　紀伊山地の参詣道（著者自身が作成）

　上述の発展という観点で重要な地域の1つが，大阪市の南側に位置する紀伊半島であり，そこには1000年以上前に建てられた「熊野三山」（熊野本宮大社，熊野速玉大社，熊野那智大社）がある（図10.1参照）。熊野周辺の霊場が長きにわたり参詣者を引きつけてきたことに多くの研究者が関心を寄せており，その地を旅しながら記された紀行の文化がどのように発展してきたのかを研究したのが本章である。その参詣道「熊野古道」の紀行文は最古のものから現在に至るまで，実に800年分の資料が残されている。これらは同じ参詣道を辿る旅についての記録であることから，時代によってナラティブがどのように変化しているのかを検証することが可能で，興味深くもある。また，参詣道を訪れるまでの

行程に鉄道や車などの移動手段を利用することが多い現代の紀行作家と，当時の首都「平安」（現在の京都）から全行程を歩いて参詣道を訪れていた先人たちとの間にどのような共通点があるのかを調べてみるのも面白い。熊野古道についての記述の背景を理解するために，本章ではまず，日本における紀行の概念と，2004 年に世界遺産に登録され注目が高まっている「紀伊山地の霊場と参詣道」について紹介する。次に，中世の参詣道と自然環境が 21 世紀のいまもどれくらい変わらないまま残っているのかを検証したい。同じ経路を歩いて記されたと思われるナラティブにどの程度の共通点があるのかを評価するためには，13 世紀初頭と 21 世紀初頭との社会的背景の違いを明確にしておくことが重要である。

日本における紀行：長く伝わる伝統

　西暦 935 年に紀貫之によって記された「土佐日記」がよく知られているように，日本における紀行の歴史は古い。彼の側近の女性によって書かれたという体裁のこの日記は，紀貫之が土佐国での国司としての任期を終え，平安（京都）に帰る途中の出来事を描いた作品である。13 世紀になると紀行の数は劇的に増加しており，代表的な作品として，1242 年に成立したとされる作者不詳の「東関紀行」が挙げられる。この紀行文は同年秋の，平安から鎌倉までの旅の記録である。1975 年に出版された「日本紀行文学便覧」では，編者の福田とPlutschow が平安時代 (794-1185) から安土桃山時代 (1573-1603) に記された代表的な紀行文 70 作品を紹介している。その作品の 1 つが，後鳥羽上皇による1201 年 10 月の熊野への巡礼に随行した藤原定家が記した「明月記 (熊野御幸記)」である (Fukuda and Plutschow 1975)。後鳥羽上皇は 10 月 5 日に平安を出発して同月 26 日には御所に戻っており，驚くほどのスピードで旅をしたことがうかがえる。

　歴史的な旅の記述は日記だけに限らず，随筆や和歌の中でも描かれており，さらには演劇や「道行き (歌舞伎)」にも含まれている。旅の記述に関連する描

画（挿絵）にも長い歴史があり，挿絵付きで紀行を紹介しているガイドブックは，17世紀の半ば頃にはすでに発行されている（Nenzi 2008）。19世紀に入ると木版で刷る色鮮やかな浮世絵の登場によって，国内の有名な景勝地の存在を多くの日本人が知るようになっていった（Sato and Fujiwara 2000）。旅の記述と描画との密接な関連は子ども向けの絵本にも見て取れる。世界中で数々の賞を受賞している画家，安野光雅（1926-）の代表作の1つが，「旅の絵本」シリーズである。

　和歌山県にある「くまの古道歴史民俗資料館」という小さな博物館の展示にも見られるように，旅のナラティブを元にその様子を描くことも可能かもしれない。この博物館には，藤原定家が記した後鳥羽上皇との旅の様子を1日ごとに，ユーモアを交えながら，しかし正確に描写したパネルが掲示されている（図10.2参照）。10月15日の夜の部分には寒さに震える定家の姿が描かれており，数日後にようやく目的地の熊野本宮大社に到着した日の部分には涙を流している定家が描かれている。

　日本文学の中で最も有名で人気のあるいくつかの作品は旅を題材にしており，その代表作として松尾芭蕉（1644-94）の「奥の細道」が挙げられる。それらの作品は文学として優れているのはもちろんのこと，日本における旅の歴史に関する詳細な記録にもなっている。松田（2007）の「江戸の温泉学」には温泉の歴史に関する彼の鋭い洞察が記されているが，1733年から1845年に発行されているいくつかのガイドブックの中の記述にもそれと同様の指摘が見られる。16世紀にポルトガル人が記した旅の記録や江戸時代に日本に渡航したヨーロッパ人の紀行など，外国人の紀行文も当時の日本に関する貴重な情報を提供してくれる。中でも，1727年にロンドンで出版されたエンゲルベルト・ケンペルの「The History of Japan」は，天分の鋭い観察力と外国人の視点から，江戸に向かう道のりを詳細に記述している。オランダ東インド会社に雇われたドイツ人医師である彼は，学者としての顔も持ち，1690年9月から1692年10月まで長崎の出島に滞在している。彼は江戸幕府の将軍（綱吉）と2年続けて謁見する機会を与えられ，江戸城を訪れるためにオランダ人の仲間数人ととも

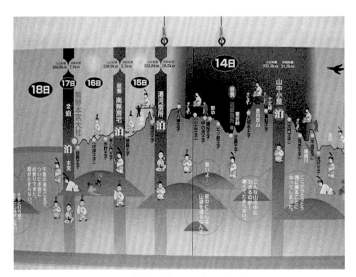

図 10.2　藤原定家の日記（著者自身が撮影したもの）

に長い距離を往復する必要があった。その最初の年，1691 年 2 月 13 日に長崎を出発し江戸に到着したのは 3 月 13 日で，そこから出島に戻ったのは 5 月 7 日である。彼はその旅の途中，熊野から来た「比丘尼（尼僧）」と何度か出会っており，江戸に向かう途中の四日市での様子を次のように記している。

　　不思議であり奇妙にさえ思えたのは，若くて上品な比丘尼，あるいは尼僧が物乞いする姿である。彼女らは旅人に寄り添って歩き，心が安らぐような歌で旅人たちを元気付け，気が晴れるまで一緒にいてくれる。物乞いをする他の尼僧と区別するとしたならば，彼女たちは「熊野の比丘尼」と呼ばれており，いつもペアで行動し，この街道だけにしか現れない。彼女らの毎年の稼ぎの一部は伊勢神宮に納めることになっている（Bodart-Bailey 1999: 330-31）。

旅について記述する習慣は現在においても健在であり，熊野での体験を綴った書籍は近年も数多く出版されている。私もその執筆を引き受けたことがある（Guichard-Anguis 2011 を参照）。日本人のアイデンティティの中心に据えられてい

るのは「感情」であり，文学ジャンルの１つとして旅行記はそこに焦点を当てる傾向がある。そのような文学作品に関連する旅は，「放浪」や「過去への郷愁」を包括する「巡礼」の幅広い概念に分類される。旅人であり作家である人物が道を歩くとき，その人は歴史の中を歩いているのであり，それまでに読んだ数々の書を頭に浮かべ，時間の経過やある種の悲哀を感じながら歩くのである。旅行記は日本語の「旅」という言葉と関連している。「旅」という言葉は英語の「moving」や「journey」に翻訳することができる。この観点から「旅」という言葉には「road of life（人生の道）」という意味合いも含まれており，「travel」を意味する「旅行」の一文字目の漢字と同一である。この後取り上げる熊野に関するナラティブもそうであるように，旅という言葉は，その感情的な側面，一般的には孤独な旅という側面が強調されることが多かった。近年よく使われるようになった日本語の「旅行」という言葉はグループでの旅やパッケージ・ツアーを指す傾向があり，このような「旅行」の形態で旅する人は旅行記を書く人ではないと捉えられる。

紀伊山地と霊場

　本章で紹介するナラティブの背景を理解するために，関連する日本の一端についての説明が必要だろう。紀伊山地は紀伊半島の南側の大部分を占めている。紀伊半島は日本最大の半島で，大阪平野と奈良盆地の南側に位置している。紀伊山地はその名が示唆するように標高 1,000 メートル越えの地点が 17 箇所あり，斜面の 81 パーセントは 30 度以上の傾斜がある。この地帯を取り巻く名古屋，大阪，京都のような都市部とは異なり，生い茂る森に包まれた豊かな自然環境が紀伊山地を覆っている。ただし，市街地や産業の発展に必要なだけの平地がないことや，通信設備の不備，人口流出など，豊かな自然という特徴がマイナスのイメージを与える場合もある。「近代化した国」という日本のイメージとかけ離れ，中心から遠く離れた場所というイメージを持つこの地域ではあるが，普段の生活とはかけ離れた「別世界」を味わうために，毎年多くの日本

人観光客がここを訪れている。

　十分な降水量，生い茂る森，温泉，そしてギザギザと入り組んだ海岸線とい
う特徴を持つ山あいのこの地域は，昔から「神が宿る場所」と言われてきた。
神道，修験道，仏教，あるいは仏教と神道の融合といったさまざまな信仰が，
このような神聖な場所をつくり上げたと考えられる。紀伊山地の北東部に位置
する吉野町や北西部の高野山はさておき，本章では，熊野三山と呼ばれている
３つの霊場に焦点を当てる（図 10.1 参照）。熊野の主な建造物には熊野三山（熊
野本宮大社，熊野速玉大社，熊野那智大社）の他に，大きな２つの寺院，青岸渡寺，
補陀洛山寺がある。熊野三山には歴史的建造物だけでなく，木々や原生林，川，
滝といった自然が豊富にある。熊野本宮大社は山奥の熊野川のほとりに位置し
ている。熊野速玉大社はそこから 40 キロメートルほど南側の熊野川河口付近
にあり，熊野那智大社はさらにそこから 20 キロメートルほど西側の太平洋か
ら数キロメートルほど内陸に入った標高 350 メートルの場所にある。

　それら神聖な場所を結ぶ道が熊野古道であり，その歴史は 10 世紀頃にまで
遡る。11 世紀から 12 世紀頃には，幾人もの天皇が多くの家来を引き連れて平
安（現在の京都）を出発し，この場所を巡礼している。このようなスタイルの巡
礼はその後しばらく影をひそめるが，江戸時代になるとその人気は再燃する。
観音信仰に由来する西国三十三所遍路は，熊野那智大社からほど近い青岸渡寺
が出発地点になっている。霊が宿る場所とされる熊野一帯の文化遺産は，国宝
や重要文化財，史跡，名勝，天然記念物に指定されている（世界遺産登録推進三
県協議会 2005）。このように文化庁が文化遺産として指定している熊野周辺の霊
場と参詣道は，2004 年にユネスコ世界遺産（文化遺産）にも登録されている。
周辺自治体が近年取り組んでいる観光客誘致のためのキャンペーンを見てみる
と，この神聖な場所へと観光客を呼ぶためにはその霊的な力をアピールするだ
けでは不十分と考えているようである。21 世紀に入った現代においては，た
とえば自然環境や郷愁を感じる風景，精神的な安らぎ，健康増進を目的とする
ウォーキング，深い森に包まれた文化遺産のような，多くの旅行者を魅了する
特徴を強くアピールする必要があるようだ。続いて，長い歴史の中で変化して

きたこの神聖な場所を訪れた人々のナラティブを検証してみたい。

熊野の参詣道を歩く

現存する最古のナラティブと近年のそれとの間の膨大な時間経過を考えれ
ば，21 世紀となった現在の参詣道がどのような状態で残されているのかを見
ておく必要があるだろう。熊野の参詣道は，熊野三山へと通じている（世界遺
産登録推進三県協議会 2005）。歴史上の参拝ルートは，現在の京都を出発して大阪
へと向かい，そこから太平洋岸沿いを田辺まで南下（紀伊路）する。田辺から
先は，中辺路（図10.3 参照）と大辺路の 2 つのルートに分岐している。中辺路
は熊野本宮大社へと通じる参詣道であり，そこから再び分岐して太平洋岸寄り
の他の 2 つの大社へと続く参詣道が通っている。「紀伊山地の霊場と参詣道」
の一部として世界遺産に登録されている唯一の川，熊野川も，枝分かれした参
詣道を形成している。中辺路は現在も一番人気のある散策ルートである。大辺
路は田辺から海岸線近くを通り東に向かい，熊野那智大社へと通じている。伊
勢路（図10.4 参照）は，半島の東端にある伊勢から概ね海岸伝いに熊野速玉大
社へと通じている。小辺路は高野山から熊野本宮大社まで続く，山々の間を通
る曲がりくねった道である。

Kuwahara（2002）によれば，熊野の参詣道の名称についている「辺路」と
いう言葉は本来，「入り組んだ海岸線沿いのでこぼこ道」を意味していた。そ
の後，修験道の修行に使われる道という意味合いを持つようになっていった。
参詣道は古くから，厳しい自然と対峙し，修験道の修行場へと向かう道として
も使われていた。急こう配の山々や大きな岩，峰，川，滝，深い森林といった
厳しい自然環境は，霊の宿る場所とされていたのと同時に（奈良，三重，和歌山
県教育委員会 2005），苦行をおこなう場所として使われてきたのである（たとえば，
滝に打たれて冷たい水を浴びる滝行など）。熊野周辺の霊場は，阿弥陀，薬師，観音
といった神々が現れる場所として認識されてきた。それらは本来，仏教の寺院

図 10.3　**中辺路**（著者自身が撮影したもの）　図 10.4　**伊勢路**（著者自身が撮影したもの）

であがめられる仏や菩薩であるが，江戸時代頃までは神仏一体の考え方が一般的であり，熊野の参詣道はそのような仏陀や菩薩が集まる聖地へとつながる道として捉えられてきた（Moerman 2006）。

　参詣道の道幅は 1 メートルほどで，路面の状態は場所によって異なる。参拝者は足元で絡み合う木の根に注意しながら前に進まなければならないが，ところどころに石畳の道や，小石を敷き詰めた階段状の道もある。伊勢路の歴史は少なくとも 10 世紀頃にまで遡ることが古い文書からわかっており，そこには当時の道の状態が記されている（紀南文化財研究会 2007）。道の一部が石畳などで整備されたのは江戸時代に入ってからで，西国三十三所遍路の人気が高まるとともに通行量が増加していったが，それぞれの参詣道の辿ってきた歴史はまちまちである。大辺路や伊勢路と比較して，中辺路の道幅は広めにつくられている（世界遺産登録推進三県協議会 2005）。それと対照的に伊勢路を歩くときには，以前は漁港があった小さな湾から別の湾を結ぶ峠の山道を進まなければならない。現在では，馬越峠道のように改修工事がおこなわれた道路もある。浸食や

地滑りを引き起こす大雨は半島の伊勢路側において特徴的で，道の補修が十分に行き届かない場所もあった。また，八鬼山峠から三木里に向かう道のように途中で二股になっているところもある。

江戸時代には領土管理の目的で参詣道の一部が使用されていたこともある。また，20世紀半ば頃まで，参詣道を利用するのは旅人だけでなく，日々の生活道路として，農家の人々が農場や隣村，近隣の市場に行くためにも使われていた。あちこちに残る廃屋となっている茶屋は，参詣者が茶や軽食を楽しんだ参詣道の歴史を物語っている（Guichard-Anguis in press）。また，20世紀半ば頃までは，参詣道沿いに旅籠と呼ばれる宿が数軒あった。たとえば，中辺路を熊野那智大社から熊野本宮大社へと向かう途中にある小口の手前の道沿いにも旅籠があった。大辺路から道幅の広い参詣道がなくなってしまったおもな理由は，国道敷設であると考えられる。新しい道路の完成と自動車の出現により，紀伊山地一帯の人の動きは完全に変わってしまった。現在では舗装された道が増え，昔から変わらぬ参詣道は短い区間にしか残っておらず，そこを歩く魅力は半減してしまった。別の見方をすれば，新たな道路が参詣道から離れた場所に建設されるケースもあり，それが参詣道の保全につながる側面もあれば，あまりにも遠く離れ，日々の生活道路として不便なため利用者は少なく，道を維持していくのが困難になっている側面もあり，特に中辺路がそれにあたる。

明治時代になると，江戸時代とは比較できないほどの規模で開発が進み，貴重な自然環境は大きな打撃を受けることとなった。林道の建設によって林業労働者は山奥まで車で容易に行けるようになったが，一部の区間は古くから残る参詣道を通る。熊野山地の山奥の村に住む高齢者の話の聞きとりから，彼らの参詣道に対する認識を調査した結果がある（京都大学 2007）。林道や生活道について話す高齢者たちは，参詣道の歴史的価値を理解していないようだ。20世紀の林業の工業化がもたらしたもう1つの結果は自然環境の大きな変化であり，広葉樹が伐採されて減少し，杉やヒノキなどの針葉樹が植林され増加している。これは，樹木を短時間で伐採できるチェーンソーの登場が大きく影響していると考えられ，またトラックの開発によって伐採した木を，林道を通って

輸送できるようになったこともそれを助長していると考えられる（熊野の森 2008）。また，参詣道を元の道幅に戻すためには，土地所有者と時間をかけて交渉しなければならない。参詣道の一部には景観を保護されている区間はあるものの，現在の道を取り囲む森林が，古の姿，あるいは江戸時代の姿とさえ異なることを今日の参詣者は知っておくべきだろう。

　今日の日本は空前のウォーキング・ブームを迎えているが，それは巡礼や参詣とはほとんど無関係のものである。古の道「街道」を歩くことは，それが幹線道路であれ参詣道であれ，それほど人々の関心を集めたことはない（宮田 2002）。日本のメディアや自治体の観光課は，散策ルートやイベントを宣伝して人気再燃のために努力している。熊野の参詣道は総称して熊野街道とも呼ばれ，日本の歴史的な道には街道という名称がつけられている中，20 世紀の終わり頃，紀伊半島のこの地域を広く知らしめようとした自治体が，この道の歴史的側面を強調するために「古道」という新たな名称をつけた。現在では，紀伊山地の参詣道の名称として「熊野古道」という言葉がすっかり定着している。

藤原定家から現代の紀行まで

　自然環境や生活様式の変化が現代の紀行文にどのように表れているかを分析する前に，まずは歴史的なナラティブの検証から始める必要があるだろう。熊野の参詣に訪れた最古の記録として，福田と Plutschow（1975）は 2 つの紀行を分析している。その 1 つ「庵主」は増基法師の和歌が綴られた三部構成の紀行であり，10 世紀末頃から 11 世紀初頭にかけて書かれた作品である。第一部の「熊野紀行」には，平安から熊野本宮大社までの巡礼の旅の様子が描かれており，帰りは一部区間で舟も利用しながら半島の反対側にあたる三重県側の道を辿っている。増基が用いたルートは，中世において何人かの天皇が巡礼したときに通ったルートとほぼ同じである（Koyama 2000）。もう一作品は藤原定家（1162-1241）の「明月記」で，彼の作品に関しては現在も膨大な資料が残っていることからより詳細な検証が可能である。彼の辿ったルートは参詣道の路肩に

立てられた看板にも紹介され，近年出版された紀行にも頻繁に引用されている。定家は歌人であると同時に，批評家，書道家でもあり，写本作業にも携わった。彼は日本の和歌の歴史において最も優れた歌人の1人に数えられている。和歌とはいわば日本語の詩であり，日本文学における主要ジャンルの1つである。

　後白河天皇（1127-1192）の33回には及ばないが，天皇を退いた後鳥羽上皇（1180-1239）は熊野を29回訪れている。Moeman が述べているように「熊野への巡礼の旅は当初から意識的につくられた国の儀式」だった（Moeman 2005: 150）。1201年10月，藤原定家は後鳥羽上皇の4回目の旅に随行している（Koyama 2000）。数百人からなる一行は10月5日に平安を出発し，16日に熊野本宮大社に到着している。その後，18日には速玉大社に，19日には那智大社を訪れ，26日には首都平安に戻っている（Fukuda and Plutschow 1975）。現在のガイドブックによれば中辺路の田辺と熊野本宮大社の間だけでも約58キロメートルあり，22日間で終えたこの旅は驚くべきスピードで敢行されたと言える。定家は「熊野御幸記」（1201）にその旅の様子を（和歌を除き）漢字で描いているが，前述した博物館の展示にも見られるように，定家は自分の健康状態がすぐれないことについて不満を漏らしており，この旅を楽しんだとは言えないようだ（図10.2参照）。

　その後のユネスコ世界遺産登録の際の資料準備に携わった歴史研究家の小山（2000, 2004）は，自ら熊野古道を歩き，その体験を自著「熊野古道」と「吉野・高野・熊野をゆく」の2冊に書き下ろしている。彼が初めて熊野を歩いたのは1977年で，中世を研究対象とする紀行研究家に誘われて訪れたという。そのときに目にしたのは雑草が伸び放題に生い茂り，ところどころ崩れ落ちている参詣道で，彼はそのひどい有様に対して不満を口にしている。そのせいで思うようには進めず，最後の数キロメートルは暗闇の中を歩かなければならなかった。彼によれば参詣道を歩く人は2つのタイプに分類できる。健康のために歩く人と，歴史に魅入られた人である。彼の鋭い観察眼からそれは一目瞭然だが，彼自身は後者に属すると述べている。何よりも彼が求めているのは「本物」であり，あるいは「失われたもの」である。

　近年の紀行文の代表例としては，もともと編集関連の仕事をしたのち，紀伊に移住した細谷昌子（2003）や高等学校の国語教諭の山村茂樹（2002, 2003），紀行作家の高木美千子（2010）のナラティブを取り上げてみたい。これらの作家と上述したような歴史的な紀行との大きな違いの1つは，近年の作家たちはすべての行程を一度の旅で歩いたわけではなく，数度に分けて歩いているという点だ。加えて彼らは，目的地までバスや電車に乗って移動し，それについても記述している。特に山村はバス停に時間通り着くことにかなり執着しているようである。また，彼らにとってその旅は巡礼の旅というよりも，紀伊山地の参詣道や途中の名所を尋ねたときの様子を表現することに重きを置いているようだ。

　細谷（2003）は1人で参詣道を歩いている。中辺路についてのナラティブでは「ひどく静かだ」と記し，廃屋となった茶屋があちこちにあると記述している。彼女は歩きながら見つけたものをよく観察している。鋭い観察眼を持つ彼女は，森林は20世紀後半の状態に戻ったにすぎず，それ以前には全く違う姿だったことに気付いている。伝説や歴史書に書かれた参詣道に関する記述をよく知る彼女は，まるで定家の隣を歩きながら彼の功績に触れているかのようにも思える。彼女は多くの地元の人々とも交流し，その地域の生活に溶け込んでいるようにも見える。彼女の念入りに計画された旅とその記述は，中辺路を歩くときだけでなく他の地を訪ねるときの手本にもなるだろう。彼女は旅に出発してから戻るまでのすべての行程における段階ごとの時間を細かに記録しており，食事の時間さえも記している。

　山村（2002, 2003）も同様に旅程の時間を詳細に記しているが，参詣路を神聖な場所として捉えているというよりも，バスの時間のほうが気になっているように見える。予定通りに目的地に到着することが何よりも重要なのだろう。以前，発車時刻に間に合わず1人取り残され街に帰れなくなったことがあるからだ。費用の節約も彼の関心の1つで，それが彼の旅における意思決定に影響を与えている。彼は旅先の宿には宿泊しない。大阪の自宅を出て毎日数時間ずつ歩き，家に戻ってくるという旅のパターンから考えると，地元の人々と触れ合

うことはあまり多くない。魚釣りが趣味の彼は，紀伊半島の特定の場所を以前からよく知っていた。それは，移住するまで，紀伊半島を訪れたことがなかった細谷のナラティブとは異なる。

山村は歩いた道の状態を詳細に書き留めて，自治体が作成したさまざまな資料についても触れており，それらのことから彼が事前に十分に計画を練っていたことがうかがえる。

高木は，上述の2人と異なり1人きりで旅したわけではない。彼女の本には参詣路に関する記述はなく，読者は本当に彼女がそこを訪れたのかと疑念を持つかもしれない。その一例として，中辺路に関する記述で，近露と熊野本宮大社とを結ぶルートがあまりにも短いような印象を読者に与える表現をしている。しかし彼女は地元の人々と一緒に撮影した写真を2枚載せており，地元の祭りや文化行事についても言及している。彼女のナラティブからは彼女が歩くことに焦点を当てているようには感じられず，その地を歩くことが彼女の目的だったのかについては疑問が残る。むしろ田舎の素敵な場所を読者に紹介することに関心があるように見える。

結　論

体力的な消耗は軽減されたかもしれないが，今日の紀伊山地の自然環境は，古の歌人たちが見てきた風景とは大きく変化してしまっている。紀伊山地の風景は，都市部で生活する多くの日本人にまるで別世界のような感覚を与える。山中では時間の流れ方が都市部とは違うように感じられ，旅人たちは日々の生活空間とは全く異なる「別の日本」を見つけようと意識を集中させているように見える。この「別の国」は，近代化や国際化によって日本の生活スタイルが大きく影響を受けるよりずっと前の過ぎ去りし時代を語っている。それは個人のアイデンティティや自己認識に対する影響についても暗に示唆している。本章における熊野古道に関する紀行の紹介は，日本の文化に記憶が蓄積されてきた経緯についての洞察を提供している。歴史的な書物が書かれた時代とは，そ

の景観は大きく変化しており，現在の景観からは当時の記憶を辿ることはできず，古い書物に頼るしか方法はない。それでも現代の旅行者の多くは，都市の生活を離れて熊野古道へ向かい，古の旅人が踏みしめたその道を歩くのである。

第 11 章

ナラティブとカウンター・ナラティブ：エルサレムの1つの観光地に関する議論

Chaim Noy

序文：ツーリズムの（批判的）ナラティブ研究

　近年，ナラティブ研究者の視点から「ツーリズム（旅行）の形態や実体験」に関する研究にアプローチする「ツーリズムのナラティブ研究」と表現できるような旅行研究の一領域が活況を呈している。「形態」と「実体験」との間に密接な関連があることに驚きはない。現代の旅行の「形態」は，ロマン主義的，近代的な旅のナラティブの「経験」やその記述をさまざまな形で基礎にしているからだ。ロマン主義的，近代的な旅のナラティブには西洋植民地時代の意識が表れている。別の捉え方をすれば，現代の旅は「ナラティブそのもの」と言ってもいい。現代の旅はナラティブを消費すると同時にそれをつくり出しているのであり，ナラティブのアイデンティティを形成し，ナラティブにその資格を与えるのである。

　ツーリズム研究におけるナラティブ・アプローチは，旅先の地域や施設に対する集合的アイデンティティのイメージ形成を含む，さまざまな論点やテーマを包括する。また，ナラティブ・アプローチは，旅における個人および集団の経験を拾い出し，旅行者のアイデンティティを検証することによって，感情移

入した旅行者個人のナラティブを考察する。体系的なアプローチによって「ストーリー」と「旅」の間の関連性が明らかになる。「時代」の進展とともに「ストーリー」は進化し，「空間」の発展とともに「旅」も進化してきた。この観点からナラティブ研究は，経験の「構造」と「表現」にアプローチするのが理想であると考えられる。経験には断片的な出来事やその認識（主観）が混ざり合っているからだ。多くの学者に影響を与えた Labov（1972）の先駆者的研究のようなこれまでの数々の研究は「時間的」な概念でナラティブを捉えようとしてきたが，クロノトープの概念を確立した Bakhtin（1981）や de Certeau（1984）らは，ナラティブの「空間的」次元に着目し，時間的次元と空間的次元との相互関係に焦点を当てている。

　しかしながら，「ツーリズムのナラティブ研究」を単なる社会学の研究系統と捉えるのは誤りである。そうすることによって，観光政策や旅行産業にナラティブを活用していくことへの理解が制限されてしまう可能性があるからだ。ツーリズムの「批判的」ナラティブ研究は，「社会の階層化」や「排他的な考え方」，「他者性」を助長するような権力構造の変化に，ナラティブのストーリーがどのように影響するのかを明らかにする。批判的な視点は，ナラティブの持つ「前に向かう遂行的な（言行一致の）大きな力」を旅行産業に与え，社会における行為主体性（エージェンシー）の構造に疑問を投じる。体系的，あるいは機能的アプローチから，より批判的なアプローチへとシフトすることは，ナラティブの内容やテーマを解釈し分析する手法に変化をもたらすだけでなく，「誰がナラティブを公表する権利や資源を持っているのか？」，また「記述が誰あるいは何を指しているのか？」，「誰が秩序ある美しいナラティブを語り，誰が断片的な記憶に頼った不完全なナラティブを語るのか？」という疑問へと着眼点をシフトしていくことでもある。

　本章では，旅行産業における革新的かつ急進的なナラティブを扱った研究プロジェクトの成果を紹介する。本研究では単に非覇権主義的（non-hegemonic）なナラティブのみの分析を試みたのではなく，「ナラティブの語り手」を検証することに重きを置いている。ナラティブの語り手とは，現代の旅行産業に急

進的なナラティブを投影する個人，あるいは（おもに小規模な）組織や団体である。特定の観光地でナラティブが果たすイデオロギー的な働きを検証し明らかにしていくために，本章では「覇権主義的（hegemonic）」あるいは「反覇権主義的（counter-hegemonic）」という Gramsci (1971) が概念化した言葉を使用している。そして「ツーリズム」は，そこで展開される政治的ナラティブや声が対立を招きやすいという特徴を持つ「イデオロギー的な社会領域」と解釈されるべきであることについて論じたい（Noy 2008a, 2011）。私の主たる関心は，急進的なストーリーを特定し詳細に示すことであり，観光地のような公共の場でそれら急進的ストーリーを実験的に投影する活動家の行為主体性についての理解を深めることである。国際的ツーリズムにおいて最も大きな影響力を持つのは言うまでもなくグローバル企業であり，地域の活動家ではないことは明らかである。しかし，活動家が覇権主義の是正を図るために，旅行に関連する手段（ガイド付きのツアーや地図，土産物，など）を用いて活動した場合の成果は研究対象として非常に興味深く，倫理的，知的な両方の意味で研究者にとって意義深い。

エン・カレムにおける実験的アート

「サラ・マンカ（Sala-Manca）」は，2000 年に Lea Mauas と Diego Rotman によって結成されたエルサレムを基点として実験的な活動をおこなう芸術家グループである。グループは，パフォーマンスやビデオ，インスタレーション，ニューメディアなど多様な表現を駆使して，活動のフィールドを広げてきている。彼らの言葉を借りれば，このグループは「文字や会話，ネットを用いた，あるいはローテクとハイテク・アートの美学間や社会的論点と政治的論点の間の緊張関係を用いた，翻訳の詩学」を試している（Sala-Manca Group 2010）。Lea Mauas と Diego Rotman は私の知人であり，このグループの活動やその進展を活動当初から追い続けることができた。エルサレムのおもに都市部の公共空間で開催される数々の実験的プロジェクトや展示会に参加し，彼らから大いに刺激を受けてきた。ときに挑発的で，ときに深く考えさせられるような芸術的表現は私

に大きな影響を与えたが，前衛的なパフォーマンスの芸術的メッセージを理解するのに苦労したこともあった。前衛的な考え方ゆえに一貫性の乏しい彼らの活動に，私は関心を持つどころか，いつしか魅了されていた。私は有識者を自負する身として，彼らの活動は困難を伴う挑戦的なものであると感じていた。一方，エルサレム人としての私は，いくつかの大きな美術館はあるものの先進的な芸術活動が欠けているこの街に，芸術と創造性を蘇らせようとするMauasとRotmanの努力に深く感謝している。グループが取り組んでいるのは，実験的な芸術活動によって，芸術と日々の生活空間の融合を試みることや，政治に関心のない人々の生活に刺激を与えることである。

　ここで紹介する実験で用いたナラティブとそれを実行した社会活動家は，サラ・マンカによって組織された3日間の芸術的活動（2009年10月15日から17日）のイベントの一部を構成している。この活動がおこなわれたのは，中心街から少し外れたエルサレム南西部の村，エン・カレムである。エン・カレムには湧き出る泉があり，美しい風景の広がる地域で，1世紀以上前に建てられた教会や修道院，家々に囲まれている（図11.1参照）。ある旅行者向けのウェブサイトでは，エン・カレムを「山や丘に囲まれた静かな盆地に位置し，木々に囲まれ自然豊かなこの町は，エルサレムで最も美しい地域の1つです」と紹介しており，同じような表現は観光パンフレットにも使われている（Go Israel 2010）。あるキリスト教の言い伝えによれば，ここは洗礼者ヨハネが生まれた場所であり，ヨハネの母エリサベトが住んでいた家には聖母マリアが訪れたこともあるとされている。エン・カレムはパレスチナ人の村があった場所でもある。パレスチナ人の心に「Nakba（大惨事）」として深く刻まれている1948年の第一次中東戦争で，イスラエル軍に占領された際，パレスチナ人が追放された多くの町や村の1つである。よって，この「最も美しい地域」は政治的な争いの現場でもあり，2つの全く異なる歴史的事実と記憶，ナラティブを背負っている場所でもある。それは記憶の中の加害者と被害者であるのと同時に，否定したい過去の記憶でもある。

　イスラエルとパレスチナにおける観光政策研究の観点から見ると，現在のイ

図 11.1　南西方向から見たエン・カレム（著者自身が撮影したもの）

スラエルとパレスチナ間の衝突に対する地元の観光関係者やナラティブが果た
す役割について，エン・カレムの町は興味深い疑問を投げかけている。それら
は，政治的関心を持つ旅行者が続々とエルサレムのヘブロンを訪れている現象
について調査している研究者たちの注目を集めている（Bowman 1996, Brin 2006,
Clark 2000, Feldman 2008, Noy 2010）。これら一連の研究は，政治的紛争が絶えな
い地域に集中している。しかしながら，紛争がすでに収まっている地域はあま
り注目されることがない。それらの地域の多くは1967年の紛争のときではな
く，もっと以前の1948年から1949年の時点でイスラエルに占領された場所で
ある。Brin と Noy（2010）はこのような地域を「non-flashpoints」（非衝突地帯）
と呼び，「もしパレスチナ人がこれらの地域のことを覚えていて，いまも憧憬
を持っているのだとしたら，そこがユダヤ人の住居となっていることは既成事
実と受け止めて（あきらめてしまって）いるのだろう」と述べている（Brin and
Noy 2010: 21）。
　エン・カレムでのサラ・マンカによる3日間のプロジェクトのタイトルは「牧

歌的な風景の裏に何が隠されているのか？」であり，この地域に根付く覇権主義を検証し，人々に提示し，それに挑戦しようという試みである。このプロジェクトには30人以上の芸術家たちが参加し，たくさんのプロジェクトや展示，ワークショップが開催されている。近隣地域で開催されたものも含めるとワークショップには700人以上の来場者を集めている。プロジェクトの多くは，地域中心部のメイン会場近くでおこなわれている（サラ・マンカのプロジェクトについてのさらに詳しい情報はMamuta 2010を参照）。上記以外のプロジェクトで特筆しておかねばならないのが，「近隣地域のオーディオ・ツアー」だ。サラ・マンカは参加者に「地図」と２つのツアーの音声ガイドが録音された「MP3プレーヤー」を渡す。音声ガイドは２人の人物の声で吹き込まれており，エン・カレムの町に対するそれぞれ異なる見方を表している。ツアーでは有名な観光地のナラティブの音声が提供されるが，それらは覇権的な（既成概念的な）描写や知識を繰り返すのではなく，著名な知識人によるナラティブでもない。ツアーの経路に従っていくつかの観光スポットを巡るのだが，それぞれの観光スポットでは記憶や感情に訴えかけるような音声ガイドが聞こえてくる。それら音声ガイドのナラティブはそれぞれのツアーの観念的なテーマと関心を追求した内容となっている。サラ・マンカのこのプロジェクトやオーディオ・ツアーに参加することによって，来訪者は社会を変えていく活動に関心を示し，プロジェクトに参加してくれることを期待されているのだ。

牧歌的な風景の裏に何が隠されているのか？

　エン・カレムの人気スポットである泉へと続く道路脇に置かれた小さなテーブルに腰かけていた２人の大学生が，MP3プレーヤーを私に手渡した。そこは私がエン・カレムに到着して最初に立ち寄った場所で，期間中に参加した最初のアート・プロジェクトだった。大学生たちは私に保証としてIDカードを置いていくよう求め，MP3プレーヤーとイヤホン，そしてこの地域の手書きの地図を手渡した。地図には20以上の観光スポットとツアーのルートが書か

れている。

　驚いたことに，この2つのオーディオ・ツアーは別々の組織が制作および運営している。最初のツアーは，「Zochrot」という非営利団体に所属するパレスチナ人のオマル・アグバリアが案内してくれた。この組織は1948年以前のパレスチナ人の生活を忘れないようにするための活動や，1948年の戦争で多くのパレスチナ人が犠牲になった「Nakba（大惨事）」に関心を持ってもらうことを目的とした活動をおこなっている（Zochrot 2010を参照）。2つ目のツアーの案内を担当してくれたのは，エン・カレムに住むユダヤ系イスラエル人のプニーナ・エン・モルで，彼女は大規模な開発プロジェクトを推し進めようとする自治体と開発業者に反対する地域住人の代表を務めている。

　本章では，両方のツアーから2箇所ずつ取り上げて紹介する。これら2つのツアーは同じルートを辿るのではなく，立ち寄る場所も異なる。たとえばアグバリアのツアーではイスラム教系の墓地を訪れて詳細な紹介をするが，エン・モルのツアーではその場所について触れることもない。エン・モルのツアーでは，「Les Soeurs de Notre-Dame de Sion」という修道院に立ち寄ってその景色を楽しむが，アグバリアのツアーにはそこは含まれていない。たとえナラティブの内容分析をまだ実行する前だとはいえ，この乖離が表しているのは，これら2つのツアーのナラティブには大きな違いがあり，配布される資料の内容も全く異なるということだ。

ナラティブの設定

　2つのツアーの音声ガイドによるナラティブはいずれも，建物や通りの案内から始まるわけではなく，エン・カレムの町の歴史的背景やナレーターの自己紹介から始まる。（たとえば，エルサレム市によって運営されているガイド付きツアーのように）権威ある人がエン・カレムに関するストーリーをいかにも中立的な立場であるかのごとく語るのではなく，このツアーの音声ガイドのナラティブでは個人的な考えがそのまま伝えられる。個人的と言っても出会いを演出するよ

うなものではなく，自分たちがどんな人間で，このツアーは何を目的としているのかを詳細に説明している。２つのツアーのオープニング部分を以下に示している。

オマル・アグバリアのオープニング

　皆さん，ようこそ。エン・カレムの村を巡る旅がいま始まります。当然ではありますがこのツアーでは，1948年に放棄されるまでパレスチナ人が住んでいた村についてもご説明します。この後，素晴らしい住宅地や美しい景色をご覧いただけます。エン・カレムはエルサレム最大のアラブ人居住区でしたが，1948年に占領されました。＜ここはアラビア語で話している＞

　こんにちは。エン・カレムの村を巡るツアーは間もなく始まります。エン・カレムは1948年まではパレスチナ人の村でした。この後，この村の素晴らしい住宅地や美しい景色をお楽しみいただきます。この村は1948年の「Nakba（大惨事）」の前まではエルサレム最大のアラブ人居住区でした。

　私の名前はオマル・アグバリアです。非営利組織の「Zochrot」に所属していて，1948年に占領されたパレスチナ人の村を巡るツアーのコーディネーターをしています。ここ，エン・カレムは，私たちが調査対象としてツアーを提供している村の１つです。このツアーの目的は，一般参加者の皆様，中でも特にイスラエル人の皆様に，1948年にこの地が占領される前のこの村の生活について知ってもらうことです。この村の情報を掲載した冊子も用意してあります。冊子には文章や写真はもちろんのこと，自身の経験を語ってくれた避難民の方々の証言も載せてあります。村は７月の中頃には（イスラエル軍によって）占拠され，村の全住民はそこから追いやられました。元居住者のパレスチナ人たちがここに戻ることは許されず，ここはイスラエル人の村になり，エルサレム市街の一部となりました。特筆すべきなのは，これはパレスチナ人の目から見てもそうですが，エン・カレムの村が無傷のまま残っていることです。1948年に占領されたそのときのままの姿です。そしていま，

皆様がご覧になっているこの村はそのときと全く同じ状態を維持しているのです。住居には新しい住人たちが暮らしています。すべてユダヤ系イスラエル人の人々です。

プニーナ・エン・モルのオープニング

　こんにちは。私の名前はプニーナ・エン・モルです。私は1975年からずっとここで暮らしています。バト・ヤムの町で幼少期を過ごしていた頃からこの町に住むことを夢見ていました。この森，私はエルサレムに住む人が本当にうらやましかったのです。エルサレムのことは本で読んだくらいで，ほとんど何も知りませんでしたが，兵役を終えたら必ずここに来ようと決めていました。そして本当に私はエルサレムにやって来て，その後エン・カレムに移り住みました。私は毎朝，ここで暮らせることを神に感謝しています。美しい果樹園が広がっています。季節の移り変わりとともに，果実や景色の色合いも変わります。家々の間の路地にも四季があります。

　しかしながら，村が軽視されていることに私はとても胸を痛めています。自然の美しさを楽しむためにここを訪れた巡礼者の皆さんに申し訳ないのですが，村が軽視されているのは明らかな事実なのです。私が最も心配していることは景観の保護についてです。私は以前，地域住民協議会のリーダーを務め，その活動を率いました。その活動は当時の国内の先行事例となりました。そして住民主導の都市開発計画の作成を牽引しました。それによって，他の計画にただ反対するだけでなく，自分たちの意見を言えるようになったのです。どうぞ本日のこの村のツアーをお楽しみください。そしてこの村の保護活動に参加してくださることを願っています。

　前述したように，これらオープニングの挨拶は，それぞれのツアーの「視点」を参加者に伝えようとしている。自治体など，権力側の人が語るときのいかにも中立的な視点ではなく，知識や過去の記憶，経験を共有するための具体的な

視点であり，権力側がその存在を認めようとしない「将来の脅威」に対する関心を共有するための視点である。2つのツアーは内容もテーマも大きく異なるが，それらオープニングの挨拶のナラティブは似たような機能を果たしている。自分を紹介するくだりでは(Goffman 1959)，ナレーターの名前や人物像を紹介し，彼らの話に信憑性と妥当性を与えている。オマル・アグバリアのナレーションの場合は，彼の第一声に使われた言語を聞いただけですぐにそれが明らかになる。彼も言及しているように，このツアーはアラビア語をほとんど，あるいは全く話せないイスラエル人を主なターゲットにしているのに，彼のオープニングの第一声はアラビア語で話されている（その後に続けてヘブライ語で同じ内容を繰り返している）。これによって「言語に対するイデオロギー」と「言語に紐づけされた話し手のアイデンティティ」という論点が提示される（Noy 2008b）。アラビア語でナレーションを開始したことによって話し手のアイデンティティと権限を確立し，その文章全体を「この地の言語」のヘブライ語で語り直している。アラビア語はオープニングだけでなく，ナラティブのいたるところで地名や人名を説明するために使われている。また，アグバリアは非営利組織「Zochrot」に所属していることを伝え，組織の観念上の目的とこれまでの活動について説明している。さらには，「調査」，「避難民の方々の証言」，「文章や写真」のような言葉を使うことによって，パレスチナ人にとっての「Nakba（大惨事）」やそれ以前の生活を伝える「正規の語り手」としての権限を，彼が所属する組織および彼自身に持たせることがある程度できたように見える。

　アイデンティティと権限を確立することは，プニーナ・エン・モルのオープニングにおいても主要な関心事である。彼女は名前を名乗るとすぐに続けて，「私は1975年からずっとここで暮らしています」と，何十年もこの地で暮らしていることを参加者に伝えている。それによって彼女のナラティブは，組織に所属する人の語りではなく，エン・カレムで暮らしている地域住民がその生活の中で直接経験したことを語っているように聞こえる。プニーナ・エン・モルは活動家として長年活動しており，また同時に，エン・カレムでおこなわれるツアーやワークショップ，イベントを運営する地元企業の経営者でもある。エ

ン・モルのストーリーには「明確にされていない部分」が何箇所かあることは
指摘しておくべきだろう。特に顕著なのは，エン・カレムに来ることを彼女は
「夢見ていました」と表現しているが，バト・ヤム（テルアビブの南に位置する比
較的貧しい居住区）から一流芸術家が集まるエン・カレムへと，実際のところど
のようにして移り住むことができたのかについては説明していない。エン・モ
ルのオープニングの自己紹介部分では，地元の活動家である自分の立場を明確
にした上で，この地域，あるいは「村」の景観保護に関する彼女の懸念を提示
している。彼女がよく口にする「村」という表現は，牧歌的な田舎町をイメー
ジするような魅力的な印象を与える。実際のところ，景観保護というのが彼女
のナレーションの最重要テーマであり，何度も繰り返しアピールしている。た
とえば，オープニングのナラティブの最後の部分は「この村の保護活動に参加
してくださることを願っています」と，参加者への直接的なアピールで終了し
ている。このテーマを強調することによって，彼女は2つの目的を同時に達成
しようとしている。彼女はエン・カレムの景観の保護活動への支援を得たいと
考えているのと同時に，この地をよく知り，この地のために活動する地域の代
弁者としての権限を確立しようとしている。最後に言語に関していえば，アグ
バリアの名前が彼のアイデンティティをアラブ人と結び付けて彼のナラティブ
に権威を与えているように，エン・モル（Ein Mor）の名前は明らかにこの地の
名前（Ein Karem）と似た印象を与える。どちらの名前にも入っている「ein」
という言葉はヘブライ語でもアラビア語でも同様に「泉（spring）」を意味して
いる。

　アグバリアとエン・モルのオープニング部分は，自己を表現する上でのゴフ
マン的（ゴフマネスク）な機能を果たしているだけでなく，Labov（1972）のナラ
ティブ機能のクラシカルな分類から言えば，ナラティブの方向性を示す機能も
担っており，その後に続くこのツアーのナラティブを概説している。方向性を
示す工程はナラティブの最初に位置するのが一般的で，ストーリーの設定が提
示され，ストーリーに含まれる時間や場所，登場人物が説明される。それらは
参加者にその後に続くツアーに関する有益な基本情報を提供するという観点で

明らかに機能的であるが，それは同時に，ナレーターにとって特定の場所で何が関連ある情報なのかを明確化することにもなる。この意味でこれは，主観的見方を反映した情報を提供しているだけではない。

　オマル・アグバリアのオープニングにおいては，歴史的な出来事やそれに関与した人物像，そして時間枠は，パレスチナ人の「Nakba（大惨事）」に関するナラティブの中に表現されている。ツアーの目的について彼が語ったのは「このツアーの目的は，…1948年にこの地が占領される前のこの村の生活について知ってもらうことです」という部分であり，ナラティブで語られている時間枠は現在よりもむしろ過去に重きが置かれている。実に，アグバリアのオープニングのフレーズの中には，たとえば「村は7月の中頃には占拠され」のように，パレスチナ人にとってはエン・カレムの村でのストーリーが事実上終わりを迎えたことを参加者に伝えている。このような時間構造の反転，あるいはクロノタイプは，「Nakba（大惨事）」のドラマ，あるいはトラウマを明確にする上で有効である。ツアーで訪れる場所は現実であると同時に，もはや存在しない場所でもあるのだ。1948年の出来事に関わった人物は，パレスチナ人居住者であり，イスラエル軍である。その後，ツアーのナラティブが1948年以前の村の生活に移っていけばパレスチナ人の日々の生活だけが描写されるはずだが，オープニングの音声ガイドはここで現在の村の様子に突然切り替わり，「住居には新しい住人たちが暮らしています。すべてユダヤ系イスラエル人の人々です」と説明されて終了する。音声ガイドを聞いている参加者たちはそこに住んでいるのがユダヤ系イスラエル人であることは承知していると考えられる。それでもあえて「新しい住人」という言葉を使って説明することによって，物質的，象徴的（ナラティブ）の両方の意味でパレスチナ人がイスラエル人に置き換えられたことを印象付け，アグバリアは，「Nakba（大惨事）」のナラティブの目的を達成している。

　方向性を示すという観点で見たときにプニーナ・エン・モルのオープニングは，登場人物，出来事，時間枠という複数の要素をナラティブに盛り込んでいる。彼女のオープニングでは，それはツアー全体にも言えることだが，関心を

寄せる時間枠は未来であり，その関心事は現在から将来にかけて懸念されている開発計画である。彼女はオープニングの冒頭近くで，バト・ヤムの町に住んでいた頃に憧れを抱いていた場所について語るところで，「この森」と言っている。そしてその少し後のところで，もう少し丁寧に洗練された表現でエン・カレムの「自然の美しさ」を「美しい果樹園が広がっています。… 家々の間の路地にも四季があります」と言い表している。エン・モルにとって主要な論点はエン・カレムの際立った自然の美しさであり，それと調和するパレスチナ風の家々と路地である。このようなパレスチナ人の生活や（物質的な）文化の名残のナチュラリゼーションは，イスラエル人のナラティブに特有であることは特筆しておくべきだろう。それらパレスチナ人の生活の名残を自然の景色の一部として扱うことによって，政治的色彩を排除すると同時に，歴史的背景から意識を遠ざけている。このツアーのナラティブ全体を通してエン・モルは，国や自治体の関係者がこの地域の美しい景観や特有の魅力を理解していないと主張している。さらには，ホテルやレストラン，レジャー施設，駐車場の建設などの大規模な開発計画によって，それらは深刻な脅威にさらされている。エン・モルのナラティブのストーリーは，現在および将来に懸念されるこの地域の脆弱性（危機に瀕した村）への警鐘である。

マリアの泉

前述したように，アグバリアのツアーで立ち寄る場所のほとんどはエン・モルのツアーには含まれていない。両方のツアーで立ち寄ったわずか数箇所の中で，民族誌学者であり観光客であり旅人である私の関心を引きつけた場所がいくつかある。その多くはこの町の近郊にある有名な観光地であり，その1つが「マリアの泉（Mary's Spring）」である。言い伝えによれば，聖母マリアが洗礼者ヨハネの母エリサベトと会った場所とされる（図11.2参照）。

図 11.2　エン・カレムにあるマリアの泉
（著者自身が撮影したもの）

アグバリアのマリアの泉

　ここは「Miryam Spring」（ヘブライ語）と呼ばれている泉で，アラビア語では「Maryam」となり，聖母マリアのことを指しています。この地にはモスクが建てられています。キリスト教徒の聖なる泉とイスラム教徒が祈りをささげるモスクの組み合わせは，キリスト教徒とイスラム教徒が混在するこの村の特徴を物語っています。この村に住んでいた人々の話によれば，有名なイスラム指導者ウマル・イブン・アル＝ハッターブがこの地を訪れ，泉の近くで祈りをささげたことから，この場所にモスクが建てられたといいます。現在このモスクは封鎖され，見ての通り入場は禁止されています。モスクの上の階には，エン・カレムの村の少年たちの学校も併設されていました。1948 年にこの村が占領されてからしばらくの間はそのままの状態で残っていましたが，1967 年以降に学校部分は取り壊されてしまいました。

プニーナ・エン・モルのマリアの泉

　さて，私たちはエン・カレムの泉，別名「Miryam Spring」に到着しました。エン・カレムの他の場所と同様に，この場所にもたくさんのストーリーがあります。かつてこの泉はエルサレムで最も素晴らしい泉として知られていました。そして現在はといえば，「この水を飲むことを禁ずる」という看板があることにお気づきでしょう。大変残念なことに，泉の近くに埋められた下水タンクから漏れ出した汚水が地中に浸み込み，エルサレムで最も綺麗だった泉の水に混入してしまったのです。以前は泉の豊富な水が水路全体に行き渡っていました。しかし，汚水が混入してしまったとしても，この泉が神聖な場所であることに変わりはありません。ここを訪れる多くのキリスト教巡礼者にとって，この泉の水は聖母マリアの恵みを受けた水であり，巡礼者たちはプラスチックのボトルにその聖なる水を汲んで持ち帰ります。そして家族の誰かが病気になったときにはその水を飲ませると，信じるかどうかはあなた次第ですが，病気が快復するのです。それが信仰の力なのです。その一方で，(ユダヤ教の祭りである) 過越 (すぎこし：Passover) の 10 日前になると，(この時期にイスラエル上空を通過する) コウノトリ (Hasidot) の群れの代わりに，大勢のユダヤ教徒 (Hassidim) がここを訪れ，歌を歌いダンスを踊り，持ってきた容器に水を注いでいきます。(過越の期間の食事の際には)「matza shmura」(特別な小麦を使いユダヤ教の正式な調理法でつくったパン) が食卓に並びます。それらのことから考えると，この泉が誰にとって神聖な場所なのかは重要ではないのかもしれません。

　現在，この泉の近くに計画されている駐車場のない高層ホテルの建設によって，泉の存在が脅かされています。そして私たちが最も恐れているのは，新しいホテルの建設作業によって泉の水路がふさがれてしまうことです。以上です。

　マリアの泉の傍に立ち，イヤホンから流れてくる声やストーリーに耳を傾けていると，精神分裂とまでは言わないまでも，頭が混乱して整理がつかなくなってしまった。2人のナレーターは泉の重要性を感じているという点で一致しており，だからこそ，この場所をツアーに組み込んだのであれば，彼らのストーリーは似通っていてもよさそうである。2人のストーリーの乖離はもちろんイデオロギーの違いの表れであり，2つのツアーの目的が異なることに起因している。ナラティブ分析という観点から見た2つの相違は，この小さな泉がキリスト教徒の巡礼者の人気スポットになる要因となった出来事やその帰属についての率直な説明が，どちらのナラティブにも含まれていないという事実から生じていると考えられる。その代わりに2つのナラティブは，この地が多くの人に親しまれていることを短く説明した上で，他のストーリーや関心事を取り上げるためのきっかけやよりどころとしてその事実を利用している。アグバリアの場合，それは歴史に関するナラティブであり，エン・モルにおいては将来への懸念に関するナラティブである。

　アグバリアにとっては，マリアの泉の真上に建てられているモスクの存在が重要な関心事である。なぜなら，何世紀にもわたりエン・カレムにキリスト教徒とイスラム教徒が共存してきたことをそれが証明してくれるからだ。一般的な見方をすれば，それは信仰間の寛容を表しているのだが，突っ込んだ見方をすれば，その背景にあるキリスト教信仰とユダヤ教信仰の関係やイスラム教信仰とユダヤ教信仰の関係と対比して，キリスト教徒とイスラム教徒の関係を照らし出しているとも言える。シオニズムは，おもにアメリカにおいて（特にクリスチャン・シオニズム），イスラエルとキリスト教のさまざまな宗派やコミュニティとの関係を称賛している。このような関係は，マス・ツーリズム（観光旅行）における観念的，政治的なナラティブ（ガイドによる説明）にも見られることがある。Feldman（2008）によれば，エルサレムの旧市街を巡るツアーに参加していたキリスト教巡礼者に現地について説明する際に，牧師とユダヤ系イスラエル人のガイドは示し合わせてパレスチナ人の商人を指して蔑んだ表現を使っていたという。アグバリアのナラティブでは，放置されたままの現在のモスク

の状態（閉ざされ封鎖されている）と上の階の部分が破壊されてしまっていることを，1948年以前のイスラム教徒とキリスト教徒がこの地域に共存していたことと対比して表現している。ストーリーの結びの部分では，この場所の現在の状況の象徴としてモスクの悲惨な状態を取り上げている。

エン・モルもまた自身のナラティブの目的に則り，軽視されているエン・カレムの状況を嘆いている。マリアの泉において，その主題は汚されてしまった泉の水である。現在はその水を飲むことが禁じられてしまったこの泉が，かつて「エルサレムで最も素晴らしい泉」として知られていたことを強調している。このように彼女のナラティブもまた，以前の状態と現在の状態とを対比している。ただし彼女のナラティブは「エスカレーティング・ナラティブ」であり，過去から現在までにとどまらず，未来に対する警鐘を鳴らしている。ナラティブの最後の部分で，彼女や地域住民が「最も恐れている」将来計画されている建設作業について訴えている。エン・モルが焦点を当てるべき過去の出来事を非常に注意深く選択していることは注目すべき点だろう。彼女はそれについて詳しく話しているわけではなく，それどころか，かつてここがパレスチナ人の生活の一部となっていたことに言及すらしていない。この表現の欠落は特に興味深い。なぜなら，シオニズムの視点で描かれた（エン・モルの）ナラティブにパレスチナ人に関する過去や悲惨な戦争について触れられていないのは理解できるが，アグバリアがエスカレーティング・ナラティブを用いれば，イスラエル軍の占領からそれによるパレスチナ人の村への影響を描くことは容易にできたはずだからだ。実際のところ，数少ない2つのナラティブに共通してみられる描写の1つは，かつて絶賛されたマリアの泉の水質である。エン・モルはそれに続けて聖なる水を持ち帰る巡礼者を描写することによって，「旅行者に対する地元民からの視線」という独特の視点を提供してくれている。まぎれもなく冷ややかなトーンで彼女は，それがユダヤ人であれキリスト教巡礼者であれ，「信仰」の力によって水質など気にならなくなり，さらに言えば聖なる場所としての価値が変わることもないと伝えようとしている（「それが信仰の力なのです」と彼女は表現している）。彼女のメッセージには2つの側面があると考えられる。

1つは，彼女は暗に，彼女の音声ガイド付きツアーの参加者（それほど宗教への意識の強くないイスラエル人であると想定できる）と信心深く無知な巡礼者の集団とを区別しようとしている。この言外の意味は，後者は盲目的な信者であり，この泉や地域の景観を保護するための活動に何の助けにもならない一方で，彼女のツアー参加者は援助してくれるかもしれないということだ。2つ目は，もしマリアの泉の水路が閉ざされてしまえば，水の流れは止まり，ボトルに水を汲むこともできず，宗教儀式も行えなくなることを示唆している。この観点では，その啓発活動の責任は彼女の肩にかかっているとはいえ，泉を保護すること，言い換えればこの地域の景観を保護することは，すべての人の責任であるべきなのだ。

結　論

「牧歌的な風景の裏に何が隠されているのか？」と銘打ったプロジェクトを準備する中でサラ・マンカのメンバーが気付いていたように，ツアーにおけるナラティブ（音声ガイド）の力は強大であり，歴史や記憶，感情といったその場所が持っている意味を消し去ることも，植え替えることもできる。この意味では，この3日間のプロジェクトの1つであった音声ガイド付きツアーは，エン・カレムの町でそれを証明するための試験的取り組みといえるかもしれない。このツアーの開催期間中，エン・カレムを訪れた旅行者の観光を阻害するようなことはなかったように見える。この実験的芸術の展示を訪れた多くの観客は，巡礼者のグループや冷房の効いた大型バスから降りてくる旅行者と交差しても，滞ることなく行き交っているように見える。そして，それらのグループが混ざり合うときに，ツーリズムの本質にかかわる重大な疑問が浮かび上がる。「芸術や観光，巡礼をどのように結び付けるのか」，「異なるグループの人々にその場所をどのように示すのか」などといった「ツーリズムの真実」に，いったい誰が触れることができて，そして誰がその権威となるのだろうか。このプロジェクトでこれらが可能だったのは，サラ・マンカの実験的な芸術活動が遂

行的だったからだ。人々に参加を促し，それぞれの場所へと連れ出して，公共空間に意味を与えたのだ。私を含む来訪者はそれらを体現し，de Certeau(1984)が言うところの「日々の戦術（everyday tactics)」を実践したのだ。

　サラ・マンカは，特異なイデオロギーを持ったナレーターを選ぶことによって，エン・カレムの町が持つ覇権主義的なイメージの不安定化を試みた。アグバリアとエン・モルのナラティブは明らかに反覇権主義的である。同じ場所を描いた2人のナラティブは，覇権主義的なイデオロギーに対するメッセージの内容においても，その伝え方においても大きな違いが見られた。しかし，サラ・マンカがそれら異なる2つのナラティブに対する自らの考えを示すことはない。このプロジェクトではナレーターが語り，来訪者は歩き，それによって新たな意味が生まれ，それが体現されているのだ。

第 12 章

旅のガイドブックにおけるアテネのアクロポリスの帰属をめぐるナラティブの表現

Tijana Rakić

序　文

　観光地（touristic places）に関するナラティブには，旅行記や小説，詩，ブログ，動画，SNS の書き込みのような個人による有力媒体や，観光案内の公式ウェブサイトやパンフレット，旅行ガイドブックのような旅行関連の目的でつくられている資料など，幅広い二次情報源がある。このような「場所」についてのナラティブを学術研究の視点から見た場合に興味深いのは，他の種類の文化的記述や社会・文化的慣習，個人の経験やストーリー，記憶と同様に，それらナラティブも場所やその存在意義を形成する上で一定の役割を持ち得るのかという点である。

　自身の旅や旅行の経験を綴った個人のナラティブに焦点を当てた研究は数多く存在する一方で（たとえば，Robertson et al. 1994, Noy 2004a, 2004b, Benedix 2002, Bruner 2005, Elsrud 2001），有力媒体，あるいは特にガイドブックのような旅行関連資料における特定の観光地のナラティブに焦点を当てた研究はそれほど多くない（たとえば，Beck 2006 を参照）。本章ではガイドブックに描かれた「アテナイのアクロポリス」のナラティブに焦点を当て，この分野の研究に貢献した

い。加えて,「世界遺産」,「観光地」,「国家の象徴」など,複数の側面を持つ
アクロポリスと,それを取り巻く複雑な事情に関する研究プロジェクトの一部
として (Rakić 2008 を参照),1886 年から 2007 年に発行された「絵葉書」(Rakić
and Travlou 発表前),あるいは 2002 年から 2006 年に実施された「政府の観光推
進キャンペーン」(Rakić and Chambers 2007) に込められたアクロポリスの「存
在意義」に焦点を当てたこれまでの研究を補完することも目的の 1 つとする。
本章では,2006 年にアテネの中心街で入手できたガイドブックに見られるア
クロポリス関連の記述の分析を通して,それぞれのガイドブックに描かれ強調
されている「世界遺産」,「人気観光地」,「ギリシアのアイデンティティを表す
究極の象徴」としての「アクロポリスの存在の意味」を検証していく (Yalouri
2001: 75)。

場所,国家の象徴,世界遺産

そこが仮想空間の場所でない限り (Casey 1997),「場所 (place)」は「意味を
持つ場所 (meaningful location)」であり (Agnew 1987 in Creswell 2004),言わばさ
まざまな社会・文化的慣習や有力媒体,個人の経験によって意味を吹き込まれ
た実在する場所である。したがって場所とその存在意義は,日々の営みの中で
つねに流動的で繰り返し変化する「社会的」,「文化的」,「個人的」な構築であ
る (たとえば,Relf 1976, Creswell 2004, Tuan 1977, Stokowski 2002)。「観光」は場所と
その存在意義の構築に強い影響を与える力の 1 つにすぎず (Crang 2004, Bærenholdt
and Haldrup 2006),ガイドブックや販促キャンペーン,絵葉書,切手のような
観光に関連するサービスや商品も多少なりともそれらの構築に一定の役割を果
たしていることが知られている (Bhattacharyya 1997, Koshar 1998, Pritchard and
Morgan 2003, Raento 2009, Rakić 2008, Rakić and Travlou 発表前, Rakić and Chambers
2007)。

Therkelsen と Sørensen (2005) によれば,ガイドブックは学術的研究にお
ける散発的な関心しか集めていないのが現状と言える。ある研究はガイドブッ

クの歴史に焦点を当てており（たとえば，Buzard 1993, Koshar 2000），ある研究は
ガイドブックの趣意を分析している（たとえば，Gilbert 1999, Travlou 2002, Bhattacharyya
1997, Lew 1991, Siegenthaler 2002, Laderman 2002, Fei 2010）。また，旅行者のガイド
ブックの使い方に焦点を当てた研究や（たとえば，Therkelsen and Sørensen 2005,
Nishimura et al. 2006, Osti et al. 2009），旅行者と使用しているガイドブックとの関
連性を調査した研究もある（たとえば，McGregor 2000）。ガイドブックを分析し
た研究者は明示的，あるいは暗示的に「ガイドブックが旅行者の行動を脚本立
てている」点を指摘する傾向がある一方で（Therkelsen and Sørensen 2005），旅行
者の行動や経験は，ガイドブックからだけでなく，他の情報資料や自身の生活
世界（lifeworld）から得た情報の影響を受けていると考えられる（Therkelsen and
Sørensen 2005, McGregor 2000）。しかし興味深いことに，インドネシアのタナ・
トラジャにおけるガイドブックと旅行者との関係を調べた McGregor（2000）
の研究では，ガイドブックは旅行者が世界を覗き見る「レンズ」を提供するこ
とが示唆されている。したがって，個々の旅行者がガイドブックを選択的，主
観的に，あるいはときに批判的に参照するのは必然であり（Therkelsen and
Sørensen 2005），必ずしもすべての旅行者がガイドブックを使用するわけではな
い（McGregor 2000）ことを認識しておくことが重要である。その一方で，世界
中に広く普及しているガイドブックは，旅行者が訪れる地の文化や背景を理解
する上で役立っているのも事実である。それがガイドブックの情報提供として
の役割であり（Travlou 2002），旅行者がそれぞれの土地やその文化の固有の意
味を構築，補強する上で役立っている。これらのことからガイドブックは研究
対象として非常に興味深い「データ」と言える。

　たとえば Gilbert（1999）は，19 世紀半ばから 20 世紀にかけて発行されたガ
イドブックの趣意を分析し，ロンドンに対する解釈と表現の変遷を辿っている。
彼はまた，「場所に対するガイドブックの解釈」を検証する必要性を強調して
いる。なぜならそれが，その場所に対する人々の認識や旅行者の行動に大きな
影響を与えるからだ（Gilbert 1999: 283）。Koshar（1998）は，19 世紀半ば以降に
ドイツおよびヨーロッパで発行されたガイドブックの変遷と発展について論じ

ている。彼はその論文の中で，国家のアイデンティティの表現方法に見られる変化についても辿っている。Bhattacharyya (1997) は，ガイドブック「Lonely Planet」の 1993 年版に描かれたインドに対する表現について分析し，このガイドブックが旅行者の行動に影響を与えているだけでなく，インドという国やその国民に対する特定のイメージを旅行者に植え付けていると結論付けている。したがって，ガイドブックを読んだ数百万人もの旅行者が，自身の主観や生活世界（lifeworld）をガイドブックの選択的な参照や（ときに批判的な）解釈へと持ち込むのは必然である一方で（たとえば, Therkelsen and Sørensen 2005 を参照），ガイドブックのナラティブ，およびそこに含まれる土地や文化の表現についての記号論的分析や内容分析は，場所の存在意義や国家のアイデンティティが構築され，伝達される仕組みを明確にする上で役立っている。

　ガイドブックを分析した研究の中でもとりわけ本章との関連性が高いのが，19 世紀半ばから 20 世紀にかけてのガイドブックに描かれたアテネの象徴的表現に関する Travlou (2002) のレトロスペクティブ（遡及的）研究である。彼女の分析によれば，ギリシアに対する定型化した，似たような表現が長い年月にわたり使われ，「他者に対する固定観念化（discourse of the other）」が形成されていることに加えて，それらガイドブックはまるでその都市が「観光施設」とアクロポリスのような「代表的な遺跡」だけで成り立っているかのような表現を用いる傾向がある。本章の後半部分で扱う議論に関連して興味深いのが，この期間に発行されたガイドブックのアクロポリスに対する表現の中には，ギリシアを飛び越えてしまっているものある。たとえば Fielding(1965) のガイドブックでは，「アクロポリスのあるアテネはギリシアの文化および西洋文明の発祥の地であり，その中心である。すべての旅行者が訪れるべき場所の 1 つと言える」と書かれており，別のガイドブック「Let's go Europe」(1991) には，アクロポリスは「西洋文明における最古の，そして最も神聖な遺跡である」と表現されている（表 12.1 を参照）。

　ここで疑問となるのは，はたしてアクロポリスは「ギリシアの究極の象徴」

表 12.1　1845 年から 1997 年のガイドブックにおけるアクロポリスに対する表現

ガイドブック	アクロポリスを表現するために使われている文章
Murray 1845: 70	アクロポリスは世界で最初に旅行者の関心を惹きつけた遺跡である。
Murray 1854: 70	アクロポリスに足を踏み入れると，パルテノン神殿の荘厳な姿が目の前にそびえ立つ。世界で最も素晴らしい場所にある最も素晴らしい建造物である。
Life 1963: 39	街の中心部にありながら，パルテノン神殿を擁するアクロポリスは光り輝く砦として理想的な状態でその姿をとどめている。
Fielding 1965: 1650	アクロポリスのあるアテネはギリシアの文化および西洋文明の発祥の地であり，その中心である。すべての旅行者が訪れるべき場所の 1 つと言える。
Frommer 1968: 463	空港からアテネの街へ向かい… すると突然アクロポリスの姿が現れる。アテネ市街を見下ろすこの遺跡はまさに人生に一度きりの感動を与えてくれる。
Let's go Europe 1991: 397	西洋文明における最古の，そして最も神聖な遺跡である。
Lonely Planet 1997 （ウェブページ）	その頂にパルテノン神殿を擁するアクロポリスはアテネ市街を見守り続けている。街のどこからでもその姿を見ることができる。

なのか (Yalouri 2001)，それとも近年のガイドブックにもやはり同様に表現されているように「世界遺産の概念の象徴」なのか (UNESCO 2006) という点であり，そこで重要なのが，「世界遺産に求められる役割とは何か？」という問いである。概念上は，世界遺産，すなわち世界的に際立った価値を持つ遺跡は，「人類にとって極めて大きな価値を持つ」場所として認識されることが期待されており，その場所は「それが位置する場所とは無関係に，世界のすべての人々の共有財産」として捉えられる (UNESCO 2011)。世界遺産の多くが，それが全人類の共有財産というよりむしろ国に帰属するものとして捉えられているのなら，前述した世界遺産の概念は問題をはらんでおり，矛盾を抱えていると言えるだろう (Ashworth 1997 and Rakić and Chambers 2007)。世界遺産の帰属を含め，その場所の持つ意味や価値を多くの人々に伝えてくれるガイドブックの力は，この観点で特に重要であると考えられ，場所の存在意義を旅行者が認識するのを手助けするだけでなく，それを「大衆向けの地理学の書の一形態」と捉えることもで

きる。ガイドブックに書かれている世界遺産についてのナラティブの研究では，ヨーロッパの世界遺産に焦点を当てた Beck（2006）の研究が有名であり，その中に以下のような興味深い記述がある。

　驚くことに，最も詳細に記述されているガイドブックでさえも，「世界遺産」という言葉で紹介されている場所はほとんど見当たらない。実務的な問題や認識の欠如が原因である可能性もあるだろうが，世界遺産と認めてそれを表記してしまえば，国家，あるいは地域の遺産であることを否定することになるという固有の問題がさらに重大であると考えられる（Beck 2006: 521）。

Beck（2006）の研究は，ギリシア，あるいはアテネやアクロポリスだけを扱ったガイドブックではなく，ヨーロッパの多くの国々の情報を掲載したガイドブックにも焦点を当てている。また彼女の研究においては，深く掘り下げた分析や，アクロポリスについてのナラティブ解釈もされてはいないが，それでも彼女は，ギリシアについて記述がある 1997 年から 2002 年の間に発行された 7 冊のガイドブックのうち，1 冊だけしかアクロポリスが世界遺産であることに触れていないことに気付いている。一方で Travlou（2002）は，19 世紀半ばから 20 世紀にかけて発行されたガイドブックのアクロポリスに対する特定の記述をもう少し詳細に検証している。しかしながら，彼女の分析はアクロポリスだけに焦点を当てたものではなく，また，それが国家と世界のどちらに帰属するのかという問題に潜む緊張関係について検証しているわけではない。この観点から，より最近発行されたガイドブックには，アクロポリスが世界全体に帰属することを意味する「世界遺産」という表記があるのかを検証する必要があるだろう。アクロポリスはいまも「アテネで必ず立ち寄りたい観光地の 1 つ」として紹介されているのだろうか。アクロポリスが国家と世界全体のどちらに帰属するのかについて言及しているガイドブックのナラティブは存在するだろうか。あるいは暗示的な言葉がナラティブの中に隠れていて，これまでの研究で見落とされていただけなのだろうか。

旅行ガイドブックの入手方法と分析手法

　本章の分析では，私のアクロポリスに関する民族誌学的研究の現地調査が始まった 2006 年に，アテネ市内の書店や土産店で入手可能だった「アクロポリス」，「アテネ」，「ギリシア」のいずれかがタイトルに入っている 10 冊のガイドブック（表12.2 を参照）を使用する（Rakić 2008 を参照）。したがって，これらはその年に世界中で流通しているアクロポリス，アテネ，ギリシアのいずれかをタイトルに持つガイドブックのほんの一部に過ぎない。

　この後の節で明らかになるが，ガイドブックに関するこれまでのいくつかの研究と同様に（Bhattacharyya 1997, Travlou 2002），本研究では記号論的アプローチを用いて，これらガイドブックに含まれる「アクロポリス」という場所に関するナラティブの検証，および解釈をおこなっていく。研究者がその分析のプロセスに主観を持ち込むため，記号論的分析はつねに主観的であることから，ナラティブを何度も詳細に読み返して検証する手法を厳格に順守して分析をおこなうことに加え，これらガイドブックに含まれるアクロポリス関連の記述の解釈を何度も繰り返し検証し直した。記号論的分析と読み返して検証する手法の主観的な性質を考慮に入れ（Therkelsen and Sørensen 2005 を参照），同時に，「異なる解釈の可能性を認識する」という私の構成主義的な信念を忠実に守るために，これらのガイドブックから抜き出した関連のある記述部分はその原文を引用して示している。これによって原文の引用と私の解釈に対して読者は自分自身の解釈を加えることができると考える。

旅行ガイドブックにおけるアテナイの
アクロポリスのナラティブ

　最初に紹介するのは研究対象とした中で唯一，「アクロポリス」をタイトル

表12.2　調査対象のガイドブック

No	タイトル	発行年	タイプ	発行地
1	The Acropolis （ギリシア語のガイドブック の英語版）	1980 年 第二版 2006 年	アクロポリス	ギリシア アテネ
2	Athens: Art and History （ギリシア語のガイドブック の英語版）	1995 年 第二版 2005 年	アテネ	イタリア フィレンツェ
3	Athens: Between Legend and History （ギリシア語のガイドブック の英語版）	1995 年	アテネ	ギリシア アテネ
4	Athens: A Cultural and Literary History (1st Edition)	2004 年	アテネ	イギリス オックスフォード
5	Lonely Planet: Best of Athens – The Ultimate Pocket Guide and Map (2nd Edition)	2004 年	アテネ	イギリス ロンドン
6	AA Essential: Athens – All You Need to Know, the Top Places to Go, Where to Shop and Eat Out, and How to Get About	1999 年 第二版 2004 年	アテネ	イギリス ウィッチチャーチ
7	Time Out: Athens (2nd Edition)	2005 年	アテネ	イギリス ロンドン
8	Heritage Walks in Athens	2004 年	アテネ	ギリシア アテネ
9	The Rough Guide to Greece (11th Edition)	2006 年	ギリシア	ニューヨーク ロンドン デリー
10	Lonely Planet: Greece (7th Edition)	2006 年	ギリシア	イギリス ロンドン

に持つガイドブックである。冒頭には，現存する個別の遺跡について言及する前に，アクロポリス全体に関する長い歴史が綴られている。このガイドブックの著者であり，考古学の教授であった Andronicos は，アクロポリスの歴史を有史以前にまで遡り，そこから古代ギリシア，中世，近代までの流れを概説している。特にアクロポリスが最も栄えていた古代ギリシア時代のことは詳細に

書かれている。古代のアクロポリスに関する記述は，それ以外の時代の説明の中にも登場しており，たとえば有史以前の時代のアクロポリスの解説には以下のような文章が見られる。

> （有史以前の時代には）自然のままの石を積み上げてつくった住居を支える荒削りされた石が，その後の最も優れた建築技術の基盤となり，歴史に名を残すことになるとは，誰も夢にも思わなかったでしょう（Andronicos 1980: 5）。

別の言い方をすれば，有史以前の時代の解説をしながらも，記述の冒頭部分から，古代ギリシア時代のアクロポリスが持っている歴史上の重要な意義へと読者を誘っている。

アクロポリス全体の歴史に関するその他の解説の中で特に強調されているのは，17世紀および19世紀に受けた損傷についてである。爆発炎上によって神殿の大部分が損傷したヴェネツィア共和国とフランセスコ・モロソーニによる攻撃についての解説に始まり，エルギン伯による破壊と略奪や，ギリシアとオスマン帝国との戦いへと話は展開していく。この時点で読者には，アクロポリスをギリシアの国家の象徴として捉えている国民感情を映し出す最初のヒントが与えられる。

> オスマン帝国の部隊がアクロポリスをギリシアに返還した1833年3月31日にようやくアテネは自由を獲得したのである（Andronicos 1980: 13）。

この文章が示唆しているのは，アクロポリスはアッティカ（アテネ）の戦闘上の重要拠点だっただけでなく，その存在なしには国家も国民も自由を得ることができない「ギリシアの中心的な存在」であったということだ。返還されて間もなく始まったアクロポリス遺跡の復元と保全のプロジェクトについての説明はそれほど詳しく書かれていない。プロジェクトの作業の1つは「後から（中世以降に）継ぎ足したもの」（Andronicos 1980: 13-14）を取り除くことだった。

　作業には長い年月が必要でした。… エルギン伯の目を逃れ，持ち去られることなく祖国に残されたパルテノン神殿の壁から剥がれ落ちた美しい彫刻を施された石板は，がれきの中に散らばっていました（Andronicos 1980: 14）。

　この記述もやはり同様に，ギリシア国民にとってアクロポリスは国家の重要な象徴であることを明確に表しており，全世界が共有するものではなく，祖国に帰属する遺跡であるという意思が表れている。パルテノン神殿の壁に飾られた彫刻のうち最も状態の良いものはエルギン伯によって持ち去られ，祖国に残されたのは彼の目を逃れたものだけであった。このガイドブックの中には，アクロポリスが「世界」に帰属する共有財産であることの言及は見当たらないが，アクロポリスの保全作業をユネスコ（UNESCO）が支援していることには触れている。

　２つ目のガイドブック「Athens: Art and History」（Vingopoulou and Casulli 2005）の最初の 30 ページ（全 128 ページ中）は，おもにアクロポリスについて説明されている。これはアクロポリスがアテネで最も重要な場所であることを暗に示している。このガイドブックに書かれているアテネの歴史表現で特徴的なのは，17 世紀半ば以降に古代遺跡に対する西洋諸国の関心が急激に高まったことや，「古代の世界の全景を留め，近代の世界の礎となった」この「他に類を見ない文明」（同書：3）の遺跡の重要性を特に強調しているが，アクロポリスの世界的な価値を強調する「世界遺産」という表現はやはり使われていなかった。古代の解説の部分には，アクロポリスを「世界的な芸術の象徴」（同書：6）と表現しているにもかかわらず，そこでも世界遺産という言葉は抜け落ちている。１つの解釈としては，アクロポリスが世界的に重要な遺跡であるとしても，重要なのは，「世界的」という意味合いよりも「ギリシアに帰属する遺産」としての意義であることを暗に示していると考えられる。

　この観点から言えば，３つ目のガイドブック「Athens: Between Legend and History」（Mavromataki 1995）のナラティブは前述の２つのガイドブックと同様である。アテネの歴史に関して特に強調されているのは，「世界全体の遺産」

に対する市の「重大な貢献」である（同書：4）。世界遺産に登録されていることへの直接的な言及はないが，アクロポリスが世界全体の遺産として受け止められているという事実を記しているということは，それが「世界に帰属する遺産」であることを暗にほのめかしているようにも見える。しかしながら，アクロポリスの破壊の歴史についての解説では，たとえば「オスマン帝国の占領下で，アクロポリスはトルコ人の村となり，計り知れない損傷を受けた」（同書：22）のように，アクロポリスが国家に帰属することを繰り返し述べている。一見，「アクロポリスはトルコ人の村となったことにより計り知れない損傷を受けた」という表現には，国家への帰属という意味合いは含まれていないように見えるかもしれない。一解釈としては，この時代に現実に受けたアクロポリスの物的な損傷に加えて，アクロポリスというギリシア人にとって「神聖な場所」がトルコ人によって壊され，侮辱を受け，冒涜されたという精神的な傷が関わっていると考えられる。

　歴史学者でアテネに駐在していた元イギリス大使が手掛けた4つ目のガイドブック「Athens: A Cultural and Literary History」（Smith 2004）は，民族誌学研究のノウハウを取り入れ，アテネの文化や歴史，そこに住む人々の生活を詳細に記している。このガイドブックは，あまり知られていないようなアテネやアクロポリスの歴史まで含まれ，詳細に記されているが，それでもアクロポリスが世界遺産に認定されていることについては触れられていない。その代わりに，アクロポリスに関する3つの点について解説している。1つは「近代ギリシアの首都にアテネが選ばれた理由」であり，2つ目は「国の文化資産」について，そして3つ目は，「ギリシアにとって神聖な場所であり，ギリシア固有のアイデンティティであり，そして有名観光地であるアクロポリス」についてである。

　アテネはギリシアの首都に選ばれましたが，アクロポリスやその遺跡に象徴されるような輝かしい繁栄の歴史がいまも残されていることから，適切ではないと反対する人もいました（Smith 2004: 5）。

　アクロポリスとパルテノン神殿は、まさに新しい国家を象徴するような資産として捉えられていました。それらは古代ギリシアと近代ギリシアとを直接つなぐ石（遺跡）として表現され、新しい国家にとって不可欠のアイデンティティであり、そして「存在」でした（Smith 2004: 50）。

　19世紀後半になると、アクロポリスは現在とそれほど変わらない姿になっていました。「骨組みだけ残された考古学的遺跡の残骸」、汚れを綺麗に洗い流した石、アクロポリス博物館に展示された大理石の彫刻や遺跡の破片、この地は神聖な場所として、そして観光地として、全体をフェンスで囲んで保護されています（Smith 2004: 56）。

　このガイドブックにおいてもアクロポリスはギリシアの象徴であり、ギリシア固有のイメージを形づくる1つの手掛かりとして描かれていると解釈できる。アクロポリスはギリシアのアイデンティティに不可欠のものとして表現されており、世界遺産であるということを匂わすような「世界的な」場所としてアクロポリスを捉えた表現は見当たらない。加えて、アクロポリスは「神聖な場所として、そして観光地として、全体をフェンスで囲んで保護されている」と表現されており、この記述からも、アクロポリスが「ギリシアにとって神聖な場所」であり、同時に「外国人旅行者にとっての観光地」になっていることを伝えようとしていると解釈される（Rakić and Chambers 2007を参照）。「骨組みだけ残された考古学的遺跡の残骸」という一節は、（彫刻を持ち去った）エルギン伯とイギリス（大英博物館）に渡った彫刻（パルテノン・マーブル）に向けられた言葉であると同時に、古代以外の時代につくられた多くの遺跡は取り除かれようとしているアクロポリスの復元プロジェクトにも向けられている（たとえば、Hamilakis 2007を参照）。さらに解釈を加えると、「考古学的遺跡の残骸」という表現は、いまやアクロポリスの考古学的な魅力は薄れており、むしろギリシアを象徴する遺跡という側面が強調されているように見える。別の言い方をすれば、ギリシアのアイデンティティとしてのアクロポリスの象徴的な意味合いのほうが、わずかながら、その考古学的な価値よりも重要になってきたと解釈で

きる。

　5つ目のガイドブック「Lonely Planet: Best of Athens – The Ultimate Pocket Guide and Map」(Kyriakopoulos 2004) は，言わば典型的な市街地ガイドブックであり，目的地までのルート案内や，レストラン，地図，見どころなども含まれている。驚いたことに，このガイドブックはアクロポリスが世界遺産に登録されていることに短く触れている (同書: 9)。ただし，世界遺産に登録されることの意義や重要性については記述がなく，まるでそれほど大きな価値のない栄誉として扱っているようにも見える。アクロポリスはアテネの「最も高価な宝石」(同書: 8) であり，絶対に訪れるべき場所として紹介されている。それに加えて，アクロポリスは少しロマンチックな表現で言い表されている。

　　たとえあなたがアテネに暮らしているとしても，アクロポリスの光景を目にしたならば，きっとあなたの心臓の鼓動が高鳴ります(Kyriakopoulos 2004: 9)。

　このガイドブックには，アクロポリスが国家の資産であることを強調したナラティブも見られる。たとえば，パルテノン神殿の写真に添えられた説明文には，この建造物の名前 (すなわち，「パルテノン神殿」) という言葉は使わずに，「エルギン伯のスーツケースには収まりきらなかったパルテノンのかけら」(同書: 10) と書かれている。この説明文は，パルテノン神殿を表現したものであり，アクロポリスがギリシアに帰属することを暗に示している。さらにそれだけではなく，エルギン伯がその一部を持ち去ったが，それらは当然のことながら彼のものではなくギリシアに帰属するものであるというメッセージが込められている。

　この分析に使用した6つ目のガイドブック「AA Essential: Athens – All You Need to Know, the Top Places to Go, Where to Shop and Eat Out, and How to Get About」(Gerrard 2004) には，アクロポリスが世界遺産に登録されていることに関する記述はなく，この場所にある個々の遺跡についても詳しく説明されていない。ただし，アクロポリスについてはアテネ市内で「必ず見る

べき」魅力的な観光名所と紹介している。

　7つ目のガイドブック「Time Out: Athens」(Sales 2005) は，少ないページ数に反して，アクロポリスやアテネ，ギリシアの歴史についてかなり詳しく解説されている。アクロポリスはアテネで訪れるべき最も魅力的な場所として紹介されているが，世界遺産登録についても，あるいは国家と世界のどちらに帰属するのかについても，明確に言及した表現は見当たらない。しかしながら，このガイドブックの興味深い点は，この分析で扱った中で唯一，エルギン伯の行為について「アクロポリスの宝を持ち去ったのはエルギン伯が最初ではない。もっとも石が運び出されたのは初めてのことだが」(Sales 2005: 82) と，曖昧な表現ながら正当化している。この表現のように，このガイドブックではアクロポリスが国に帰属することを強調するような表現はしていないが，かと言って世界的な財産であるという明確な表現があるわけでもない。実際のところこのガイドブックは，「ギリシアの象徴としてのアクロポリス」ではなく，「人気のある観光地としてのアクロポリス」という少し違った視点から書かれているように見える。加えて，このガイドブックはエルギン伯の行為を正当化していることを考慮に入れると，「ギリシアの最も重要な象徴」と「アクロポリス」とを切り離して表現しようと試みたのではないかと解釈できる。

　それと対照的に，8つ目のガイドブック「Heritage Walks in Athens」(Carras and Skoumbourdi 2004) では，「ギリシアが所有するアクロポリス」という捉え方が大きく強調されており，「ギリシアおよびアテネの神聖な場所」としてアクロポリスが表現されている。たとえばプロローグには，当時のアテネ市長であったドラ・バコヤンニが次のように記している。

　　私たちの遺跡は，記憶の永遠の守護者としてそこで見守ってくれています。ギリシアの過去の歴史だけでなく，西洋の祖先たちのことや東側諸国から受けた影響についても見守ってきました。それらは私たちの博物館で見ることができます (Bakoyiannis 2004: 5)。

　この文章の中で彼女は，「私たちの（すなわち，ギリシアの）遺跡」と，その帰属を明確にしている。この文章の1つの解釈としては，「ギリシアの過去の歴史だけでなく，西洋の祖先たちのことや東側諸国から受けた影響についても見守ってきました」という表現に見られるように世界的な次元に言及しているのもかかわらず，それら遺跡の所有権や帰属はギリシアにあるということであろう。ここでもまた他のガイドブックと同様に，アクロポリスは「必ず見るべき」アテネの遺跡と紹介されているが，世界遺産に登録されているという表現は見当たらない。

　この分析で扱う9つ目のガイドブック「The Rough Guide to Greece」(Benison et al. 2006) は，ギリシア全土の情報を網羅している。ここでもまた，アクロポリスはアテネ市内で最も魅力的な「必ず見るべき」観光地と表現されており，アクロポリスについての解説の冒頭部分では，アクロポリスが「西洋文化の典型的イメージの1つ」（同書: 117）であることに言及しているが，またしても世界遺産に登録されていることについては触れられていない。一方で，ロンドンの大英博物館に展示されているパルテノン・マーブル（別名をエルギン・マーブルという）の所有権をめぐる議論にはかなりの紙幅を割いている。たとえば，新しくなったアクロポリス博物館の説明は次のように書かれている。

　　パルテノン・マーブル（ここ，アクロポリス博物館に展示されているものに加えて，ロンドンに保管されているエルギン・マーブルを…）が，それにふさわしい場所で，並べて展示できる日が来ることを願っています（Benison et al. 2006: 147）。

アクロポリスはギリシアのものであるという信念が明確に表現されており，したがって，いまもロンドンに保管されているパルテノン（エルギン）・マーブルは，正式な所有者であるギリシアに返還されるべきであると訴えている。

　最後に，この分析で扱う10冊目のガイドブック「Lonely Planet: Greece」(Hellender et al. 2006) では，やはり同様にパルテノン（エルギン）・マーブルの正式な所有権はギリシアが持っているという主張がされており，非常に率直な表

現で次のように書かれている。

　　マーブルの返還要請を何度もしてきたが，イギリスの博物館は一向に応じ
ようとはしません。そのマーブルは 1801 年にエルギン伯によってアクロポ
リスから削り取られたものです（Benison et al. 2006: 108）。

　興味深いことに，1801 年にエルギン伯によってパルテノン・マーブルが持
ち去られたことを表現するために「削り取られた」という言葉が使われている
が，この言葉が暗に含んでいるのは，パルテノン神殿の建物の一部とも言える
ような彫刻を持ち去るべきではない上に，それらは世界ではなく，ギリシアに
帰属する遺産であるというメッセージであろう。エルギン伯によって持ち去ら
れたパルテノン・マーブルについての言及に加えて，この文章にはその非常に
野蛮な行為に対する強い非難が込められている。また他のガイドブックと同様
に，アクロポリスはアテネで最も魅力的な場所として紹介されており，世界遺
産に登録されていることに関しては，アクロポリスの復元プロジェクトの説明
の中で短く触れられているだけである。

結　論

　　観光客というものは…＜中略＞　アテネの光景を自身の目で眺めようと
もせずに，型にはめられたイメージや神話を鵜呑みにして中へと入っていく。
…＜中略＞　特にアクロポリスは大半の旅行者の関心を集めており，それゆ
えにアテネに関する旅のナラティブもアクロポリスに集中している（Travlou
2002: 116）。

　実際のところ，この分析で扱ったガイドブックにおいても，アクロポリスと
その存在意義についてかなりの紙幅を割いて説明されていた。これらガイド
ブックの多くは，アクロポリスに関するさまざまなナラティブに加え，写真も
掲載しており，おかげで読者はたとえ訪れたことのない土地だとしてもその場

所について想像することができる。また，大半のガイドブックで，アクロポリスはアテネで最も重要な場所であると表現されていた。

　この分析の主要なテーマは，これらのガイドブックに含まれるナラティブが有名な観光地であるアクロポリスを表現する際に，「ギリシアの象徴」として描くのか，それとも世界遺産登録という言葉からイメージされる「世界的な共有財産」として描くのかを検証することであった。特に強い関心があったのは，「神聖な場所」に対するそれぞれのガイドブックの見解である。多くのナラティブの中で，アクロポリスは元来「ギリシアの人々にとっては神聖な場所」であり，「旅行者にとっては観光地」であると表現されており，これについては他の関連した研究でも明らかになっている（Rakić and Chambers 2007）。アクロポリスの帰属に関しては「世界」よりも「ギリシア」のほうが優勢であることは多くのガイドブックにおいて明らかであり，それはそのガイドブックがギリシアで発行されているかどうかは無関係であった。また，これらガイドブックの多くが，アクロポリスの存在意義として「世界的な共有財産」よりも「ギリシアの象徴」に重きを置いており，世界遺産に登録されていることを明記していたガイドブックは 10 冊中 2 冊だけだった。したがってこれらのガイドブックでは，アクロポリスは「ギリシアの神聖な遺跡」という扱いが主流であると言える。アクロポリスはギリシアの人々にとって神聖な場所であり，そこに行くことは「巡礼」と似たような意味合いを持つのかもしれない。一方で，外国人にとってアクロポリスは世界中に知れ渡ったギリシアの有名観光地であり，旅行者にとって必ず訪れるべき魅力的な場所であり，憧れの場所なのだ。

あとがき

　本書の原題は『Narratives of Travel and Tourism』である。この本を手に
したのは2016年春のことであった。訳者らは，所属する大学の学部再編にと
もない集合したメンバーであり，東日本大震災からの復興の最中であった宮城
県において，復興過程における地域再生の手段について議論を重ねていった。
政府は，2011年から5年間を集中復興期間と位置づけ，各種施策を矢継ぎ早
に展開しており，そこには観光に関するメニューも当然含まれていた。ただし，
被災地では，震災直後は復興資源を観光の題材とする風潮はなく，話題の中心
はインフラの整備であり，被災地での生活再建が最優先と捉えられていた。
2016年はちょうど震災から5年が経ち，集中復興期間が終了し，復興・創生
期間に移行するタイミングであった。ハード整備の目途も経ち，復興施策がソ
フト面へとシフトするのを機に，被災地における産業の再生策として，観光は
注目を集めることになった。

・日本における観光政策と東日本大震災からの復興観光の取り組み
　政府は，2008年10月に国土交通省の中に観光庁を新設しており，あわせて
2012年に観光立国推進基本計画を定めた。政府は2017年に，この観光立国推
進基本計画を更新している。2017年度からの4年間で，訪日外国人旅行客（イ
ンバウンド）を4,000万人にまで増加させることを掲げ，世間の注目を集めた。
そのさい，訪日外国人旅行者の地方部における延べ宿泊者数を7,000万人泊と
することを明記している。この計画には東北地方に関する言及が個別に盛り込
まれており，2017年度からの4年間における，東北6県の外国人延べ宿泊者
数の目標は，150万人泊である。東北地方の外国人延べ宿泊者数を増やすため
に，地域が行う観光資源の磨き上げ，多言語案内表示板の設置等の受入環境整

備を行うことを総合的かつ計画的に講ずべきと施策に記している。4年間という計画期間は，東京オリンピック・パラリンピックの開催による誘客を見込しているものの，東北地方の観光地は苦戦の一途であった。大震災で遠のいた観光客を再び取り戻すことは容易ではない。

　そのような状況で，観光推進の担い手として期待されたのがDMO（Destination Marketing / Management Organization）である。観光庁は全国的にDMOの設立を後押しし，地域側もそれに応じてきた。2015年11月には日本版DMO候補法人登録制度が創設され，2017年には日本版DMO第1弾の登録が開始された。日本版DMOは，既に広域連携DMOが10団体，地域連携DMOが69団体，地域DMOが57団体の計136団体が登録されている（2019年8月現在）。東北では，観光庁が東北観光復興対策交付金制度を創設し，DMOの設立を後押ししている。2020年1月現在，東北地方には，日本版DMOが18件（広域連携DMO1件，地域連携DMO8件，地域DMO9件），日本版DMO候補法人が19件（地域連携DMO8件，地域DMO11件）設立されている。新たに設立されたDMOは，地域の観光資源を活かした地域ブランディングに懸命に取り組んでいる。その活動を概観した時に，観光施策の基礎となる概念としてのナラティブに辿り着いたのである。

　本書の12章で取り上げられている，世界的に高いシェア率を有する旅行ガイドブックのロンリープラネットでは，2019年10月，2020年に訪れるべき地域10選に東北地方を選出した。2011年の震災からの復旧復興のプロセスをみるべき資源と捉え，また，観光客の迎え入れの準備が進められていることに加えて，自然や歴史的な祭りといった資源が豊富に存在していることを紹介している。こうした期待感をいかに復興観光の強みとし，持続可能なツーリズムモデルの構築につなげることができるか，被災地東北の課題である。

　復興観光を考える時，ナラティブは誰もが発露可能な注目すべき資源である。生活者の実感を伴う語りは他地域では代替できない固有の資源といえる。震災

復興過程で蓄積してきた記録や記述，そして語りが，いわばナラティブ・ツーリズムとでもいうべき方法論において，重要な観光資源となりうるのである。『人間科学のためのナラティブ研究法』の著者キャサリン・K・リースマン（2008）は，ナラティブが求められる風潮には，近代以降のアイデンティティへの執着があるとしている。ポストモダンの社会において，自己は自明のものでも，自然のものでもなく，受け取る相手に向けて演示されるものであることを踏まえ，物語を語ることは日常になっていると指摘している。

・本書の紹介

　本書をあらためて紹介したい。本書で紹介される分析に用いられたナラティブの一覧を表に示した。本書は大きく第Ⅰ部，第Ⅱ部で構成されており，第Ⅰ部では旅行者が残したナラティブを収集し，そのテーマを探る。第Ⅱ部では，既に刊行されているナラティブを対象とした分析がなされる。野口裕二（2009）は著書，『ナラティヴ・アプローチ』において，ナラティブは，「ファースト・オーダー」と「セカンド・オーダー」とに分類することが可能であり，「ファースト・オーダー」とは，個人が自身の経験などを直接語るものであり，「セカンド・オーダー」は，研究者などが社会的世界を理解するために語るものとしている。

　第Ⅰ部で扱われる旅行者の残した手記，手紙，絵葉書などは，まさに個人が経験を語るためのものであり，「ファースト・オーダー」を収集したものといえよう。一方で，それらが語られ，場合によっては刊行されているものであるとき，第Ⅱ部で行われているナラティブに流れる社会的世界を捉えようとする研究者の試みはまさに「セカンド・オーダー」であるといえよう。これを踏まえて，本書の構成を紹介する。第Ⅰ部は1章から6章までで構成される。

◇1章では，本書で扱うナラティブ研究の視座が述べられている。従来の研究においては，旅行記（紀行）に関する研究を中心に旅や旅行の出来事を記述した書物に関して膨大な量の知見が得られているとしているものの，それが指し示すものは広範であるとしている。加えて，近年では，記録し，記憶に残し，

表　各章における掲載事例の概要と取り上げたナラティブ

	章	対象事例	年代	場所	分析に用いたナラティブ	
第Ⅰ部 旅人／ 旅行者	2章	ロンドン・シーズンにおける旅（富裕層）	1800年代	イギリス	・御者が記した回想録 ・個人（ルイーザスマイルス）の日記	未公開のナラティブ
	3章	クエーカー一家の旅	1895－1945年	ヨーロッパ,北米,アフリカ	・フォックス家が残した膨大な文章（家族共有の旅行記，個人のプライベートな手記） ・写真，イラストなどの画像	
	4章	平時と戦時における旅	1930－1940年代	イギリス	・4つの旅の記録（短期での国内旅行・中期での国外周遊・長期休暇・戦時下における旅）	
	5章	一生涯の旅の記録	1900年代	イギリス	・個人が長期にわたり記録し続けたホリディブック	
	6章	旅人による刊行された旅の記録	1950年代	ヨーロッパからアジア諸国	・ニコラ・ブーヴィエの著書	
	7章	オペラ作品における旅行の表現	各年代	各国	・旅行を題材とするオペラ38作品	
第Ⅱ部 訪れた地	8章	イギリス国内の旅を描いた旅行の記録	1700年代	イギリス	・ダニエル・デフォーによる絵図	発行済のナラティブ
	9章	赴任先アイルランドでの旅と生活の記録	1840年代	アイルランド	・アントニー・トロロープの小説	
	10章	熊野古道の散策の記録	1200年代2000年代	日本	・年代の異なる紀行文	
	11章	社会活動家によるプロジェクトの記録	2000年代	イスラエル,エルサレム	・オーディオツアーにおける異なる2つの音声ガイド	
	12章	ガイドブックにおける多様な記載	2000年代	ギリシャ,アテネ	・ガイドブックの記載	

書きとめ，他人に伝え，時に広く拡散する上で，デッサン，絵画，写真などの役割にも注目が集まっていることが述べられている。

　本章では，これらの研究によって示唆されたナラティブの重要な働きとして，パーソナル・アイデンティティ（旅先で出会った人々に対する認識の共有），コレクティブ・アイデンティティ（地域住民や特定集団に対する認識の共有），プレイス・アイデンティティ（その土地や地域に対する認識の共有）の形成という個人を形成する要素だけではなく，それを記憶し，周囲に拡散するプロセスにおいても重要な役割を果たしていることを指摘している。これは，残存する文章や伝えたい事柄に注目してきたナラティブの研究が，個人が自己の形成，成長を記録するというものであることに加えて，相手に伝えるというプロセスも対象とするというように多様化してきたことを示すものである。したがって，本書のねらいはそうした多様な研究を包括的にまとめるものではなく，学際的な議論の一助となるものとすることにあり，そのため，多様な視点で研究を提示するという体裁を取っていることが示されている。

◇2章では，英国の社交界の事例としてロンドンシーズンを挙げ，旅というものが，当時，富と地位を誇示するための手段として用いられていたことを明らかにしている。対象となったナラティブは，ルイーザ・スマイスという女性の日記と当時の記録である。旅という側面では，当時の社交界においてふさわしいとされた馬車を用いた移動が，富と地位を誇示するための手段として用いられている側面を明らかにするとともに，エリート層にとって旅は必須のイベントであり，彼らの移動によって引き起こされる渋滞もロンドンという地域にとってはひとつの風物詩であったことについても言及している。このように，旅の記述は当時の社会システムを理解する上で有用であるだけではなく，地域の生活，日常についても解き明かすツールとしても用いることが可能であることが示されている。

◇3章は，当時の富裕層の旅について，クエーカー教徒の8人家族のナラティ

ブから考察をしたものである。このナラティブにおいて特徴的なものとして地図や絵葉書，新聞の切り抜き，押し花やスケッチなど視覚的なナラティブについても積極的に収集していることを挙げ，文章特有の偏見や決めつけを避けることができると指摘している。また，旅は，当時は富裕層だけの特権であると同時に，この経験が若者に自信を与え，特に女性の社会進出を後押ししたことを考察している。

◇４章の分析においては，前章までに述べられてきたエリート層や富裕層ではなく，一般的な旅や特別な旅についての記録に着目している。世界恐慌と戦争という時代における旅について，４つのナラティブを対象に分析を行っている。４つの旅の記録からは，形態と手段，人，食事，世界の出来事，体験が共通して抽出され，戦時中でありながらも，一般の人々は余暇活動や卒業旅行として，旅を楽しんでいる様子が整理されている。こうしたファースト・オーダーこそが，20世紀の旅行を理解するために重要である。

◇５章も，個人が私的な目的で記述したナラティブを研究対象としている。その上で，イギリスの一般家庭における旅や活動を対象に，日誌や調査記録，手紙，聞き取りなどを通じた知識獲得や地理的情報の学習における「スモール・ストーリー」の構築を分析している。ホリディブックでは，個人のライフステージが反映されることが多く，その記述を通して家庭での役割分担などが見えてくる。記録された背景を深く掘り下げていくスモール・ストーリーは，ナラティブ研究において重要な手法といえる。

◇６章では，旅人であり，芸術家，図像学者の側面を持つニコラ・ブーヴィエがヨーロッパからアジアに渡った旅とそれを基に書かれた著作を取り上げ，旅に至る動機を感情（Emotion）と行動（Motion）というテーマで分析している。文化的な摩擦を起こすことなく良好なコミュニケーションをとることを重視し，単なる趣味であった写真を著述における記録として用い，感情の表われを

捉える手段としていたことを指摘している。旅人たるブーヴィエの足跡を著作から辿ることで，彼の旅が自分を清め，創造する目的で行われていたことを明らかにするとともに，旅人であれ旅行者であれ，旅に至る動機である感情（Emotion）を求め，行動（Motion）を起こすという普遍性は変わらず，両者を区別してきた時代からもたらされた変化について考察している。

◇7章では，中世以降の旅行の要素が含まれるオペラを対象に，ナラティブを旅行研究の規範を肯定するドミナント・ナラティブとその存在論的主張に対抗するカウンター・ナラティブに分け，38のオペラに含まれるナラティブについて分析している。ドミナント・ナラティブとされるのは，コロンブス，マルコポーロを扱った「探検」やアルチュール・ランボーの放浪に関するオペラに代表される「放浪」，時の権力者や富と名声を得た人物たちの生活や煩悶を描いた作品群に見られる「豪華絢爛と壮観」である。一方で，カウンター・ナラティブとされるのは既存の倫理規範から逸脱した不倫や不法を描いた「逸脱」，『ベニスに死す』にみられるような都市の清廉なイメージとコレラというアンビバレントな表現を用いた「反転」，旅行において安全だとされてきた技術の脆弱性を扱った「脆弱性」を含むナラティブである。筆者自身はこうした研究を表面的であるとしつつも，現在の旅行研究がドミナント・ナラティブに集中していることを憂慮し，裏側であるカウンター・ナラティブについても検討しなければ意味がないことを指摘している。

◇8章では，ダニエル・デフォーの旅行記を分析し，それが「地理的旅行文学」として確立されていることを指摘している。デフォーの文学に見られる地図としての機能や，その土地をイメージさせる図像を指して，文章の信ぴょう性や重みづけをした「ナラティブ・マップ」を作る企図があったと考察している。このようなアプローチはBakhtinが提唱する「時間」と「空間」の密接なつながりである「クロノトープ」を強調するものとなっている。この旅行記を通して，中央の象徴としてのロンドンと周辺の関係を描き出していることは，イデ

オロギー構築の1つの強力な手段となっている。また，デフォーは自国のイメージアップ，貿易や商業の発展という目的のために，イギリスの風景を描写し，見慣れた空間に別の視点を加える空間の再構築を行っていたことを考察している。

◇9章では，旅とナラティブは，経験を翻訳するという性質があり，結果は常にその場所に歓迎されたかどうかによって決まることが述べられている。本章ではイングランド人であるトロロープがアイルランドに赴任し執筆した「The Macdermots of Ballycloran」を基に，小説における旅のナラティブを分析している。小説は旅行記ではないが，イギリスでの生活に疲弊したトロロープ自身がアイルランドに渡り，その人間性を回復させていく中で出会った人々や訪れた場所が小説に影響を与えていることを踏まえれば，その中には旅のナラティブが含まれていると考えられる。トロロープの小説は，その描写の正確さゆえにアイルランドの悲惨さとその異質性が際立ち，イギリス人にアイルランドを身近に感じさせることについては必ずしも成功していない。しかし，ナラティブによってアイルランド人の生活の深遠さを描写しようと試みることによって，自身のアイデンティティを再評価，再構築しているという指摘は，ナラティブを語るという人間の本質を指摘した1章とも符合するものである。

◇10章では，古来より巡礼地である紀伊山地を対象に，各時代でナラティブが記述されてきた。その文化的変化を捉えることを試みている。「神の宿る場所」として信仰を集める熊野古道は，世界文化遺産であり，多くのナラティブが残されている。藤原定家は，天皇の巡幸に際して御し，自身の体調がすぐれないことへの不満はありながらも，歴史に魅入られ，「本物」と「失われたもの」を求めて紀行文を記述したと考察されている。また，現代になると熊野古道は全行程を数日間かけて回るものではなく，複数回訪れる場所となり，その遍路の記録は神聖な場所を捉えるという目的に留まらず，移動手段や周辺の風景を紹介するといった著作も見られている。自然環境や移動手段の変化がこの地へ

の旅にもたらした影響は大きいと言える。しかし，熊野古道を扱ったナラティブは，日本の文化の記憶が蓄積されてきた経緯について，各年代でそれぞれの洞察がなされ，在りし日の姿を記録している。現代ではその姿を見ることはできず，古い記録に頼るしかない。しかしながら，景観が変化した今でもこの地を訪れ，歩くことへの価値は変わらないとしている。

◇11章では，旅におけるナラティブが単に社会学の研究系統として捉えられるのではなく，「排他的な考え方」，「他者性」を助長する権力構造の変化にも影響するという点に着目し，エルサレムにおける芸術家集団の事例を検証している。1つの観光地にあっても，宗教的価値観の違いから2つの異なるナラティブを展開することができる。実際に，2つの集団のナラティブからは，そのナラティブによって土地の持つ歴史や記憶，感情といったものを消し去り，書き換えることも可能であるという示唆が得られている。現代の旅においては，語りによってその場所に新たな意味を与えるというナラティブの生成が見られるとともに，それを消費，消化する過程においてアイデンティティを形成し，強固なものとすることも可能となるのである。

◇12章は，観光ガイドに見る観光地の存在意義について，そのナラティブから分析を行ったものである。ガイドブックが旅行者の行動を脚本立てる性質があることを指摘するとともに，その記述には場所の存在意義や国家のアイデンティティを明確に伝達する役割もあることを示している。アテネを扱った10冊のガイドブックからは，アクロポリスは古代ギリシアの象徴であるということが読み取れるが，世界文化遺産でもあることを示したガイドは少なく，共有財産としての性質が強調されているものではないことが示されている。つまり，アクロポリスが世界中の観光客にとっては有名な観光地であるのに対して，現代のギリシャの人々にとっては，国家に帰属する神聖な場所とされていることを示唆している。

・ナラティブを活用した持続可能な復興観光を目指して

　本書は，東日本大震災から9年目を過ぎた2020年7月の刊行となった。翌2021年3月には，発災から10年目をむかえるが，政策や報道といった側面では震災復興の1つの区切りとなることが想定される。しかし，特に原発事故による被害を抱える福島県にとっては，事態が収束するかという議論も含めて復興の完遂には道半ばであることも事実である。今後の震災復興をどう構築していくのか，未経験の課題が東北地方には残されている。

　東北運輸局観光部によれば，東北地方における延べ観光入込客数は，2010年に2.66億人であったものが，震災によって2011年には1.97億人と激減した。それも徐々に回復し，2017年には2.58億人にまで戻っている。また，観光庁の宿泊旅行統計調査によれば，インバウンド延べ宿泊者数の推移をみると，2010年に50万人泊であったものが，震災により2011年は21万人泊となる。それが，2017年には100万人泊を越え，2018年の数字は143.7万人泊となっている。観光産業が今後の震災復興の要諦となることは明らかである。

　一方で，京都など国内の主要な観光地では受入可能な人数を超えた観光客が訪れるオーバーツーリズムなどが問題となっており，東北は現在の観光客の規模であるからこそ，一人一人の観光客を大切にできる余裕があると考えることもできる。そこにおいて，ツーリズムのナラティブ・アプローチは有効な方法論ではないだろうか。旅は人生を豊かにするというが，ナラティブを取り入れることで，受け入れる人の人生もまた豊かにする観光コンテンツを構築できる可能性もある。

　最後に，翻訳者の所属する宮城大学においても，学生らとともに，ナラティブを用いた観光の取り組みを始めていることを紹介しておきたい。図は，復興人材を育成するプログラムにおいて作成したマップである。学生が地域でフィールドワークを行い，地域資源を探求した上で，住民ヒアリングをもとに作成した。フィールドは，2017年12月に世界農業遺産に認定された宮城県大崎市であり，大崎市のうち旧城下町の名残をとどめる松山地区である。手書き

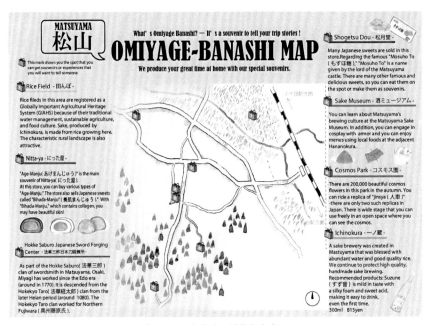

出所：宮城大学コミュニティプランナー実践論，講義報告書。

の地図やイラストを基に，作成したインバウンド用のマップのタイトルは
「OMIYAGE-BANASHI MAP」である。取り上げた地域資源は以下の通りで
ある。地域にある日本を冠する資源として，日本刀・日本酒を掲載している。
また，地域の伝統菓子「もすほ糖」と美肌まんじゅうを手書きのイラスト付き
で紹介した。その他，田んぼやフラワーパークといった自然資源を紹介してい
る。翻訳，イラスト，デザインと各自が出来る範囲で取り組んだナラティブ・
マップである。あくまで1つの例ではあるが，「まずは自らで出来ることから
始める」，こうした温かみのあるマップが至るところで作成されたら，自分事
として地域の魅力が引き出され，再度訪れたいという地域観光が展開できるの
ではないだろうか。持続可能な復興観光のキーワードの一つといえる。本書の
刊行を通して，こうした取り組みを各所に広めていきたいと考えている。

　本書の刊行にあたり，株式会社創成社には，復興観光に貢献したいという翻訳者らの考えに賛同いただき，編集過程では多くのご足労をいただいた。この場を借りて御礼申し上げたい。また，本書の刊行にご理解・ご協力をいただいた宮城大学をはじめとする関係各位，復興観光に奔走している同志の皆様に心より感謝申し上げたい。

2020 年 7 月

翻訳者一同

＜追記＞

　本書の刊行は，当初 2020 年 3 月を予定していたが，新型コロナウイルス感染症（COVID-19）の問題によって，緊急事態宣言による活動自粛期間を経た2020 年 7 月となった。この間，世界中の観光を取り巻く環境が一変した。都市封鎖を行わざるを得なくなった国がでるほどの深刻な事態は，おのずと経済不調を引き起こした。この新型コロナウイルスによる経済不調の影響を真っ先に受けたのが観光業であった。

　今あらためて高度経済成長期以前の観光スタイルを認識する必要があろう。旅は人生を豊かにするという表現があるが，消費者の旅に求める豊かさは時代によって変化してきた。1960 年代の高度経済成長期には，労働生産性の向上による余暇時間の拡大により，レジャー産業が成長し，観光もレジャー産業に位置付けられ，大衆化，大型化していった。日本人の海外渡航が自由化されたのは，1964 年のことであった。そこでは，プラン化された旅行商品をそのまま享受するといった観光スタイルがもてはやされていったが，それ以前はそうではなかった。目的地までの道中を楽しみ，例えば電車での旅ならば，車窓からの風景や食を満喫する。お気に入りの地域には定宿があり，そこで生まれる交流や人間関係こそが目当てとされることもある。一定期間その地に留まり，休養だけでなく，執筆などの仕事をこなす姿も多くみられた。

　歴史的に見れば，モータリゼーションだけでなく，経済状況や公衆衛生の発

展とともに観光のスタイルも見直されてきた。新型コロナウイルスの流行を1つの契機とし，科学技術の導入とともに，旅と切り離すことのできない「語り」に着目した体験や経験中心のミクロな観光マーケティングの議論が活発化し，確立される新しい地域観光モデルが地域経済再生の牽引役となることを願うものである。

参考文献

【第 1 章】

Beck, W. 2006. Narratives of World Heritage in Travel Guidebooks. *International Journal of Heritage Studies*, 12(6), 521–35.

Bendix, R. 2002. Capitalizing on Memories Past, Present, and Future: Observations on the Intertwining of Tourism and Narration. *Anthropological Theory*, 2(4), 469–87.

Blanton, C. 2002. *Travel Writing: The Self and the World*. London: Routledge.

Bruner, E.M. 2005. *The Role of Narrative in Tourism*. Conference paper presented at the On Voyage: New Directions in Tourism Theory Conference, Berkeley, October 7–8. Available at www.nyu.edu/classes/bkg/tourist/narrative.doc [accessed: 10 January 2010].

Campbell, M.B. 1988. *The Witness and the Other World: Exotic European Travel Writing, 400–1600*. Ithaca and London: Cornell University Press.

Elsrud, T. 2001. Risk Creation When Travelling: Backpacker Adventure Narration. *Annals of Tourism Research*, 28(3), 591–617.

Fabian, J. 2001. Time, Narration, and the Exploration of Central Africa. *Narrative*, 9(1), 3–20.

Holland, P. and Huggan, G. 2000. *Tourists with Typewriters: Critical Reflections on Contemporary Travel Writing*. USA: University of Michigan Press.

Leask, N. 2002. *Curiosity and the Aesthetics of Travel Writing 1770–1840*. Oxford: Oxford University Press.

Lisle, D. 2006. *The Global Politics of Contemporary Travel Writing*. Cambridge: Cambridge University Press.

McCabe, S. and Foster, C. 2006. The Role and Function of Narrative in Tourist Interaction, *Tourism and Cultural Change*, 4(3), 194–215.

Meethan, K., Anderson, A. and Miles, S. (eds). 2006. *Tourism, Consumption and Representation: Narratives of Place and Self*. Wallingford: CABI.

Mills, S. 1991. *Discourses of Difference: an Analysis of Women's Travel Writing and Colonialism*. London: Routledge.

Noy, C. 2004. This Trip Really Changed Me: Backpackers' Narratives of Self-Change *Annals of Tourism Research*, 31(1), 78–102.

Noy, C. 2007. *A Narrative Community: Voices of Israeli backpackers*. Detroit: Wayne State University.

Pratt, M.L. 2008. *Imperial Eyes: Travel Writing and Transculturation*. London: Routledge.

Robertson, G., Mash, M., Tickner, L., Bird, J., Curtis, B. and Putnam, T. (eds). 1994. *Traveller's Tales: Narratives of Home and Displacement.* London: Routledge.

Smith, S. 2001. *Moving Lives: Twentieth-Century Women's Travel Writing.* Minneapolis: University of Minnesota Press.

Tivers, J. and Rakić, T. 2010. *Narrating the Stories of Travel and Tourism Conference Session* at the Royal Geographical Society with Institute of British Geographers Annual Conference, London, 1–3 September.

Tucker, H. 2005. Narratives of Place and Self: Differing Experiences of Package Coach Tours in New Zealand. *Tourist Studies,* 5(3), 267–82.

Tussyadiah, I. and Fesenmaier, D. 2009. Mediating Tourist Experiences: Access to Places via Shared Videos. *Annals of Tourism Research,* 36(1), 24–40.

【第２章】

Abbott, M. 1993. *Family Ties: English Families, 1540–1920.* London: Routledge.

Anon. 1871. *Modern Etiquette in Public and Private.* London: Frederick Warne.

Battersea, C. 1922. *Reminiscences.* London: Macmillan.

Beckett, J. 1986. *The Aristocracy in England 1660–1914.* Oxford: Blackwell.

Blunt, A. 2000. Embodying War: British Women and Domestic Defilement in the Indian 'Mutiny' 1857–8. *Journal of Historical Geography,* 26(3), 403–28.

Buckle, R. 1958. *The Prettiest Girl in England.* London: John Murray.

Cass, N., Shove, E. and Urry, J. 2005. Social Exclusion, Mobility and Access. *Sociological Review,* 53(3), 539–55.

Colson, P. 1945. *Close of an Era.* London: Hutchinson.

Courtney, W. 2004. Villiers, Thomas Hyde 1801–1832, in *Dictionary of National Biography,* edited by H.C.G. Matthew and B.H. Harrison. Oxford: Oxford University Press.

Davidoff, L. 1973. The Best Circles: *Society Etiquette and the Season.* London: The Cresset Library.

Evans, H. and Evans, M. 1976. *The Party that Lasted 100 Days: The Late Victorian Season.* London: Macdonald and Jane's.

Gorst, F. and Andrews, B. 1956. *Of Carriages and Kings.* London: W.H. Allen.

Graham, B. and Nash, C. 2000. *Modern Historical Geographies.* London: Longman.

Horn, P. 1992. *High Society: The English Social Elite 1880–1914.* Phoenix Mill: Alan Sutton.

Huggett, F. 1979. *Carriages at Eight.* Guildford: Lutterworth Press.

Irvine, V. 2005. *The King's Wife: George IV and Mrs Fitzherbert.* London: Hambledon.

Jackson, L. 2004. *Victorian London.* London: New Holland.

Leconfield, C. 1930. Correspondence Page. *The Times,* 24 October, 7.

Magee, G. and Thompson, A. 2010. *Empire and Globalisation.* Cambridge: Cambridge University Press.

Margetson, S. 1980. *Victorian High Society*. London: Batsford.

Masterman, L. 1930. *Mary Gladstone: her Diaries and Letters*. London: Methuen.

McDowell, L. 2004. Cultural Memory, Gender and Age: Young Latvian Women's Narrative Memories of War-time Europe 1944–1947. *Journal of Historical Geography*, 30(4), 701–28.

Nicholson, S. 1988. *A Victorian Household*. London: Sutton Publishing.

Ogborn, M. 2002. Writing Travels: Power, Knowledge and Ritual on the English East India Company's Early Voyages. *Transactions of the Institute of British Geographers*, 27(4), 155–71.

Picard, L. 2005. *Victorian London: The Life of a City 1840–1870*. London: Weidenfeld and Nicolson.

Pooley, C. and Turnbull, J. 1997. Changing Home and Workplace in Victorian London: the Life of Henry Jaques, Shirtmaker. *Urban History*, 24(2), 148–78.

Sheppard, F. 1971. *London, 1808–1870: the Infernal Wen*. London: Secker and Warburg.

Sidney, S. 1873. *The Book of the Horse*. London: Cassell and Petter.

Sproule, A. 1978. *The Social Calendar*. Poole: Blandford Press.

Taylor, S. 2001. *The Moving Metropolis: a History of London's Transport Since 1800*. London: Laurence King.

Thackeray, W. 1848. *Vanity Fair*. London: Bradbury and Evans.

Thompson, F.M.L. 1963. *The Rise of Respectable Society*. Cambridge, MA: Harvard University Press.

Thynne, D. 1951. *Before the Sunset Fades*. Longleat: Longleat Estate Company.

Wildeblood, J. 1965. *The Polite World*. London: Davis Poynter.

Wise, D. 1998. *The Diary of William Tayler, Footmen 1837*. London: Westminster City Archives.

Worsely-Gough, B. 1952. *Fashions in London*. London: Alan Wingate.

【第3章】

CTC 2011. *About CTC*. Available at: http://www.ctc.org.uk/DesktopDefault.aspx?TabID=3327 [accessed: 18 May 2011]

Defoe, D. 1971 [1724–27]. *A Tour Through the Whole Island of Great Britain*. London: Penguin.

Fiennes, C. 2010 [1888]. *Through England on a Side Saddle: In the Time of William and Mary*. Cambridge: Cambridge University Press.

Foster, S. 1990. *Across New Worlds Nineteenth Century Women Travellers and Their Writings*. New York: Harvester Wheatsheaf.

Foster S, and Miles, S. (eds.). 2002. *An Anthology of Women's Travel Writing*. Manchester: Manchester University Press.

Kirkland, J., and Roberts, R. 2005. *A Week on Wheels: Extracts from the Journals of Samuel Tuke Richardson*.

Robertson, G., Mash, M., Tickner, L., Bird, J., Curtis, B., and Putnam, T. (eds). 1994. *Traveller's Tales: Narratives of Home and Displacement*. London: Routledge.

Robinson, J. 1994. *Unsuitable for Ladies: An Anthology of Women Travellers* Oxford: Oxford University Press.

Smollett, T. 1919 [1766]. *Travels Through Florence and Italy*. London: The World's Classics.

【第 4 章】

Albers, C.P. and James, W.R. 1988. Travel Photography: a Methodological Approach. *Annals of Tourism Research*, 15(1), 134–58.

Ballengee-Morris, C. 2002. Tourist Souvenirs. *Visual Arts Research*, 2(56), 102–8.

Batchen, G. 1999. *Burning with Desire: the Conception of Photography*. Massachusetts: Massachusetts Institute of Technology.

Black, J. 1992. *The British Abroad: the Grand Tour in the Eighteenth Century*. Stroud: Sutton Publishing.

Brunner, E. 1945. *Holiday Making and the Holiday Trades*. London: Oxford University Press/Humphrey Milford.

Caldiero, C.T. 2007. Crisis Storytelling: Fisher's Narrative Paradigm and News Reporting. *American Communication Journal*, 9(1), online.

Cummings, A.J. 1944. *This England: an Appreciation* by A.J. Cummings. London: Gawthorn.

Downe-Wamboldt, B. 1992. Content Analysis: Method application and issues. *Health Care for Women International*, 13(2), 313–21.

Gibbs, P. 1934a. *European Journey*. London: Heinemann/Gollancz.

Gibbs, P. 1934b. *European Journey*. Foreword. London: Heinemann/Gollacz.

Graves, R., and Hodge, A. 1941. *The Long Weekend: A Social History of Britain 1918–1939*. London: Readers Union/Faber and Faber.

Grey-Turner, E. 1934. *The Casting of a Pebble*. Newcastle: Andrew Reid.

Hendry, P.M. 2007. The Future of Narrative. *Qualitative Inquiry*, 13(4), 487–98.

Hutto, D.D. 2007. *Narrative and Understanding Persons*. Cambridge: Cambridge University Press.

Kneafsey, M. 2000. Tourism and Place Identities and Social Relations in the European Rural Periphery. *European Urban and Rural Studies*, 1(7), 35–50.

Kodak Limited 1920. *How to Make Good Pictures*. London: Kodak Limited.

Lucaites, J.L. and Condit, M.C. 1985. Re-constructing Narrative Theory: a Functional Perspective. *Journal of Communication*, 35(4), 90–108.

Mass Observation File Report 626, 1941. *Second Report on Plymouth*. Mass Observation Archive, Special Collections, University of Sussex.

McCabe, S., and Stokoe, E.H. 2004. Place Identity in Tourists' Accounts. *Annals of Tourism Research*, 31(5), 601–22.

Middleton, V.C. 2005. *British Tourism: the Remarkable Story of Growth*. Oxford: Butterworth-Heinemann.

Morgan, N., and Pritchard, A. 2005. On Souvenirs and Metonymy: Narratives of Memory, Metaphor and Materiality. *Tourist Studies*, 5(29), 29–53.

Murray, D.M. 1991. All Writing is Autobiography. *College Composition and Communication*, 42(1), 66–74.

Ousby, I. 1990. *The Englishman's England: Taste, Travel and the Rise of Tourism*. Cambridge: Cambridge University Press.

Pimlott, J.A.R. 1976. *The Englishman's Holiday: A Social History*. Hassocks: The Harvester Press.

Pine, B.J. and Gilmore, J.H. 1998. Welcome to the Experience Economy. *Harvard Business Review*. July-August, 97–105.

Prochaska, D. 2000. Exhibiting the Museum. *Journal of Historical Sociology*, 13(4), 391–438.

Priestly, J.B.P. 1934. *English Journey*. London: Heinemann/Gollancz.

Sethi, P. 2005. *Tourism: Today and Tomorrow*. New Delhi: Anmol Publications.

Snape, R. 2004. The Co-operative Holidays Association and the Cultural Formation of Countryside Leisure Practice. *Leisure Studies*, 23(2), 143–58.

Spender, S. 1945. *Citizens in War, and After*. London: Harrap and Co.

Stevens, N.D. 1995. *Postcards in the Library, Invaluable Visual Resources*. New York: Haworth Press.

Stevenson, J. 1984. *British Society, 1914–45*. Harmondsworth: Penguin.

Towner, J. 1995. What is Tourism's History? *Tourism Management*, 16(5), 339–43.

Urry, J. 1990. *The Tourist Gaze*. Sage. London.

Veal, A.J. 2006. *Research Methods for Leisure and Tourism*. Harlow: Pearson.

Wall, S. 2006. An Autoethnography on Learning about Autoethnography. *International Journal of Qualitative Methods*, 5(2), 146–60.

【第５章】

Bougen, P.D. 1994. Joking Apart: The Serious Side to the Accountant Stereotype, *Accounting Organizations and Society*, 19(3), 319–35.

Desforges, L. 2000. Traveling the World: Identity and Travel Biography, *Annals of Tourism Research*, 27(4), 926–45.

Driver, F. and Martins, L. 2002, John Septimus Roe and the Art of Navigation, c. 1815–1830, *History Workshop Journal*, 54(1), 145–62.

Harrison, J. 2003. *Being a Tourist: Finding Meaning in Pleasure Travel*. Vancouver: UBC Press.

Korte, B. 2000. *English Travel Writing: From Pilgrimage to Postcolonial Explorations*. Basingstoke: Palgrave.

Lorimer, H. 2003. Telling Small Stories: Spaces of Knowledge and the Practice of Geography, *Transactions of the Institute of British Geography*, 28(2), 197–217.

Lorimer H. and Spedding N. 2005. Locating Field Science: a Geographical Family Expedition to Glen

Roy, Scotland, *British Journal of the History of Science*, 38 (1), 13–33.

Matless, D. 1998. *Landscape and Englishness.* London: Reaktion.

McCabe, S. and Foster, C. 2006. The Role and Function of Narrative in Tourist Interaction, *Journal of Tourism and Cultural Change*, 4(3), 194–215.

Sladen, C. 2002. Holidays at Home in the Second World War, *Journal of Contemporary History*, 37(1), 67–89.

Sladen, C. 2005. Wartime Holidays and the 'Myth of the Blitz', *Cultural and Social History*, 2(2), 215–46.

Therkelsen, A. and Gram, M. 2008. The Meaning of Holiday Consumption: Construction of Self Among Mature Couples, *Journal of Consumer Culture*, 8(2), 269–92.

Warren, A. 1986. Sir Robert Baden-Powell, the Scout Movement and Citizen Training in Great Britain, 1900–1920, *English Historical Review*, 101(399), 376–98.

【第 6 章】

Bouvier, N. 1963. *L'Usage du monde.* Genève: Droz.

Bouvier, N. 1967. *Japon.* Lausanne: Éditions Rencontre.

Bouvier, N. 1975. *Chronique japonaise.* Lausanne: L'Âge d'Homme.

Bouvier, N. 1981. *Le Poisson-Scorpion.* Vevey: Bertil Galland.

Bouvier, N. 1987 [1981]. *The Scorpion-Fish* (translated by R. Marsack). Manchester: Carcanet.

Bouvier, N. 2001. *L'OEil du voyageur.* Paris: Hoëbeke.

Bouvier, N. 2004 [1992]. Routes et déroutes. Entretiens, in *OEuvres*, edited by N. Bouvier, Paris: Gallimard, 1249–1388.

Bouvier, N. 2007 [1963]. *The Way of the World* (translated by R. Marsack). London: Eland.

Bouvier, N. and Plattner, P. 1993. *Le Hibou et la Baleine.* Genève–Carouge: Zoé.

Cohen, E. 1979. A Phenomenology of Tourist Experiences. *Sociology*, 13 (2), 179–201.

Collins, R. 2004. *Interaction Ritual Chains.* New Jersey: Princeton University Press.

Deleuze, G. and Guattari, F. 2004. *A Thousand Plateaus: Capitalism and Schizophrenia* (translated by B. Massumi). London: Continuum.

Hambursin, O. 1997. Voyage et exercice de disparition: les dangers du Poisson-Scorpion de Nicolas Bouvier. *Lettres Romanes*, 51(3–4), 275–87.

Le Hibou et la Baleine (dir. Patricia Plattner, 1993).

MacCannell, D. 1976. *The Tourist: A New Theory of the Leisure Class.* New York: Schocken Books.

Michaux, H. 1979. *Saisir.* Paris: Fata Morgana.

Nicolas Bouvier – 22 Hospital Street (dir. Christoph Kühn, 2005).

Nicolas Bouvier, le vent des mots (dir. Joël Calmettes and Olivier Bauer 2008[1999]).

Nomad's land: Sur les traces de Nicolas Bouvier (dir. Gaël Métroz, 2008).

Ridon, J.-X. 2002. Pour une poétique du voyage comme disparition, in *Autour de Nicolas Bouvier. Résonances*, edited by C. Albert, N. Laporte, and J.-Y. Pouilloux, Genève: Zoé, 120–35.

UNWTO 2001. *Tourism Satellite Account: Recommended Methodological Framework* Available at: http://www.oecdbookshop.org/ [accessed: 15 January 2011].

Urbain, J.-D. 2002[1991]. *L'Idiot du voyage*. Paris: Payot.

Urry, J. 1990. *The Tourist Gaze: Leisure and Travel in Contemporary Societies*. London: Sage.

Usure du monde: Hommage à Nicolas Bouvier (dir. Frédéric Lecloux, 2008).

【第 7 章】

Ateljevic, I. Morgan, N. and Pritchard, A. 2007. Editor's introduction: Promoting an Academy of Hope in Tourism Enquiry, in *The Critical Turn in Tourism Studies: Innovative Research Methodologies*, edited by I. Ateljevic, A. Pritchard and N. Morgan. Oxford: Elsevier, 1–8.

Botterill, D. and Jones, T. (eds.) 2010. *Tourism and Crime: Key Themes*. Oxford: Goodfellow Publishers Limited.

Botterill, D. 2008. A Musical Interlude: Sensing Critically about Tourism and Hospitality Through the Medium of Opera, a Workshop on John Adams' The Death of Klinghoffer, in *The Proceedings of the 17th Annual CHME Research Conference*, Glasgow, 14th–16th May. Strathclyde University: Glasgow, 716–23.

Botterill, D. 2011. Towards a Realist Social Ontology of the Holiday: Seduction, Denial and Delusion in the Narratives of Tourism in 20th century Opera, in the *Proceedings of the Canadian Leisure Studies Association Conference*, Ontario, 18th–22nd May.

Butler, R.W. and Wantanee, S. forthcoming. *Tourism and War: A Complex Relationship*. Abingdon, Oxon: Routledge.

Butler, R.W. 1980. The Concept of Tourism Area Cycle of Evolution: Implications for Management of Resources. *Canadian Geographer*, 24, 5–12.

Carr, N. and Poria, Y. 2010. *Sea and the Sexual During People's Leisure and Tourism Experiences. Newcastle-upon-Tyne*: Cambridge Scholars Publishers.

Cohen, E. 1979. A Phenomenology of Tourist Experience. *Sociology*, 13(2), 179–201.

de Angelis, A. 1997. *Flight (libretto)*. London: Edition Peters.

Fink, R. 2005. Klinghoffer in Brooklyn Heights, *Cambridge Opera Journal*, 17(2), 173–213.

Holden, A. (ed.) 2001. *The New Penguin Opera Guide*. London: Penguin.

Singh, S. 2002. Love, Anthropology and Tourism, *Annals of Tourism Research*, 29(1), 261–4.

Tribe, J. and Xiao, H. 2011. Developments in Tourism Social Science, *Annals of Tourism Research*, 38(1), 7–26.

オペラ・アンソロジー

Adams, J. 1991. *The Death of Klinghoffer*. Goodman, A.

Ades, T. 1995. *Powder Her Face*. Hensher, P.

Argento, D. 1971. *Postcard from Morocco*. Donahue, J.

Barbieri, F. 1990. *Albergo Empedocle* (based on story by Forster, E.M.).

Benatzky, R. 1930. *Im Weissen Rössl [At the White Horse Inn]*. Müller, H. and Charell, E.

Berg, J. 1927. *European Tourism*. Berg, J.

Berio, L. and del Corno, D. 1996. *Outis [Nobody]*.

Britten, B. 1973. *Death in Venice*. Piper, M. (adaptation of Mann 1912).

Catán, D. 1996. *Florencia en el Amazonas [Florence in Amazonia]*. Fuentes-Berain, M.

Coleman, C. 1978. *On the Twentieth Century*. Comden, B. and Green, A.

Dallapicco, L. 1939. *Volo di Notte [Night Flight]*. Dallapicco, L. (after de Saint-Exupère 1931)

Daugherty, M. 1997. *Jackie O*. Koestenbaum, W.

Dove, J. 1998. *Flight*. de Angelis, A.

Ellis, V. 1947. *Bless the Bride*. Herbert, A.P.

Friml, R. 1925. *Rose-Marie*. Harbach, O. and Hammerstein, O.

Glass, P. 1991. *The Voyage*. Hwang, D.H.

Hindmith, P. 1929 [1953]. *Neues vom Tage [News of the Day]*. Schiffer, M.

Janáek, L. 1907. *Osud [Fate]*. Bartošová, F.

Kern, J. 1927. *Show Boat*. Hammerstein II, O.

Krenek, E. 1926. *Jonny Spielt Auf [Jonny Plays On]*. Krenek, E.

Manoury, P. 1997. *60e Parallèle [60th Parallel]*. Deutsch, M.

Mollicone, H. 1989. *Hotel Eden*. Fein, J.

Monk, M. 1988. *Atlas*. Monk, M.

Orefice, A. 1989. *Mario ed il Mago [Mario and the Magician]*. Orefice, A. (after Mann 1930).

Peragallo. M. 1954. *La Gita in Campagna [The Trip in the Country]*. Peragallo. M. (after Moravia 1944).

Porter, C. 1964. *Anything Goes*. Bolton, G. and Woodhouse, P.G.

Riemann, A. 1965. *Ein Traumspiel [A Dream Play]*. Henius (after Strindberg 1901).

von Schillings, M. 1915. *Mona Lisa*. Dovsky, B.

Schedrin, R. 1977. *Dead Souls*. Schedrin, R. (after Gogol 1842).

Shostakovich, D. 1942. *The Gamblers*. (after Gogol 1842).

Tal, J. 1966. Marco Polo. Griffiths, P. Tippett, M. 1976. *The Ice Break*. Tippett, M.

Vacchi, F. 1989. *Il Viaggio [The Journey]*. Guerra, T.

Vacchi, F. 1993. *La Station Thermale [The Spa]*. Tanant, M. (after Goldoni's play).

Vacchi, F. 1998. *Les Oiseaux de Passage [Birds of Passage]*. Tanant, M.

Volans, K. 1993. *The Man who Strides the Wind*. Volans, K. and Clarke, C. (after idea by Chatwin, B.)

Weill, K. 1927. *Royal Palace*. Goll, Y.

Williams, G. 1961. *En Famille [A Family]*. Williams, G. (after Maupassant).

【第8章】

Alpers, S. 1983. *The Art of Describing*. Chicago: University of Chicago Press.

Bakhtin, M. 1979 [1973] *Questions of Literature and Aesthetics*, Moscow: Russian: Progress.

Batten, C.L. 1978. *Pleasurable Instruction: Form and Convention in Eighteenth-Century Travel Literature*. Berkeley: University of California Press.

Bell, W.G. 1994. *The Great Plague in London*. London: Bracken Book.

Blithe, W. 1649. *The English Improver. London: Eighteenth Century Collections Online. Gale Group*. Available at: http://galenet.galegroup.com/servlet/ECCO [accessed: 07 June 2011].

Bowers, T. N. 1993. Great-Britain Imagined: Nation, Citizen and Class in Defoe's Tour thro' the Whole Island of Great-Britain. *Prose Studies*, 16 (3), 148–77.

Camden, W. 1722 [1582]. *Britannia: or a chorographical description of Great Britain and Ireland, together with the adjacent islands. Written in Latin by William Camden, .. and translated into English, with additions and improvements. The second edition. Revised, digested, and published, with large additions, by Edmund Gibson, .. London: Eighteenth Century Collections Online. Gale Group*. Available at: http://galenet.galegroup.com/servlet/ECCO [accessed: 07 June 2011].

Coverley, M. 2006. *Psychogeography*. London: Pockets Essentials.

Darby, H.C. 1953. On the Relations of Geography and History. *Transactions and Papers (Institute of British Geographers)*, 19, 1–11.

Debarbieux, B. 1995. Le lieu, le territoire et trois figures de rhétorique. *L'Espace géographique*, 24(2), 97–112.

Debord, G. 1958 [2007]. Introduction to a Critique of Urban Geography, in *Situationist International Anthology*, edited by K. Knabb. Berkley: Bureau of Public Secrets.

Defoe, D. 1994 [1719]. *Robinson Crusoe*. Harmondsworth: Penguin Popular Classics.

Defoe, D. 2001 [1724–26]. A Tour thro' the Whole Island of Great Britain, in *Writings on Travel, Discovery and History by Daniel Defoe* (Vols. 1, 2, and 3), edited by W.R. Owens and P.N. Furbank. London: Pickering & Chatto.

Defoe, D. 1973 [1722]. The Fortunes and Misfortunes of the Famous Moll Flanders, in *Moll Flanders: an Authoritative Text Backgrounds and Sources Criticism*, edited by E. Kelly. New York: Norton.

Defoe, D. 1817 [1665] *Journal of the Plague Year*. Michigan: Michigan University Press.

Harley, J.B. 1992. Deconstructing the Map, in *Writing Worlds: Discourse, Text and Metaphor*, edited by T.J. Barnes and J.S. Duncan. London: Routledge, 231–47.

Harrison, W. 1577. *The Description of Britain. Eighteenth Century Collections Online. Gale Group*.

Available at: http://galenet.galegroup.com/servlet/ECCO[accessed: 07 June 2011].

Helgerson, R. 1986. The Land Speaks: Cartography, and Subversion in Renaissance England. *Representations*, 16, 50–85.

Hooke, R. 2005 [1665] *Micrographia: or Some Physiological Descriptions of Miniature Bodies Made by Magnifying Glasses*. Available at: http://www.gutenberg.org/files/15491/15491-h/15491-h.htm [accessed: 27 May 2011].

Jacob, C. 1992. *L'Empire des cartes: approche théorique de la cartographie à travers l'histoire*. Paris: Bibliothèque Albin Michel.

Macky, J.1724. *A Journey Through England. In Familiar Letters from a Gentlemam [sic] Here, to his Friend Abroad. Vol. II. The second edition with large additions Vol. 2*. London. *Eighteenth Century Collections Online Gale Group*. Available at: http://galenet.galegroup.com/servlet/ECCO [accessed: 07June 2011].

Mayer, R. 1997. *History and the Early English Novel: Matters of Fact from Bacon to Defoe*. Cambridge: Cambridge University Press.

Orain, O. 2009. *De plain-pied dans le monde. Ecriture et réalisme de la géographie française au vingtième siècle*. Paris: L'Harmattan.

Parker, C. 1995. 'A True Survey of the Ground': Defoe's Tour and the Rise of Thematic Cartography. *Philological Quarterly*, 74(4), 395–414.

Peraldo, E. 2010. *Daniel Defoe et l'écriture de l'histoire*. Paris: Honoré Champion.

Philips, R. 1997. *Mapping Men and Empire. A Geography of Adventure*. London: Routledge.

Royal Society 1665–1934. *Philosophical Transactions of the Royal Society*. Available at: http://gallica.bnf. fr/scripts/catalog.php?IdentPerio=NP00396|NP00397|NP00398 [accessed: 25 August 2010].

Ricoeur, P. 1983. *Temps et récit. 1. L'intrigue et le récit historique*. Paris: Le Seuil.

Ricoeur, P. 1984. *Temps et récit. 2. La configuration dans le récit de fiction*. Paris: Le Seuil.

Ricoeur, P. 1985. *Temps et récit. 3. Le temps raconté*. Paris: Le Seuil.

Rogers, P. 1988. *The Text of Great-Britain; Theme and Design in Defoe's Tour.1998*. Newark: University of Delaware Press.

Shusterman, R. (ed.) 2000. *Cartes, paysages, territoires*. Bordeaux: Presses Universitaires de Bordeaux.

Sorrenson, R. 1996. Towards a History of the Royal Society in the Eighteenth Century. *Notes and records of the Royal Society of London*, 50(1), 29–46.

Sprat, T. 1959 [1667]. *History of the Royal Society*. Washington: Washington University Press.

Varey, S. 1990. *Space and the Eighteenth-Century English Novel*. Cambridge: Cambridge University Press.

Vickers, I. 1996. *Defoe and the New Sciences*. Cambridge: Cambridge University Press.

Watt, I. 1987 [1957]. *The Rise of the Novel: Studies in Defoe, Richardson and Fielding*. London: The Hogarth Press.

Westphal, B. 2005. *Pour une Approche géocritique des textes. Esquisse. Vox Poetica*. Avalable at: http://

www.vox-poetica.org/sflgc/biblio/gcr.htm.[accessed: 27 May 2011].

Westphal, B. 2007. *La géocritique. Réel, fiction, espace*. Paris: Les Editions de Minuit.

Withers, C.W.J. 1999. Reporting, Mapping, Trusting. Making Geographical Knowledge in the Late Seventeenth Century. *Isis*, 90(3), 497–521.

Wordsworth, W. 1898 [1798]. Simon Lee, the Old Huntsman, in *Lyrical Ballads*. London: Duckworth.

【第9章】

Adams, P. 1983. *Travel Literature and the Evolution of the Novel*. Lexington: University of Kentucky Press.

Anon, 1847. New Books, *Douglas Jerrold's Shilling Magazine*, Vol. 5, 564–6.

Anon, 15th May 1847. New Novels, *The Athenaeum*, 517.

Bohls, E. 2009. Age of Peregrination: Travel Writing and the Eighteenth-Century Novel, in *A Companion to the Eighteenth-Century English Novel and Culture*, edited by P. Backscheider and C. Ingrassia. Oxford: Blackwell, 97–116.

Buzard, J. 2005. *Disorientating Fiction: The Autoethnographic Work of Nineteenth-Century British Novels*. Woodstock: Princeton University Press.

Corkery, D. 1931. *Synge and the Anglo-Irish Literature: A Study*. London: Longman.

Corbett, M.J. 2000. *Allegories of Union in Irish and English Writing*. Cambridge: Cambridge University Press.

Curtis, L.P. 1997. *Apes and Angels: the Irishman in Victorian Caricature* (Revised edn.). London: Smithsonian Institute Press.

de Nie, W. 2004. *The Eternal Paddy: Irish Identity and the British Press, 1798–1882*. London: University of Wisconsin Press.

Deane, S. 1994. The Production of Cultural space in Irish Writing. *Boundary 2*, 21(3), 117–44.

Duncan, J. Gregory, D. 1999. Introduction, in *Writes of Passage: Reading Travel Writing*, edited by J. Duncan and D. Gregory. London: Routledge, 1–13.

Edwards, O.D. 1983. Anthony Trollope, the Irish writer. *Nineteenth-Century Fiction*, 38 (1), 1–42.

Edwards, O.D. 1991. Introduction, in *The Macdermots of Ballycloran*, by A. Trollope. Avon: Folio Society, vii–xlviii.

Escott, T.H.S. 1913. *Anthony Trollope: his Public Services, Private Friends, and Literary Originals*. London: John Lane.

Flint, K. 2001. The Victorian Novel and its Readers, in *The Victorian Novel*, edited by D. David. Cambridge: Cambridge University Press, 17–36.

Foster, R.F. 1989. *The Oxford History of Ireland*. Oxford: OUP.

Foster, R.F. 2001. *The Irish Story: Telling Tales and Making it up in Ireland*. London: Penguin.

Gadamer, H-G. 1975. *Truth and Method*. London: Sheed and Ward.

Glendenning, V. 1993. *Trollope*. London: Pimlico.

Gregory, D. 1995. Between the Book and the Lamp: Imaginative Geographies of Egypt, 1849–50, *Transactions of the Institute of British Geographers*, 20(1), 29–57.

Hill, J. 1997. *From Patriots to Unionists: Dublin Civic Politics and Irish Protestant Patriotism, 1660–1840*. Oxford: Oxford University Press.

Hillis Miller, J. 1969. *The Form of Victorian Fiction*, London: University of Notre Dame Press.

Hoppen, K.T. 1998. *The Mid-Victorian Generation, 1846–1886*. Oxford: Oxford University Press.

Ingold, T. 2000. *The Perception of the Environment: Essays on Livelihood, Dwelling and Skill*. London: Routledge.

Iser, W. 1974. *The Implied Reade; Patterns of Communication in Prose Fiction from Bunyan to Beckett*. Baltimore: John Hopkins University Press.

Korte, B. 2000. *English Travel Writing from Pilgrimages to Postcolonial Explorations*. Basingstoke: Palgrave.

Mokyr, J. 1983. *Why Ireland Starved: a Quantitative and Analytical History of the Irish Economy, 1800–1850*. London: Allen and Unwin.

Mullen, R. 1990. *Anthony Trollope: a Victorian in his World*. London: Duckworth.

Pratt, M.L. 2008. *Imperial Eyes: Travel Writing and Transculturation* (2nd edn), London: Routledge.

Sadleir, M. 1927. *Trollope: A Commentary*. London: Constable.

Said, E.W. 1978. *Orientalism*. London: Penguin.

Said, E.W. 1983. *The World, the Text, and the Critic*. London: Harvard University Press.

Tavares, D. and Brosseau, M. 2006. The Representation of Mongolia in Contemporary Travel Writing: Imaginative Geographies of a Travellers' Frontier. *Social and Cultural Geography*, 7(2), 299–317.

Tracey, R. 1982: 'The Unnatural Ruin': Trollope and Nineteenth-Century Irish Fiction, *Nineteenth Century Fiction*, 37(3), 358–82.

Trollope, A. 1849. Irish Distress. *The Examiner*, 25th August 1849, 532–3.

Trollope, A. 1850. The Real State of Ireland. *The Examiner*, 30th March 1850, 201–2.

Trollope, A. 1980 [1883]. *An Autobiography*, edited by M. Sadleir and F. Page. Oxford: OUP.

Trollope, A. 1983. *The Letters of Anthony Trollope*, vol. 1, 1835–1870, edited by N. John Hall. Stanford: Stanford University Press.

Trollope, A. 1983a. *The Letters of Anthony Trollope*, vol. II, 1871–1882, edited by N. John Hall. Stanford: Stanford University Press.

Trollope, A. 1991 [1847]. *The Macdermots of Ballycloran*. London: Folio Society.

Trumpener, K. 1997. *Bardic Nationalism: The Romantic Novel and the British Empire*. Princeton: Princeton University Press.

Watts, I. 1957. *The Rise of the Novel*. London: Chatto and Windus.

【第 10 章】

Bodart-Bailey, B.M. 1999. *Kaempfer's Japan Tokugawa Culture Observed by Engelbert Kaempfer.* Honolulu: University of Hawai'i Press.

Fukuda, H. and H.E. Plutschow. 1975. *Nihon kikō bungaku benran [A Handbook for the Study of Classical Japanese Travel Diaries].* Tokyo: Mushashino-shoin.

Guichard-Anguis, S. and Moon O. (eds). 2008. *Japanese Tourism and the Culture of Travel.* London and New York: Routledge.

Guichard-Anguis, S. 2011. *Watakushi no Kumano kōdō kikō [My Own Journey Story on the Pilgrimage Roads of Kumano],* Mahora, 67, 38–41.

Guichard-Anguis, S. 2011. Diffusion d'une culture alimentaire régionale et restauration : Kii Tanabe (Japon) [Enlarging a local Food Culture and Catering: Kii Tanabe (Japan)], *NOROIS,* n° 219 2011/2, p. 23–39.

Hosoya, M. 2003. *Kumano kōdō michikusa hitori aruki [The Pilgrimage Roads of Kumano The Diary of a Lonely Wanderer].* Tokyo: Shinhyoron.

Kinan bunkazai kenkyūkai. 2007. *Tanabe-shi Sekai isan Kumano sankeimichi [City of Tanabe The roads of pilgrimage of Kumano as World Heritage].* Tanabe: Tanabe-shi kyoiku iinkai.

Kumano no mori netto wāku ichiigashi no kai. 2008. *Myonichi naki mori [A Forest without day after].* Tokyo: Shinhyoron.

Koyama, Y. 2004. *Yoshino. Koya. Kumano o yuku Reijō to sankei no michi [To go to Yoshino. Koya. Kumano Sacred Places and Pilgrimage Roads].* Tokyo: Asahi shimbumsha.

Koyama, Y. 2004. *Kumano kōdō [The Old Roads of Kumano].* Tokyo: Iwanami.

Kuwahara I., 2002. *Kumano Kaidō no « heji » shikō [Personal thoughts on the notion of Heji and the historic roads of Kumano],* Wakayama Chiri, 22, 1–12.

Kyoto daigaku bungakubu shakaigaku kenkyū shitsu and Kansai gakuin daigaku shakai gakubu. 2007. *Chiiki manabu Dai 13 shū Mie-ken Kumano chiiki kara [Learning through the local From Kumano the prefecture of Mie, Vol. 13],* Kyoto: Kyoto daigaku bungakubu shakaigaku kenkyū shitsu.

Matsuda, T. 2007. *Edo no onsen-gaku [Water cures during the Edo period].* Tokyo: Shinchosha.

Miyata T. 2002. *Kaidō de yomitoku Nihonshi [The History of Japan through reading which explain roads].* Tokyo, Seishun shuppansha.

Moerman, D.M. 2006. *Localizing Paradise: Kumano Pilgrimage and the Religious Landscapes of Premodern Japan.* Cambridge, Massachusetts: Harvard University Asia Center.

Nara. Mie. Wakayama-ken kyoiku iinkai. 2005. *Kii sanchi no reijō to sankeiō [Sacred places and roads of pilgrimage in the Kii mountain range],* Bunka zai, 1, 26–39.

Nenzi, L. 2008. *Excursions in Identity.* Honolulu: University of Hawai'i Press.

Satō, Y. and Fujiwara, C. 2000. *Ukiyoe ni miru Edo no tabi [Travel during the Edo period through Prints].* Tokyo: Kashutsu shobōshinsha.

Takagi, M. 2010. *Kumano Kōdō Saisei no chi no miryoku o sagasu [The Old roads of Kumano Looking for the Attraction of a Land of Rebirth]*. Tokyo: Kakaugawa shoten.

Three Prefectures Council to Promote World Heritage Registration. 2005. *Sacred Sites and Pilgrimage Routes in the Kii Mountain Range*. Tsu, Nara, Wakayama: Three Prefectures Council to Promote World Heritage Registration.

UNESCO 2011. World Heritage List: *Sacred Sites and Pilgrimage Routes in the Kii Mountain Range*, Available at: http://whc.unesco.org/en/list/1142[accessed: 5 June 2011].

Yamamura, S. 2002. *Arisan no Kumano kikō I. Kii-ji Nakahechi o iku [Travel Story on Kumano by an Ant I. The road Kii Nakahechi]*. Kyoto: Nakanishiya.

Yamamura S. 2003. *Arisan no Kumano kikō II. Shin Ōhechi o iku [Travel Story on Kumano by an Ant II. The New Ōhechi Road]*. Kyoto: Nakanishiya.

【第 1 1 章】

Bakhtin, M.M. 1981. *The Dialogic Imagination: Four Essays* (translated by C. Emerson and M. Holquist). Austin: University of Texas Press.

Bowman, G. 1996. Passion, Power and Politics in a Palestinian Market, in *The Tourist Image: Myths and Myth Making in Tourism*, edited by T. Selwyn. Chichester: John Wiley, 83–103.

Brin, E. 2006. Politically-oriented Tourism in Jerusalem. *Tourist Studies*, 6(3), 215–43.

Brin, E., and Noy, C. (2010). The Said and the Unsaid: Performative Guiding in a Jerusalem Neighborhood. *Tourist Studies*, 10(1), 19–33.

Certeau, M. d. 1984. *The Practice of Everyday Life* (translated by S. Rendall). Berkeley: University of California Press.

Clark, R. 2000. Self-presentation in a Contested City: Palestinian and Israeli Political Tourism in Hebron. *Anthropology Today*, 16(5), 12–18.

Feldman, J. 2008. Constructing a Shared Bible Land: Jewish Israeli Guiding Performances for Protestant pilgrims. *American Ethnologist*, 34(2), 351–74.

Goffman, E. 1959. *The Presentation of Self in Everyday Life*. Garden City, N.Y.: Doubleday.

Go Israel 2010. *Attractions: Ein Kerem*. Available at: http://www.goisrael.com/Tourism_Eng/Articles/Attractions/Ein+Kerem.htm [accessed: 18 December 2010].

Gramsci, A. 1971. *Selections from the Prison Notebooks of Antonio Gramsci* (translated by Q. Hoare and G.N. Smith). London: Lawrence & Wishart.

Labov, W. 1972. *Language in the Inner City: Studies in the Black English Vernacular*. Philadelphia: University of Pennsylvania Press.

Mamuta 2010. *Mamuta at the Daniela Passal Art and Media Center*. Available at http://mamuta.org/?page_id=confirmsubscription&u=74c6046f215523ff353d5650779a681f. [accessed: 4 November 2010].

Noy, C. 2008a. Pages as Stages: A Performance Approach to Visitor Books. *Annals of Tourism Research*, 35(2), 509–28.

Noy, C. 2008b. Writing Ideology: Hybrid Symbols in a Commemorative Visitor Book in Israel. *Journal of Linguistic Anthropology*, 18(1), 62–81.

Noy, C. 2011. The Political Ends of Tourism: Voices and Narratives of Silwan/ the City of David in East Jerusalem, in *The Critical Turn in Tourism Studies: Creating an Academy of Hope* (2nd edn), edited by I. Ateljevic, N. Morgan and A. Pritchard. Amsterdam: Elsevier Publications.

Sala-Manca Group 2010. *Sala-Manca Group*. Available at: http://sala-manca.net/salamancagroup.htm [accessed: 4 November 2010].

Zochrot 2010. *Zochrot*. Available at http://www.zochrot.org/index.php?lang=english [accessed: 4 November 2010].

【第12章】

Andronicos, M. 1980. *The Acropolis*. Athens: Ekdotike Athenon

Ashworth, G.J. 1997. Is There a World Heritage? *Urban Age*, 4(4), 12.

Bakoyannis, D. 2005. Prologue, in *Heritage Walks in Athens*, edited by C. Carras & A. Skoumbourdi. Athens: Municipality of Athens Cultural Organisation, Hellenic Society and Oxy Publications, 5.

Bærenholdt, J.O. and Haldrup, M. 2006. Mobile Networks and Place Making in Cultural Tourism: Staging Viking Ships and Rock Music in Roskilde. *European Urban and Regional Studies*, 13(3), 209–24.

Beck, W. 2006. Narratives of World Heritage in Travel Guidebooks. *International Journal of Heritage Studies*, 12(6), 521–35.

Bendix, R. 2002. Capitalizing on Memories Past, Present, and Future: Observations on the Intertwining of Tourism and Narration. *Anthropological Theory*, 2(4), 469–87.

Benison, A., Chilton, L., Dubin, M., Edwards, N.M.E., Fisher, J., et al. 2006. *The Rough Guide to Greece*. New York, London and Delhi: Rough Guides.

Bhattacharyya, D.P. 1997. Mediating India: An Analysis of a Guidebook. *Annals of Tourism Research*, 24(2), 371–89.

Bruner, E.M. 2005. *The Role of Narrative in Tourism*. Conference paper presented at the On Voyage: New Directions in Tourism Theory Conference, Berkeley,

October 7-8. Available at www.nyu.edu/classes/bkg/tourist/narrative.doc [accessed: 10 January 2010].

Buzard, J. 1993. *The Beaten Track: European Tourism, Literature, and the Ways to Culture, 1800–1918*. Oxford: Clarendon Press.

Carras, C. and Skoumbourdi, A. (eds) 2004. *Heritage Walks in Athens*. Athens: Municipality of Athens Cultural Organisation, Hellenic Society and Oxy Publications.

Casey, E.S. 1977. *The Fate of Place: A Philosophical History.* Berkley: University of California Press.

Cresswell, T. 2004. *Place: A Short Introduction.* Oxford: Blackwell.

Elsrud, T. 2001. Risk Creation When Travelling: Backpacker Adventure Narration. *Annals of Tourism Research,* 28(3), 591–617.

Fei, S. 2010. Ways of Looking: the Creation and Social Use of Urban Guidebooks in Sixteenth- and Seventeenth-century China. *Urban History,* 37(2), 226–48.

Gerrard, M. 2004. *AA Essential: Athens – All You Need to Know, the Top Places to Go, Where to Shop and Eat Out, and How to Get About.* Whitchurch: AA Publishing.

Gilbert, D. 1999. 'London in All its Glory-or How to Enjoy London': Guidebook Representations of Imperial London. *Journal of Historical Geography,* 25(3), 279–97.

Hamilakis, Y. 2007. *The Nation and its Ruins: Antiquity, Archaeology, and National Imagination in Greece.* Oxford: Oxford University Press.

Hellender, P., Armstrong, K., Hannigan, D., Kyriakopoulos, V., Raphael, M. and Stone, A. 2006. *Lonely Planet: Greece.* London: Lonely Planet Publications.

Koshar, R. 2000. *German Travel Cultures.* Oxford and New York: Berg.

Koshar, R. (1998). 'What Ought to Be Seen': Tourists' Guidebooks and National Identities in Modern Germany and Europe. *Journal of Contemporary History,* 33(3), 323–40.

Kyriakopoulos, V. 2004. *Lonely Planet: Best of Athens – The Ultimate Pocket Guide and Map London:* Lonely Planet.

Laderman, S. 2002. Shaping Memory of the Past: Discourse in Travel Guidebooks for Vietnam. *Mass Communication & Society,* 5(1), 87–110.

Lew, A.A. 1991. Place Representation in Tourist Guidebooks: An Example from Singapore. *Singapore Journal of Tropical Geography,* 12(2), 124–37.

Mavromataki, M. 1995. *Athens: Between Legend and History.* Athens: Haitalis.

McGregor, A. 2000. Dynamic Texts and Tourist Gaze: Death, Bones and Buffalo. *Annals of Tourism Research,* 27(1), 27–50.

Nishimura, S., King, B. and Waryszak, R. 2007. The Use of Travel Guidebooks by Packaged and Non-packaged Japanese Travellers: A Comparative Study. *Journal of Vacation Marketing,* 13(4), 291–310.

Nishimura, S., Waryszak, R. and King, B. 2006. Guidebook Use by Japanese Tourists: a Qualitative Study of Australia Inbound Travellers. *International Journal of Tourism Research,* 8(1), 13–26.

Noy, C. 2004a. Performing Identity: Touristic Narratives of Self-Change. *Text and Performance Quarterly,* 24(2), 115–38.

Noy, C. 2004b. This Trip Really Changed Me: Backpackers' Narratives of Self-Change, *Annals of Tourism Research,* 31(1), 78–102.

Osti, L., Lindsay, W. and King, B. 2009. Cultural Differences in Travel Guidebooks Information Search. *Journal of Vacation Marketing,* 15(1), 63–78.

Parsons, N.T. 2007. *Worth the Detour: A History of the Guidebook.* London: The History Press.

Pritchard, A. and Morgan, M. 2003. Mythic Geographies of Representation and Identity: Contemporary Postcards of Wales. *Journal of Tourism and Cultural Change*, 1(2), 111–30.

Raento, P. 2009. Tourism, Nation and the Postage Stamp. *Annals of Tourism Research*, 36(1), 124–48.

Rakić, T. 2008. *World Heritage, Tourism and National Identity: A Case Study of the Acropolis in Athens, Greece*. PhD Thesis. Edinburgh: Edinburgh Napier University.

Rakić, T. and Chambers, D. 2007. World Heritage: Exploring the Tension Between the National and the 'Universal'. *Journal of Heritage Tourism*, 2(3), 145–55.

Rakić, T. and Travlou, P. forthcoming. Constructing and Conveying a Sense of Place: the Athenian Acropolis in Postcards, in *Tourism and Postcards*, edited by J. Ploner and M. Robinson. Clevedon: Channel View Publications.

Relf, E. 1976. *Place and Placelessness*. London: Pion Limited.

Robertson, G., Mash, M., Tickner, L., Bird, J., Curtis, B. and Putnam, T. (eds) 1994. *Traveller's Tales: Narratives of Home and Displacement*. London: Routledge.

Sales, R. 2005. *TimeOut: Athens*. London: Time Out Guides.

Siegenthaler, P. 2002. Hiroshima and Nagasaki in Japanese Guidebooks. *Annals of Tourism Research*, 29(4), 1111–37.

Smith, M.L. 2004. *Athens: A Cultural and Literary History*. Oxford: Signal.

Stokowski, P.A. 2002. Languages of Place and Discourses of Power: Constructing New Senses of Place. *Journal of Leisure Research*, 34(4), 368–89.

Travlou, P. 2002. Go Athens: A Journey to the Centre of the City, in *Tourism: Between Place and Performance*, edited by S. Coleman and M. Crang. Oxford: Berghahn Books, 108–27.

UNESCO. 2011. *World Heritage*. Available at: http://whc.unesco.org/en/about/ [accessed: 06 May 2011].

UNESCO. 2006. *World Heritage List: Acropolis*. Available at: http://whc.unesco.org/en/list/404/ [accessed: 9 February 2006].

Vingopoulou, I., and Casulli, M. 2005. *Athens: Art and History*. Florence: Bonechi Publications.

索　引

《翻訳者紹介》

佐々木秀之（ささき・ひでゆき）

1974 年生まれ

2011 年　東北学院大学大学院経済学研究科博士後期課程修了　博士（経済学）

現　在　宮城大学事業構想学群　准教授

主　著　『講座東北の歴史』第 3 巻・境界と自他の認識（共著）清文堂出版，2013 年.
　　　　『地域開発と駅裏―東北各県都にみる地域形成の不均衡と持続可能性への視座』蕃山房，2020 年.

髙橋　結（たかはし・ゆう）

1990 年生まれ

2015 年　宮城大学大学院事業構想学研究科博士前期課程修了　修士（事業構想学）

現　在　宮城大学　特任調査研究員

主　著　『復興から学ぶ市民参加型のまちづくり―中間支援とネットワーキング』（共著）創成社，2018 年.

石田　祐（いしだ・ゆう）

1978 年生まれ

2007 年　大阪大学大学院国際公共政策研究科博士後期課程単位取得退学　博士（国際公共政策）

現　在　宮城大学事業構想学群　准教授

主　著　How does tourism differ among generations? Tourists from the United States and their willingness to visit Japan. International Journal of Tourism Sciences. 2017.
　　　　『災害復興におけるソーシャル・キャピタルの役割とは何か―地域再建とレジリエンスの構築』（共訳）ミネルヴァ書房，2015 年.

藤澤由和（ふじさわ・よしかず）

1968 年生まれ

2005 年　早稲田大学大学院文学研究科社会学専攻博士後期課程単位取得満期退学

現　在　宮城大学事業構想学群　教授／東京医科大学医療の質・安全管理学分野　客員教授

主　著　Social capital and perceived health in Japan: An ecological and multilevel analysis. Social Science & Medicine 69. (2009)

（検印省略）

2020 年 6 月 25 日　初版発行　　　　　　　　　　略称―旅と語り

旅と語りを科学する
―観光におけるナラティブの活用可能性―

編　者	ジャックリーン・ティバース ティヤナ・ラケッチ
翻訳者	佐々木秀之　・　髙橋　　結 石田　　祐　・　藤澤由和
発行者	塚田尚寛

発行所　東京都文京区　　株式会社　創 成 社
　　　　春日 2 - 13 - 1

電　話 03（3868）3867　　Ｆ Ａ Ｘ 03（5802）6802
出版部 03（3868）3857　　Ｆ Ａ Ｘ 03（5802）6801
http://www.books-sosei.com　振　替 00150-9-191261

定価はカバーに表示してあります。

©2020 Hideyuki Sasaki　　組版：ニシ工芸　　印刷：エーヴィスシステムズ
ISBN978-4-7944-8096-5 C3026　製本：エーヴィスシステムズ
Printed in Japan　　落丁・乱丁本はお取り替えいたします